检修汽车发动机机械系统

主编◎蔡月萍

参编◎蔡守山　祁增轲　余鑫昌　胡梦飞

清华大学出版社

北　京

内 容 简 介

本书是高等职业教育汽车检测与维修技术专业新型活页式教材。

本书共有 13 个学习情境，包括拆检凸轮轴、拆检汽缸盖和汽缸体、拆检气门组、拆装油底壳、拆检活塞连杆组、拆检曲轴、更换正时皮带、更换机油、更换冷却液、更换燃油滤清器、清洗喷油器、检测进气真空度和检测汽缸压力。通过这 13 个学习情境的学习，学生可以掌握汽车发动机机械系统结构，并能对汽车发动机机械系统进行检修。

本书既可作为高等职业院校汽车检测与维修技术专业等机械类专业的教学用书，也可作为汽车企业、行业的培训教材，还可作为汽车维修从业人员的参考用书。

本书封面贴有清华大学出版社防伪标签，无标签者不得销售。

版权所有，侵权必究。举报：010-62782989，beiqinquan@tup.tsinghua.edu.cn。

图书在版编目（CIP）数据

检修汽车发动机机械系统 / 蔡月萍主编. -- 北京：
清华大学出版社，2024.10. -- ISBN 978-7-302-67535-8

Ⅰ. U472.43

中国国家版本馆 CIP 数据核字第 2024FE7437 号

责任编辑：杜春杰
封面设计：刘　超
版式设计：文森时代
责任校对：范文芳
责任印制：杨　艳

出版发行：清华大学出版社
　　　　　网　　　址：https://www.tup.com.cn，https://www.wqxuetang.com
　　　　　地　　　址：北京清华大学学研大厦 A 座　　　　　邮　　编：100084
　　　　　社 总 机：010-83470000　　　　　　　　　　　邮　　购：010-62786544
　　　　　投稿与读者服务：010-62776969，c-service@tup.tsinghua.edu.cn
　　　　　质量反馈：010-62772015，zhiliang@tup.tsinghua.edu.cn
印 装 者：三河市铭诚印务有限公司
经　　销：全国新华书店
开　　本：185mm×260mm　　　印　　张：21.5　　　字　　数：505 千字
版　　次：2024 年 11 月第 1 版　　　　　　　　　　印　　次：2024 年 11 月第 1 次印刷
定　　价：79.00 元

产品编号：100818-01

总　　序

自 2019 年《国家职业教育改革实施方案》颁行以来，"双高建设"和"提质培优"成为我国职业教育高质量建设的重要抓手。必须明确的是，"职业教育和普通教育是两种不同教育类型，具有同等重要地位"，这不仅是政策要求，也在《中华人民共和国职业教育法》中提及，即"职业教育是与普通教育具有同等重要地位的教育类型"。两者最大的不同在于，职业教育是专业教育，普通教育是学科教育。专业，就是职业在教育领域的模拟、仿真、镜像、映射或者投射，就是让学生"依葫芦画瓢"地学会职业岗位上应该完成的工作；学科，就是职业领域的规律和原理的总结、归纳和升华，就是让学生学会事情背后的底层逻辑、哲学思想和方法论。因此，前者重在操作和实践，后者重在归纳和演绎。但是，必须明确的是，无论任何时候，职业总是规约专业和学科的发展方向，而专业和学科则以相辅相成的关系表征着职业发展的需求。可见，职业教育的高质量建设，其命脉就在于专业建设，而专业建设的关键内容就是调研企业、制订人才培养方案、开发课程和教材、教学实施、教学评价以及配置相应的资源和条件，这其实就是教育领域的人才培养链条。

在职业教育人才培养的链条中，调研企业就相当于"第一粒纽扣"，如果调研企业不深入，则会导致后续的各个专业建设环节出现严峻的问题，最终导致人才培养的结构性矛盾；人才培养方案就是职业教育人才培养的"宪法"和"菜谱"，它规定了专业建设其他各个环节的全部内容；课程和教材就好比人才培养过程中所需要的"食材"，是教师通过教学实施"饲喂"给学生的"精神食粮"；教学实施，就是教师根据学生的"消化能力"，从而对"食材"进行特殊的加工（即备课），形成学生爱吃的美味佳肴（即教案），并使用某些必要的"餐具"（即教学设备和设施，包括实习实训资源），"饲喂"给学生，并让学生学会自己利用"餐具"来享受这些美味佳肴；教学评价，就是教师测量或者估量学生自己利用"餐具"品尝这些美味佳肴的熟练程度，以及"食用"这些"精神食粮"之后的成长增量或者成长状况；资源和条件，就是教师"饲喂"和学生"食用"过程中所需要借助的"工具"或者保障手段等。在此需要注意的是，课程和教材实际上就是"一个硬币的两面"，前者重在实质性的内容，后者重在形式上的载体；随着数字技术的广泛应用，电子教材、数字教材和融媒体教材等出现后，课程和教材的界限正在逐渐消融。在大多数情况下，只要不是专门进行理论研究的人员，就不要过分纠缠课程和教材之间的细微差别，而是要抓住其精髓，重在教会学生做事的能力。显而易见，课程之于教师，就是米面之于巧妇；课程之于学生，就是饭菜之于饥客。因此，职业教育专业建设的关键在于调研企业，但是重心在于课程和教材建设。

然而，在所谓的"教育焦虑"和"教育内卷"面前，职业教育整体向学科教育靠近的氛围已经酝酿成熟，摆在职业教育高质量发展面前的问题是，究竟仍然朝着高质量的"学科式"职业教育发展，还是秉持高质量的"专业式"职业教育迈进。究其根源，"教育焦虑"

检修汽车发动机机械系统

和"教育内卷"仅仅是经济发展过程中的征候，其解决的钥匙在于经济改革，而不在于教育改革。但是，就教育而言，则必须首先能够适应经济的发展趋势，方能做到"有为才有位"。因此，"学科式"职业教育的各种改革行动，必然会进入"死胡同"，而真正的高质量职业教育的出路依然是坚持"专业式"职业教育的道路。可事与愿违的是，目前的职业教育的课程和教材，包括现在流通的活页教材，仍然是学科逻辑的天下，难以彰显职业教育的类型特征。为了扭转这种局面，工作过程系统化课程开发范式核心研究团队协同青海交通职业技术学院、鄂尔多斯理工学校、深圳宝安职业技术学校、中山市第一职业技术学校、重庆工商职业学院、包头机械工业职业学校、吉林铁道职业技术学院、内蒙古环成职业技术学校、重庆航天职业技术学院、重庆建筑工程职业学院、赤峰应用职业技术学院、赤峰第一职业中等专业学校、广西幼儿师范高等专科学校等，按照工作过程系统化课程开发范式，借鉴德国学习场课程，按照专业建设的各个环节循序渐进地推进教育改革，并从企业调研入手，开发了系列专业核心课程，撰写了基于"资讯—计划—决策—实施—检查—评价"（以下简称 IPDICE）行动导向教学法的工单式活页教材，并在部分学校进行了教学实施和教学评价，特别是与"学科逻辑教材+讲授法"进行了对比教学实验。

经过上述教学实践，明确了该系列活页教材的优点。第一，内容来源于企业生产，能够将新技术、新工艺和新知识纳入教材当中，为学生高契合度就业提供了必要的基础。第二，体例结构有重要突破，打破了以往的学科逻辑教材的"章—单元—节"这样的体例，创立了由"学习情境—学习性工作任务—典型工作环节—IPDICE 活页表单"构成的行动逻辑教材的新体例。第三，实现一体融合，促进课程（教材）和教学（教案）模式融为一体，结合"1+X"证书制度的优点，兼顾职业教育教学标准"知识、技能、素质（素养）"三维要素以及思政元素的新要求，通过"动宾结构+时序原则"以及动宾结构的"行动方向、目标值、保障措施"三个元素来表述每个典型工作环节的具体职业标准的方式，达成了"理实一体、工学一体、育训一体、知行合一、课证融通"的目标。第四，通过模块化教学促进学生的学习迁移，即教材按照由易到难的原则编排学习情境以及学习性工作任务，实现促进学生学习迁移的目的，按照典型工作环节及配套的 IPDICE 活页表单组织具体的教学内容，实现模块化教学的目的。正因为如此，该系列活页教材也能够实现"育训一体"，这是因为培训针对的是特定岗位和特定的工作任务，解决的是自迁移的问题，也就是"教什么就学会什么"即可；教育针对的则是不确定的岗位或者不确定的工作任务，解决的是远迁移的问题，即通过教会学生某些事情，希望学生能掌握其中的方法和策略，以便未来能够自己解决任何从未遇到过的问题。在这其中，IPDICE 实际上就是完成每个典型工作环节的方法和策略。第五，能够改变学生不良的行为习惯并提高学生的自信心，即每个典型工作环节均需要通过 IPDICE 六个维度完成，且每个典型工作环节完成之后均需要以"E（评价）"结束，因而不仅能够改变学生不良的行为习惯，还能够提高学生的自信心。除此之外，该系列活页教材还有很多其他优点，请各院校的师生在教学实践中来发现，在此不再一一赘述。

当然，从理论上来说，活页教材固然具有能够随时引入新技术、新工艺和新知识等很多优点，但是也有很多值得思考的地方。第一，环保性问题，即实际上一套完整的活页教材既需要教师用书和教师辅助手册，还需要学生用书和学生练习手册等，且每次授课会产生大量的学生课堂作业的活页表单，非常浪费纸张和印刷耗材；第二，便携性问题，即当前活页教材是以活页形式装订在一起的，如果整本书带入课堂则非常厚重，如果按照学习性工作任务拆开带入课堂则容易遗失；第三，教学评价数据处理的工作量较大，即按照每个学习性工作任务 5 个典型工作环节（任务），每个典型工作环节有 IPDICE 6 个活页表单，每个活页表单需要至少 5 个采分点，每个班按照 50 名学生计算，则每次授课结束后，就需要教师评价 7500 个采分点，可想而知这个工作量非常大；第四，内容频繁更迭的内在需求和教材出版周期较长的悖论，即活页教材本来是为了满足职业教育与企业紧密合作，并及时根据产业技术升级更新教材内容，但是教材出版需要比较漫长的时间，这其实与活页教材开发的本意相互矛盾。为此，工作过程系统化课程开发范式核心研究团队根据职业院校"双高计划"和"提质培优"的要求，以及教育部关于专业的数字化升级、学校信息化和数字化的要求，研制了基于工作过程系统化课程开发范式的教育业务规范管理系统，能够满足专业建设的各个重要环节，不仅能够很好地解决上述问题，还能够促进师生实现线上和线下相结合的行动逻辑的混合学习，改变了以往学科逻辑混合学习的教育信息化模式。同理，该系列活页教材的弊端也还有很多，同样请各院校的师生在教学实践中来发现，在此不再一一赘述。

特别需要提醒的是，如果教师感觉 IPDICE 表单不适合自己的教学风格，那就按照项目教学法的方式，只讲授每个学习情境下的各个学习性工作任务的任务单即可。大家认真尝试过 IPDICE 教学法之后就会发现，IPDICE 是非常有价值的教学方法，因为这种教学方法不仅能够改变学生不良的行为习惯，还能够增强学生的自信心，因而能够提升学生学习的积极性，并减轻教师的工作压力。

大家常说："天下职教一家人。"因此，在使用该系列教材的过程中，如果遇到任何问题，或者有更好的改进思想，敬请来信告知，我们会及时进行认真回复。

姜大源　闫智勇　吴全全
2023 年 9 月于天津

前　言

本书是交通运输大类汽车维修专业课程改革成果教材，也是青海省交通职业技术学院"双高"建设重要成果。本书基于工作过程系统化的相关理念和方法，由一线专业骨干教师与企业合作共同编写完成。

本书以培养学生综合能力为目标，以典型工作任务为载体，以学生为中心，以职业能力清单为基础，根据典型工作任务和工作过程设计一系列的学习情境，并以实际工作过程构建教材内容。全书以汽车发动机机械系统常见故障案例作为学习的载体，共分为13个学习情境，包括拆检凸轮轴、拆检汽缸盖和汽缸体、拆检气门组、拆装油底壳、拆检活塞连杆组、拆检曲轴、更换正时皮带、更换机油、更换冷却液、更换燃油滤清器、清洗喷油器、检测进气真空度和检测汽缸压力。与大部分同类教材不同的是，本书是通过校企合作开发编写的，将企业典型工作任务分成若干学习情境，让学生在资讯、计划、决策、实施、检查、评价6个实际操作维度中进行学习，激发学生的学习兴趣，突出培养学生的操作技能，进而使学生掌握企业岗位要求的操作技能。

本书具有以下特点。

1. 教学内容与职业标准深度融合，实现与企业需求无缝对接。将汽车维修、机动车检测与维修等国家职业资格标准和《汽车运用与维修（含智能新能源汽车）1+X 证书制度职业技能等级标准》知识细化分解到每一个学习情境中，由简单到复杂地设置学习任务，使学生容易上手，实现知识的迁移。

2. 以常见的发动机机械系统故障案例为载体，以任务驱动、情境教学的方式将教学内容展现出来，知识载体的吸引力强。本书在编写时，根据汽车产业转型升级的实际需求，将新技术、新标准、新工艺融入书中，引导学生在做中学、在学中做，提高学生的实践动手能力。

3. 教学内容采用工作表单式，采用与真实工作过程一致的故障案例及图片，图文并茂，通俗易懂，灵活的装订形式方便使用，便于学生学习、拆装和携带，以学生为中心，激发学生的学习主动性。

本书的参考学时为96学时，建议采用理实一体化教学模式。各学习情境的参考学时在每个学习情境的学习任务单上有所体现。

本书在闫智勇博士指导下，由青海交通职业技术学院专业青年骨干教师完成编写。本书由蔡月萍担任主编，蔡守山担任主审。其中，学习情境一、二、三、四、十、十二和十三由青海交通职业技术学院蔡月萍编写，学习情境五和七由青海交通职业技术学院余鑫昌编写，学习情境六和八由青海交通职业技术学院祁增轲编写，学习情境九和十一由青海交

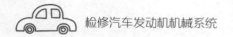

通职业技术学院胡梦飞编写。青海宝鑫达小汽车维修服务有限公司蔡守山经理参与了书稿审核,青海物产汽车贸易有限公司石学林和青海交通职业技术学院董琴参与了本书课程思政内容的编写,蔡月萍进行了统稿。

由于本书编写时间仓促,加之编者水平有限,书中难免存在疏漏之处,恳请广大读者批评指正。

编　者

2024 年 4 月

本书使用说明

本书以汽车发动机机械系统检修作为学习性工作的载体,从简单故障现象到复杂故障现象,依次设计学习情境和学习性工作任务,每个学习性工作任务承载了相关的汽车发动机机械系统的知识点、技能点和素养点,能激发生的学习兴趣,提升学生的操作能力。

本书为学生使用版,学生通过自我学习和教师的教学指导完成教材空白内容的填写。本书基于真实的工作过程,共开发设计了13个学习情境,每个学习情境划分为7±2个学习步骤,每一步骤分别从资讯、计划、决策、实施、检查、评价六个维度进行学习,即指导学生完成六个维度的学习表单。为了提高教学效果,可以将这六个维度穿插在课前(资讯、计划、决策)、课中(实施、检查)、课后(评价)三个环节,从而系统地完成每一个情境的学习。使用本书的教学流程如图1所示。

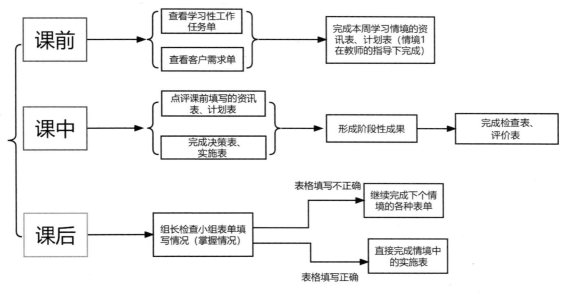

图1 教学流程图

本书表格较多,每个学习情境都编写了完整的表格,教师可以根据学生掌握程度进行使用,目的是不断强化学生的学习行为,培养学生良好的学习习惯。

目　　录

学习情境一　拆检凸轮轴 ·· 1

客户需求单 ·· 1

学习性工作任务单 ·· 2

材料工具清单 ·· 4

任务一　准备工作 ·· 5

任务二　拆卸凸轮轴箱盖 ·· 9

任务三　拆卸进排气凸轮轴 ·· 13

任务四　检测进排气凸轮轴 ·· 17

任务五　安装进排气凸轮轴 ·· 21

任务六　填写检测报告 ·· 25

学习情境二　拆检汽缸盖和汽缸体 ·· 29

客户需求单 ·· 29

学习性工作任务单 ·· 30

材料工具清单 ·· 32

任务一　准备工作 ·· 33

任务二　拆卸汽缸盖 ·· 36

任务三　检测汽缸盖下平面度 ·· 40

任务四　检测汽缸体上平面度 ·· 44

任务五　检测汽缸磨损 ·· 48

学习情境三　拆检气门组 ·· 53

客户需求单 ·· 53

学习性工作任务单 ·· 54

材料工具清单 ·· 56

任务一　准备工作 ·· 57

任务二　拆卸进排气门 ·· 61

任务三　检测进排气门 ·· 65

任务四　安装进排气门 ·· 69

任务五　填写检测报告 ·· 73

学习情境四　拆装油底壳 ·· 77

客户需求单 ·· 77

学习性工作任务单 ·· 78

材料工具清单 ··· 80

任务一　准备工作 ··· 80

任务二　拆卸油底壳螺栓 ··· 84

任务三　拆检油底壳 ··· 88

任务四　安装油底壳 ··· 92

任务五　安装油底壳螺栓 ··· 96

学习情境五　拆检活塞连杆组 ··· 100

客户需求单 ·· 100

学习性工作任务单 ··· 101

材料工具清单 ·· 104

任务一　准备工作 ··· 104

任务二　拆卸连杆轴承盖 ··· 108

任务三　拆卸活塞连杆组 ··· 112

任务四　测量活塞环三隙 ··· 116

任务五　安装活塞连杆组 ··· 120

任务六　安装连杆轴承盖 ··· 124

学习情境六　拆检曲轴 ·· 129

客户需求单 ·· 129

学习性工作任务单 ··· 130

材料工具清单 ·· 132

任务一　准备工作 ··· 133

任务二　拆卸轴承盖 ··· 137

任务三　拆卸曲轴 ··· 141

任务四　检测曲轴 ··· 144

任务五　安装曲轴 ··· 148

任务六　填写检测报告 ··· 152

学习情境七　更换正时皮带 ··· 157

客户需求单 ·· 157

学习性工作任务单 ··· 158

材料工具清单 ·· 160

任务一　准备工作 ··· 161

任务二　检查正时标记 ··· 165

任务三　脱开正时皮带 ··· 169

任务四　调整正时标记 ··· 173

目　录

任务五　填写检测报告 ··· 177

学习情境八　更换机油 ··· 181

客户需求单 ··· 181

学习性工作任务单 ·· 182

材料工具清单 ·· 184

任务一　准备工作 ·· 185

任务二　检查机油 ·· 189

任务三　排放机油 ·· 193

任务四　加注机油 ·· 196

任务五　填写检测报告 ··· 200

学习情境九　更换冷却液 ··· 204

客户需求单 ··· 204

学习性工作任务单 ·· 205

材料工具清单 ·· 207

任务一　准备工作 ·· 207

任务二　检查冷却液 ··· 211

任务三　排放冷却液 ··· 215

任务四　加注冷却液 ··· 219

任务五　填写检测报告 ··· 223

学习情境十　更换燃油滤清器 ·· 228

客户需求单 ··· 228

学习性工作任务单 ·· 229

材料工具清单 ·· 231

任务一　准备工作 ·· 231

任务二　释放燃油压力 ··· 235

任务三　拆卸旧燃油滤清器 ·· 239

任务四　更换新燃油滤清器 ·· 243

任务五　车辆恢复 ·· 247

学习情境十一　清洗喷油器 ·· 252

客户需求单 ··· 252

学习性工作任务单 ·· 253

材料工具清单 ·· 255

任务一　准备工作 ·· 256

任务二　检查喷油器外观 ·· 260

XI

任务三　清洗喷油器 ··· 264
任务四　检查喷油器喷油量 ······································· 268
任务五　检查喷油器雾化情况 ···································· 272

学习情境十二　检测进气真空度 ··································· 276

客户需求单 ··· 276
学习性工作任务单 ··· 276
材料工具清单 ··· 278
任务一　准备工作 ·· 279
任务二　预热发动机 ··· 283
任务三　连接真空表 ··· 286
任务四　检测真空度 ··· 290
任务五　填写检测报告 ·· 294

学习情境十三　检测汽缸压力 ····································· 298

客户需求单 ··· 298
学习性工作任务单 ··· 299
材料工具清单 ··· 301
任务一　准备工作 ·· 301
任务二　保证检测条件 ·· 305
任务三　拆下点火线圈 ·· 309
任务四　拆除火花塞 ··· 313
任务五　检测汽缸压力 ·· 317

岗位实践与职业素养 ·· 322

参考文献 ··· 327

学习情境一　拆检凸轮轴

客户需求单

学习背景
1. 有一辆故障车，车主反映发动机稳定运转时不响，转速突然变化时，会发出低沉连续的"镗、镗"的金属敲击声，严重的时候发动机还会发生振动。现送厂进行维修，并委托维修人员进行故障排除，恢复车辆。 2. 经维修人员初步检查，发现可能是凸轮轴故障，需要拆检凸轮轴。
素材

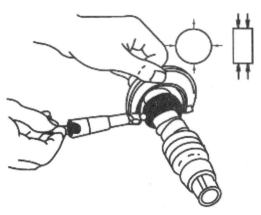

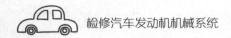
检修汽车发动机机械系统

学习性工作任务单

学习情境一	拆检凸轮轴	学　时	8学时
典型工作过程描述	1．准备工作—2．拆卸凸轮轴箱盖—3．拆卸进排气凸轮轴—4．检测进排气凸轮轴—5．安装进排气凸轮轴—6．填写检测报告			
学习目标	1．准备工作 　　1.1　收集相关资料 　　1.2　准备维修资料 　　1.3　准备维修设备 　　1.4　准备维修台架 　　1.5　实施维修防护 2．拆卸凸轮轴箱盖 　　2.1　查阅维修手册 　　2.2　拆卸加油口盖 　　2.3　拆卸点火线圈 　　2.4　松开箱盖螺母 　　2.5　取下凸轮轴箱 3．拆卸进排气凸轮轴 　　3.1　查阅维修手册 　　3.2　正确使用维修工具 　　3.3　拧松轴承盖螺栓 　　3.4　拆卸轮轴轴承盖 　　3.5　取下进排气凸轮轴 4．检测进排气凸轮轴 　　4.1　查阅维修手册 　　4.2　选择检测工具 　　4.3　检测轴颈磨损 　　4.4　检测弯曲变形 　　4.5　检测轴向间隙 5．安装进排气凸轮轴 　　5.1　查阅维修手册 　　5.2　正确使用工具 　　5.3　安装进排气凸轮轴 　　5.4　安装轮轴轴承盖 　　5.5　安装凸轮轴螺栓 6．填写检测报告 　　6.1　查阅维修手册 　　6.2　记录标准值 　　6.3　安装箱盖螺母 　　6.4　安装点火线圈 　　6.5　整理场地、工具			

学习情境一　拆检凸轮轴

任务描述	**1. 准备工作**：第一，收集凸轮轴的功用与结构、凸轮轴常见损伤类型（磨损、变形、裂纹甚至断裂）、凸轮轴损伤的影响的相关资料；第二，准备维修手册；第三，准备维修设备，常用拆装工具和专用工具、气枪、电源等；第四，准备维修台架，登记台架基本信息；第五，检查台架是否牢固。 **2. 拆卸凸轮轴箱盖**：第一，查阅维修手册；第二，拆卸加油口盖；第三，拆卸点火线圈；第四，松开凸轮轴箱盖螺母，拆卸气门罩盖，取下气门罩盖压条、密封条、衬垫、润滑油反射罩及半圆塞；第五，取下凸轮轴箱。 **3. 拆卸进排气凸轮轴**：第一，查阅维修手册；第二，正确使用拆卸工具；第三，拆卸凸轮轴端同步带轮紧固螺母，取下凸轮轴同步带轮及半圆键，先拆下第1、3、5轴承盖固定螺栓，然后交替松开第2、4、6轴承盖固定螺栓；第四，拆卸凸轮轴轴承盖；第五，取下进排气凸轮轴，将轴承盖按原位装回，以免错位。 **4. 检测进排气凸轮轴**：第一，查阅维修手册；第二，选择检测工具；第三，检测凸轮轴轴颈磨损，用外径千分尺测量轴颈直径，计算轴颈的圆度和圆柱度误差，凸轮轴各轴颈轴线应一致，所有轴颈的圆柱度误差≤0.01mm，中间各支承轴颈的圆度误差≤0.05mm，各凸轮基圆部分的圆度误差≤0.08mm，安装正时齿轮轴颈的圆度误差≤0.04mm；第四，检测凸轮轴弯曲变形，将凸轮轴安装在V形铁块上，以两端轴颈作为支点，用百分表测杆触头与中间轴颈表面接触，并缓慢转动凸轮轴一圈，测得百分表最大摆差，即为凸轮轴弯曲度，如果弯曲度>0.05mm，则必须对凸轮轴进行弯曲校正；第五，检测凸轮轴轴向间隙，用百分表水平抵住凸轮轴一端，检测轴向间隙，或用塞尺插入止推凸缘和凸轮轴颈部的侧面，测得的值即为轴向间隙，轴向间隙一般为0.05~0.20mm，最大应≤0.25mm。 **5. 安装进排气凸轮轴**：第一，查阅维修手册；第二，正确使用安装工具。第三，安装进排气凸轮轴；第四，安装轮轴轴承盖；第五，安装凸轮轴螺栓。 **6. 填写检测报告**：第一，查阅维修手册；第二，记录标准值；第三，安装箱盖螺母；第四，安装点火线圈；第五，整理场地、工具。
学时安排	资讯 1.4学时 ／ 计划 1.2学时 ／ 决策 1.2学时 ／ 实施 1.8学时 ／ 检查 1.2学时 ／ 评价 1.2学时
对学生的要求	**1. 准备工作**：第一，学会收集凸轮轴的功用与结构、凸轮轴常见损伤类型（磨损、变形、裂纹甚至断裂）、凸轮轴损伤的影响的相关资料；第二，学会准备维修手册；第三，学会准备维修设备、常用拆装工具和专用工具、气枪、电源等；第四，学会准备维修台架，登记台架基本信息；第五，学会检查台架是否牢固。 **2. 拆卸凸轮轴箱盖**：第一，学会查阅维修手册；第二，学会拆卸加油口盖；第三，学会拆卸点火线圈；第四，学会松开凸轮轴箱盖螺母，拆卸气门罩盖，取下气门罩盖压条、密封条、衬垫、润滑油反射罩及半圆塞；第五，学会取下凸轮轴箱。 **3. 拆卸进排气凸轮轴**：第一，学会查阅维修手册；第二，学会正确使用拆卸工具；第三，学会拆卸凸轮轴端同步带轮紧固螺母，取下凸轮轴同步带轮及半圆键，先拆下第1、3、5轴承盖固定螺栓，然后交替松开第2、4、6轴承盖固定螺栓；第四，学会拆卸凸轮轴轴承盖；第五，学会取下进排气凸轮轴，将轴承盖按原位装回，以免错位。 **4. 检测进排气凸轮轴**：第一，学会查阅维修手册；第二，学会选择检测工具；第三，学会检测凸轮轴轴颈磨损，用外径千分尺测量轴颈直径，计算轴颈的圆度和圆

柱度误差，凸轮轴各轴颈轴线应一致，所有轴颈的圆柱度误差≤0.01mm，中间各支承轴颈的圆度误差≤0.05mm，各凸轮基圆部分的圆度误差≤0.08mm；第四，学会检测凸轮轴弯曲变形，将凸轮轴安装在 V 形铁块上，以两端轴颈作为支点，用百分表测杆触头与中间轴颈表面接触，并缓慢转动凸轮轴一圈，测得百分表最大摆差，即为凸轮轴弯曲度，如果弯曲度>0.05mm，则必须对凸轮轴进行弯曲校正；第五，学会检测凸轮轴轴向间隙，用百分表水平抵住凸轮轴一端，检测轴向间隙，或用塞尺插入止推凸缘和凸轮轴颈部的侧面，测得的值即为轴向间隙，轴向间隙一般为 0.05～0.20mm，最大应≤0.25mm。

　　5．安装进排气凸轮轴：第一，学会查阅维修手册；第二，学会正确使用安装工具；第三，学会安装进排气凸轮轴；第四，学会安装轮轴承盖；第五，安装凸轮轴螺栓。

　　6．填写检测报告：第一，学会查阅维修手册；第二，学会记录标准值；第三，学会安装箱盖螺母；第四，学会安装点火线圈；第五，学会整理场地工具。

参考资料	1．客户需求单。 2．客户提供的故障信息。 3．《汽车发动机构造与检修》网络教学资源。 4．刘宜，石启军，刘勇兰．汽车发动机机械构造与维修一体化教程[M]．北京：机械工业出版社，2021：47-48。

教学和学习方式与流程	典型工作环节	教学和学习的方式					
	1．准备工作	资讯	计划	决策	实施	检查	评价
	2．拆卸凸轮轴箱盖	资讯	计划	决策	实施	检查	评价
	3．拆卸进排气凸轮轴	资讯	计划	决策	实施	检查	评价
	4．检测进排气凸轮轴	资讯	计划	决策	实施	检查	评价
	5．安装进排气凸轮轴	资讯	计划	决策	实施	检查	评价
	6．填写检测报告	资讯	计划	决策	实施	检查	评价

材料工具清单

学习情境一	拆检凸轮轴					学　　时	8学时
典型工作过程描述	1．准备工作—2．拆卸凸轮轴箱盖—3．拆卸进排气凸轮轴—4．检测进排气凸轮轴—5．安装进排气凸轮轴—6．填写检测报告						
典型工作过程	序号	名称	作用	数量	型号	使用量	使用者
1．准备工作	1	维修手册	参考	4本	Golf A72014（1.6L）	4本	学生
	2	钢笔	填表	4支		4支	学生
	3	台架	检查	4台	高尔夫	4台	学生
2．拆卸凸轮轴箱盖 3．拆卸进排气凸轮轴	4	常用拆装工具	拆装	4套		4套	学生

	5	外径千分尺	检测	4套		4套	学生
4.检测进排气凸轮轴	6	磁性表座	检测	4套		4套	学生
	7	内径百分表	检测	4把		4把	学生
	8	塞尺	检测	4把		4把	学生
5.安装进排气凸轮轴	9	气枪	清洁	4个		4个	学生
	10	机油	安装	4个		4个	学生
6.填写检测报告	11	工单	存档	每人1份		每人1份	学生
班级				第 组	组长签字		
教师签字				日期			

任务一 准 备 工 作

1. 准备工作的资讯单

学习情境一	拆检凸轮轴	学 时	0.23学时
典型工作过程描述	1.准备工作—2.拆卸凸轮轴箱盖—3.拆卸进排气凸轮轴—4.检测进排气凸轮轴—5.安装进排气凸轮轴—6.填写检测报告		
收集资讯的方式	1.查看客户需求单。 2.查看教师提供的《学习性工作任务单》。		
资讯描述	1.让学生查看客户需求单，明确车辆的故障现象。 2.通过故障现象及客户提供的故障信息，让学生收集凸轮轴的相关资料，准备维修工具和维修台架，进行台架固定。		
对学生的要求	1.掌握凸轮轴的功用及结构、凸轮轴常见损伤类型（磨损、变形、裂纹甚至断裂）的相关资料。 2.能准备维修资料、维修工具及台架，能够按规范进行安全防护。		
参考资料	1.客户需求单。 2.客户提供的故障信息。 3.《汽车发动机构造与检修》网络教学资源。 4.刘宜，石启军，刘勇兰.汽车发动机机械构造与维修一体化教程[M].北京：机械工业出版社，2021：47-50。		
资讯的评价	班级		第 组	组长签字	
	教师签字		日期		
	评语：				

检修汽车发动机机械系统

2. 准备工作的计划单

学习情境一	拆检凸轮轴		学　时	0.2 学时
典型工作过程描述	**1．准备工作—2．拆卸凸轮轴箱盖—3．拆卸进排气凸轮轴—4．检测进排气凸轮轴—5．安装进排气凸轮轴—6．填写检测报告**			
计划制订的方式	1．查看客户需求单。 2．查看《学习性工作任务单》。 3．请教教师。			
序　号	具体工作步骤		注意事项	
1	收集相关资料		从参考资料中查看_____相关资料	
2	准备维修资料		准备_____，型号、规格要正确	
3	准备维修设备		准备_____和_____齐全	
4	准备维修台架		正确记录台架_____	
5	实施维修防护		正确固定台架	
计划的评价	班级		第　　组	组长签字
	教师签字		日期	
	评语：			

3. 准备工作的决策单

学习情境一	拆检凸轮轴	学　时	0.2 学时
典型工作过程描述	**1．准备工作—2．拆卸凸轮轴箱盖—3．拆卸进排气凸轮轴—4．检测进排气凸轮轴—5．安装进排气凸轮轴—6．填写检测报告**		
序　号	以下哪个是完成"1．准备工作"这个典型工作环节正确的具体步骤？	正确与否 （正确打√，错误打×）	
1	1．准备维修资料—2．收集相关资料—3．准备维修设备—4．准备维修台架—5．实施维修防护		
2	1．收集相关资料—2．准备维修资料—3．准备维修设备—4．准备维修台架—5．实施维修防护		
3	1．实施维修防护—2．准备维修资料—3．准备维修设备—4．收集相关资料—5．准备维修台架		
4	1．收集相关资料—2．准备维修资料—3．准备维修设备—4．实施维修防护—5．准备维修台架		
决策的评价	班级	第　　组	组长签字
	教师签字	日期	
	评语：		

学习情境一 拆检凸轮轴

4. 准备工作的实施单

学习情境一	拆检凸轮轴		学　　时	0.3 学时
典型工作过程描述		**1**. 准备工作—2. 拆卸凸轮轴箱盖—3. 拆卸进排气凸轮轴—4. 检测进排气凸轮轴—5. 安装进排气凸轮轴—6. 填写检测报告		

序　号	实施的具体步骤	注 意 事 项	自　　评
1		从参考资料中查看凸轮轴的_____相关资料	
2		准备维修手册，型号、规格要正确	
3		准备扭力扳手和套筒齐全	
4		正确记录台架基本信息	
5		正确进行台架固定	

实施说明：
1. 学生要认真收集凸轮轴基础知识并掌握。
2. 学生要认真准备维修资料、电路图及用户手册，并能够正确查阅。
3. 学生要认真准备维修工具及检测工具，并能够正确使用。
4. 学生要认真检查台架状况，登记台架基本信息，检查台架是否牢固。

	班级		第　　组	组长签字	
实施的评价	教师签字		日期		
	评语：					

5. 准备工作的检查单

学习情境一	拆检凸轮轴	学　　时	0.2 学时
典型工作过程描述		**1. 准备工作**—2. 拆卸凸轮轴箱盖—3. 拆卸进排气凸轮轴—4. 检测进排气凸轮轴—5. 安装进排气凸轮轴—6. 填写检测报告		

序　号	检查项目（具体步骤的检查）	检 查 标 准	小组自查（检查是否完成以下步骤，完成打√，没完成打×）	小组互查（检查是否完成以下步骤，完成打√，没完成打×）
1	收集相关资料	掌握凸轮轴的功用、结构，凸轮轴常见损伤类型		
2	准备维修资料	维修手册、维修电路图、用户使用手册准备齐全		
3	准备维修设备	常用工具和专用工具准备齐全		
4	准备维修台架	车辆或台架准备齐全		
5	实施维修防护	检查车辆或台架牢固并进行安全防护		

检修汽车发动机机械系统

	班级		第 组	组长签字	
	教师签字		日期		
检查的评价	评语:				

6. 准备工作的评价单

学习情境一	拆检凸轮轴		学 时	0.2 学时
典型工作过程描述	1. **准备工作**—2. 拆卸凸轮轴箱盖—3. 拆卸进排气凸轮轴—4. 检测进排气凸轮轴—5. 安装进排气凸轮轴—6. 填写检测报告			
评价项目	评 分 维 度	组长对每组评分		教师评价
小组 1 **准备工作** 的阶段性结果	完整性、时效性、准确性			
小组 2 **准备工作** 的阶段性结果	完整性、时效性、准确性			
小组 3 **准备工作** 的阶段性结果	完整性、时效性、准确性			
小组 4 **准备工作** 的阶段性结果	完整性、时效性、准确性			
评价的评价	班级		第 组	组长签字	
	教师签字		日期		
	评语:				

学习情境一 拆检凸轮轴

任务二 拆卸凸轮轴箱盖

1. 拆卸凸轮轴箱盖的资讯单

学习情境一	拆检凸轮轴			学　　时	0.23 学时
典型工作过程描述		1．准备工作—**2．拆卸凸轮轴箱盖**—3．拆卸进排气凸轮轴—4．检测进排气凸轮轴—5．安装进排气凸轮轴—6．填写检测报告
收集资讯的方式		1．查看客户需求单。 2．查看教师提供的《学习性工作任务单》。
资讯描述		1．让学生查看客户需求单，明确车辆故障现象。 2．通过故障现象及客户提供的故障信息，让学生正确选用专用工具、正确查阅维修手册、正确拆卸加油口盖、正确拆卸点火线圈。 3．让学生正确使用棘轮扳手松开凸轮轴箱盖螺母。 4．让学生正确取下凸轮轴箱盖。
对学生的要求		1．学会正确使用棘轮扳手交叉对角松开凸轮轴箱盖螺母拆下飞轮，注意分 2～3 次松开。 2．学会正确拆卸点火线圈。
参考资料		1．客户需求单。 2．客户提供的故障信息。 3．《汽车发动机构造与检修》网络教学资源。 4．刘宜，石启军，刘勇兰．汽车发动机机械构造与维修一体化教程[M]．北京：机械工业出版社，2021：47-50。
资讯的评价	班级		第　　组	组长签字	
	教师签字		日期		
	评语：		

2. 拆卸凸轮轴箱盖的计划单

学习情境一	拆检凸轮轴	学　　时	0.2 学时
典型工作过程描述		1．准备工作—**2．拆卸凸轮轴箱盖**—3．拆卸进排气凸轮轴—4．检测进排气凸轮轴—5．安装进排气凸轮轴—6．填写检测报告
计划制订的方式		1．查看客户需求单。 2．查看《学习性工作任务单》。 3．请教教师。

检修汽车发动机机械系统

序　号	具体工作步骤	注 意 事 项
1	查阅维修手册	正确查阅维修手册，找到拆卸凸轮轴箱盖章节：____章____节
2	拆卸加油口盖	正确使用_____取下加油口盖
3	拆卸点火线圈	依次取出并按_____摆放整齐
4	松开箱盖螺母	正确使用棘轮扳手交叉对角分 2～3 次松开凸轮轴箱盖螺栓
5	取下凸轮轴箱	取出凸轮轴箱

计划的评价	班级		第　　组		组长签字	
	教师签字		日　期			
	评语：					

3．拆卸凸轮轴箱盖的决策单

学习情境一	拆检凸轮轴	学　时	0.2 学时
典型工作过程描述	1．准备工作—**2．拆卸凸轮轴箱盖**—3．拆卸进排气凸轮轴—4．检测进排气凸轮轴—5．安装进排气凸轮轴—6．填写检测报告		

	计 划 对 比		
序　号	以下哪个是完成"2．拆卸凸轮轴箱盖"这个典型工作环节正确的具体步骤？		正确与否（正确打√，错误打×）
1	1．查阅维修手册—2．拆卸加油口盖—3．拆卸点火线圈—4．取下凸轮轴箱—5．松开箱盖螺母		
2	1．查阅维修手册—2．拆卸加油口盖—3．松开箱盖螺母—4．拆卸点火线圈—5．取下凸轮轴箱		
3	1．查阅维修手册—2．拆卸加油口盖—3．拆卸点火线圈—4．松开箱盖螺母—5．取下凸轮轴箱		
4	1．取下凸轮轴箱—2．拆卸点火线圈—3．拆卸加油口盖—4．松开箱盖螺母—5．查阅维修手册		

决策的评价	班级		第　　组	组长签字	
	教师签字		日　期		
	评语：				

10

学习情境一 拆检凸轮轴

4. 拆卸凸轮轴箱盖的实施单

学习情境一	拆检凸轮轴		学　　时	0.3 学时
典型工作过程描述	\multicolumn{4}{l|}{1. 准备工作—**2. 拆卸凸轮轴箱盖**—3. 拆卸进排气凸轮轴—4. 检测进排气凸轮轴—5. 安装进排气凸轮轴—6. 填写检测报告}
序　号	实施的具体步骤	\multicolumn{2}{l|}{注 意 事 项}	自　评
1		\multicolumn{2}{l|}{正确查阅维修手册，找到拆卸凸轮轴箱盖章节}	
2		\multicolumn{2}{l|}{正确拆卸加油口盖}	
3		\multicolumn{2}{l|}{按顺序摆放整齐}	
4		\multicolumn{2}{l|}{正确使用棘轮扳手交叉对角分 2～3 次松开凸轮轴箱盖螺母}	
5		\multicolumn{2}{l|}{取出凸轮轴箱}	

实施说明：
1. 学生在拆卸凸轮轴箱盖时，要正确使用棘轮扳手交叉对角分 2～3 次松开凸轮轴箱盖螺母。
2. 正确将取下的点火线圈按顺序摆好。
3. 正确取出凸轮轴箱。

实施的评价	班级		第　　组	组长签字	
	教师签字		日期		
	评语：				

5. 拆卸凸轮轴箱盖的检查单

学习情境一	拆检凸轮轴		学　　时	0.2 学时
典型工作过程描述	\multicolumn{4}{l|}{1. 准备工作—**2. 拆卸凸轮轴箱盖**—3. 拆卸进排气凸轮轴—4. 检测进排气凸轮轴—5. 安装进排气凸轮轴—6. 填写检测报告}
序　号	检查项目 （具体步骤的检查）	检查标准	小组自查 （检查是否完成以下步骤，完成打√，没完成打×）	小组互查 （检查是否完成以下步骤，完成打√，没完成打×）
1	查阅维修手册	查询型号、规格、章节准确		
2	拆卸加油口盖	拆卸加油口盖正确		
3	拆卸点火线圈	拆卸点火线圈正确		
4	松开箱盖螺母	松开箱盖螺母正确		
5	取下凸轮轴箱	取下凸轮轴箱正确		

检查的评价	班级		第 组	组长签字	
	教师签字		日期		
	评语:				

6. 拆卸凸轮轴箱盖的评价单

学习情境一	拆检凸轮轴		学　时	0.2学时
典型工作过程描述	1．准备工作—2．拆卸凸轮轴箱盖—3．拆卸进排气凸轮轴—4．检测进排气凸轮轴—5．安装进排气凸轮轴—6．填写检测报告			
评价项目	评分维度	组长对每组评分	教师评价	
小组1 **拆卸凸轮轴箱盖** 的阶段性结果	规范性、时效性、准确性			
小组2 **拆卸凸轮轴箱盖** 的阶段性结果	完整性、时效性、准确性			
小组3 **拆卸凸轮轴箱盖** 的阶段性结果	完整性、时效性、准确性			
小组4 **拆卸凸轮轴箱盖** 的阶段性结果	完整性、时效性、准确性			
评价的评价	班级		第 组	组长签字	
	教师签字		日期		
	评语:				

学习情境一 拆检凸轮轴

任务三 拆卸进排气凸轮轴

1. 拆卸进排气凸轮轴的资讯单

学习情境一	拆检凸轮轴	学　时	0.23 学时
典型工作过程描述	1．准备工作—2．拆卸凸轮轴箱盖—3．拆卸进排气凸轮轴—4．检测进排气凸轮轴—5．安装进排气凸轮轴—6．填写检测报告			
收集资讯的方式	1．查看客户需求单。 2．查看教师提供的《学习性工作任务单》。			
资讯描述	1．让学生查看客户需求单，明确车辆的故障现象。 2．通过故障现象及客户提供的故障信息，让学生查阅维修手册，正确使用棘轮扳手由两边到中间交叉对角拧松凸轮轴轴承盖螺栓。 3．让学生依次拆卸进排气凸轮轴轴承盖，并按顺序摆放。 4．让学生正确取下进排气凸轮轴。			
对学生的要求	1．学会查阅维修手册，正确找到章节、页码、型号、规格。 2．学会正确取下凸轮轴轴承盖螺栓及进排气凸轮轴轴承盖，并按顺序摆放。 3．学会将凸轮轴从汽缸盖上取下，并正确摆放凸轮轴。			
参考资料	1．客户需求单。 2．客户提供的故障信息。 3．《汽车发动机构造与检修》网络教学资源。 4．刘宜，石启军，刘勇兰．汽车发动机机械构造与维修一体化教程[M]．北京：机械工业出版社，2021：47-50。			
资讯的评价	班级 || 第　组	组长签字	
^	教师签字		日期	
^	评语：			

2. 拆卸进排气凸轮轴的计划单

学习情境一	拆检凸轮轴	学　时	0.2 学时
典型工作过程描述	1．准备工作—2．拆卸凸轮轴箱盖—3．拆卸进排气凸轮轴—4．检测进排气凸轮轴—5．安装进排气凸轮轴—6．填写检测报告			
计划制订的方式	1．查看客户需求单。 2．查看《学习性工作任务单》。 3．请教教师。			

检修汽车发动机机械系统

序　号	具体工作步骤	注　意　事　项
1	查阅维修手册	正确查阅维修手册，找到拆卸进排气凸轮轴章节：____章____节
2	正确使用工具	正确使用棘轮扳手
3	拧松轴承盖螺栓	_____对角松开
4	拆卸凸轮轴轴承盖	按_____摆放整齐
5	取下进排气凸轮轴	取出进气凸轮轴及排气凸轮轴

	班级		第　组	组长签字	
计划的评价	教师签字		日期		
	评语：				

3. 拆卸进排气凸轮轴的决策单

学习情境一	拆检凸轮轴	学　时	0.2学时
典型工作过程描述	1.准备工作—2.拆卸凸轮轴箱盖—**3.拆卸进排气凸轮轴**—4.检测进排气凸轮轴—5.安装进排气凸轮轴—6.填写检测报告		

计　划　对　比		
序　号	以下哪个是完成"3.拆卸进排气凸轮轴"这个典型工作环节正确的具体步骤？	正确与否（正确打√，错误打×）
1	1.查阅维修手册—2.正确使用工具—3.拧松轴承盖螺栓—4.取下进排气凸轮轴—5.拆卸凸轮轴轴承盖	
2	1.查阅维修手册—2.正确使用工具—3.拧松轴承盖螺栓—4.拆卸凸轮轴轴承盖—5.取下进排气凸轮轴	
3	1.拆卸凸轮轴轴承盖—2.正确使用工具—3.拧松轴承盖螺栓—4.查阅维修手册—5.取下进排气凸轮轴	
4	1.查阅维修手册—2.正确使用工具—3.取下进排气凸轮轴—4.拆卸凸轮轴轴承盖—5.拧松轴承盖螺栓	

	班级		第　组	组长签字	
决策的评价	教师签字		日期		
	评语：				

学习情境一 拆检凸轮轴

4. 拆卸进排气凸轮轴的实施单

学习情境一	拆检凸轮轴		学　　时	0.3学时
典型工作过程描述	\multicolumn{4}{l	}{1.准备工作—2.拆卸凸轮轴箱盖—3.拆卸进排气凸轮轴—4.检测进排气凸轮轴—5.安装进排气凸轮轴—6.填写检测报告}
序　号	实施的具体步骤	\multicolumn{2}{c	}{注 意 事 项}	自　评
1		\multicolumn{2}{l	}{正确查阅维修手册，找到拆卸进排气凸轮轴章节____章____节}	
2		\multicolumn{2}{l	}{正确使用棘轮扳手}	
3		\multicolumn{2}{l	}{由两边到中间交叉对角松开}	
4		\multicolumn{2}{l	}{按顺序摆放整齐}	
5		\multicolumn{2}{l	}{取出进气凸轮轴及排气凸轮轴}	
\multicolumn{5}{l	}{实施说明：}
\multicolumn{5}{l	}{　1.学生在拆卸进排气凸轮轴的过程中要正确使用工具，避免损坏凸轮轴轴承盖螺栓，拆卸的轴承盖要摆放整齐。}
\multicolumn{5}{l	}{　2.学生要认真拆卸凸轮轴，以免出现漏装的情况。}
实施的评价	班级		第　　组	组长签字	
	教师签字		日期		
	评语：				

5. 拆卸进排气凸轮轴的检查单

学习情境一	拆检凸轮轴		学　　时	0.2学时
典型工作过程描述	\multicolumn{4}{l	}{1.准备工作—2.拆卸凸轮轴箱盖—3.拆卸进排气凸轮轴—4.检测进排气凸轮轴—5.安装进排气凸轮轴—6.填写检测报告}
序　号	检查项目（具体步骤的检查）	检 查 标 准	小组自查（检查是否完成以下步骤，完成打√，没完成打×）	小组互查（检查是否完成以下步骤，完成打√，没完成打×）
1	查阅维修手册	型号、规格、章节正确		
2	正确使用工具	工具使用正确		
3	拧松轴承盖螺栓	拧松螺栓规范		
4	拆卸凸轮轴轴承盖	拆卸轴承盖正确		
5	取下进排气凸轮轴	取下进排气凸轮轴及摆放符合要求		

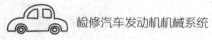
检修汽车发动机机械系统

检查的评价	班级		第 组	组长签字	
	教师签字		日期		
	评语:				

6. 拆卸进排气凸轮轴的评价单

学习情境一	拆检凸轮轴		学 时	0.2 学时
典型工作过程描述	1．准备工作—2．拆卸凸轮轴箱盖—3．拆卸进排气凸轮轴—4．检测进排气凸轮轴—5．安装进排气凸轮轴—6．填写检测报告			
评价项目	评分维度	组长对每组评分		教师评价
小组1 拆卸进排气凸轮轴的阶段性结果	完整性、时效性、准确性			
小组2 拆卸进排气凸轮轴的阶段性结果	完整性、时效性、准确性			
小组3 拆卸进排气凸轮轴的阶段性结果	完整性、时效性、准确性			
小组4 拆卸进排气凸轮轴的阶段性结果	完整性、时效性、准确性			
评价的评价	班级		第 组	组长签字	
	教师签字		日期		
	评语:				

任务四 检测进排气凸轮轴

1. 检测进排气凸轮轴的资讯单

学习情境一	拆检凸轮轴		学　　时	0.23 学时
典型工作过程描述	\multicolumn{4}{l|}{1．准备工作—2．拆卸凸轮轴箱盖—3．拆卸进排气凸轮轴—**4．检测进排气凸轮轴**—5．安装进排气凸轮轴—6．填写检测报告}			
收集资讯的方式	\multicolumn{4}{l|}{1．查看客户需求单。 2．查看教师提供的《学习性工作任务单》。}			
资讯描述	\multicolumn{4}{l|}{1．让学生查看客户需求单，明确车辆的故障现象。 2．通过故障现象及客户提供的故障信息，让学生正确查阅维修手册，正确选择检测工具，正确检测轴颈磨损，正确检测弯曲变形，正确检测轴向间隙。}			
对学生的要求	\multicolumn{4}{l|}{1．学会查阅维修手册，正确找到章节、页码、规格、型号。 2．学会清洁凸轮轴，学会检测轴颈磨损、检测弯曲变形、检测轴向间隙。}			
参考资料	\multicolumn{4}{l|}{1．客户需求单。 2．客户提供的故障信息。 3．《汽车发动机构造与检修》网络教学资源。 4．刘宜，石启军，刘勇兰．汽车发动机机械构造与维修一体化教程[M]．北京：机械工业出版社，2021：47-50。}			
资讯的评价	班级		第　　组	组长签字	
^	教师签字		日期		
^	评语：			

2. 检测进排气凸轮轴的计划单

学习情境一	拆检凸轮轴	学　　时	0.2 学时
典型工作过程描述	\multicolumn{3}{l|}{1．准备工作—2．拆卸凸轮轴箱盖—3．拆卸进排气凸轮轴—**4．检测进排气凸轮轴**—5．安装进排气凸轮轴—6．填写检测报告}		
计划制订的方式	\multicolumn{3}{l|}{1．查看客户需求单。 2．查看《学习性工作任务单》。 3．请教教师。}		
序　号	具体工作步骤	\multicolumn{2}{l|}{注意事项}	
1	查阅维修手册	\multicolumn{2}{l|}{查阅维修手册，找到检测进排气凸轮轴章节、页码}	
2	选择检测工具	\multicolumn{2}{l|}{正确使用_____}	
3	检测轴颈磨损	\multicolumn{2}{l|}{用外径千分尺检测轴颈_____和_____}	
4	检测弯曲变形	\multicolumn{2}{l|}{用_____检测弯曲变形}	
5	检测轴向间隙	\multicolumn{2}{l|}{用_____检测轴向间隙}	

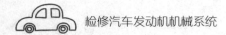

计划的评价	班级		第 组	组长签字	
	教师签字		日期		
	评语:				

3. 检测进排气凸轮轴的决策单

学习情境一	拆检凸轮轴	学 时	0.3 学时
典型工作过程描述	1．准备工作—2．拆卸凸轮轴箱盖—3．拆卸进排气凸轮轴—4．检测进排气凸轮轴—5．安装进排气凸轮轴—6．填写检测报告		
计 划 对 比			
序 号	以下哪个是完成"4．检测进排气凸轮轴"这个典型工作环节正确的具体步骤？		正确与否（正确打√，错误打×）
1	1．查阅维修手册—2．检测轴颈磨损—3．选择检测工具—4．检测弯曲变形—5．检测轴向间隙		
2	1．查阅维修手册—2．选择检测工具—3．检测轴颈磨损—4．检测弯曲变形—5．检测轴向间隙		
3	1．查阅维修手册—2．检测轴向间隙—3．检测轴颈磨损—4．检测弯曲变形—5．选择检测工具		
4	1．查阅维修手册—2．检测弯曲变形—3．检测轴颈磨损—4．选择检测工具—5．检测轴向间隙		
决策的评价	班级		第 组	组长签字	
	教师签字		日期		
	评语:				

学习情境一 拆检凸轮轴

4. 检测进排气凸轮轴的实施单

学习情境一	拆检凸轮轴		学　　时	0.3 学时
典型工作过程描述		1．准备工作—2．拆卸凸轮轴箱盖—3．拆卸进排气凸轮轴—4．检测进排气凸轮轴—5．安装进排气凸轮轴—6．填写检测报告

序　号	实施的具体步骤	注 意 事 项	自　评
1		查阅维修手册，找到检测进排气凸轮轴章节、页码	
2		正确选用外径千分尺和百分表	
3		用外径千分尺检测轴颈圆度和圆柱度	
4		用磁性表座和百分表检测弯曲变形	
5		用磁性表座和百分表检测轴向间隙	

实施说明：
1．学会正确查阅维修手册，找到检测进排气凸轮轴章节、页码，＿＿＿章＿＿＿节＿＿＿页。
2．正确选用外径千分尺和百分表。
3．正确检测凸轮轴轴颈磨损、弯曲变形。
4．正确检测凸轮轴轴向间隙，轴向间隙为 0.066～0.233mm，磨损极限≤0.25mm。

实施的评价	班级		第　　组		组长签字	
	教师签字		日期			
		评语：

5. 检测进排气凸轮轴的检查单

学习情境一	拆检凸轮轴		学　　时	0.2 学时
典型工作过程描述		1．准备工作—2．拆卸凸轮轴箱盖—3．拆卸进排气凸轮轴—4．检测进排气凸轮轴—5．安装进排气凸轮轴—6．填写检测报告

序　号	检查项目（具体步骤的检查）	检查标准	小组自查（检查是否完成以下步骤，完成打√，没完成打×）	小组互查（检查是否完成以下步骤，完成打√，没完成打×）
1	查阅维修手册	章节、页码、型号、规格正确		
2	选择检测工具	选用正确		
3	检测轴颈磨损	检测磨损正确		
4	检测弯曲变形	检测变形正确		
5	检测轴向间隙	检测间隙正确		

检查的评价	班级			第　　组	组长签字	
	教师签字			日期		
	评语:					

6. 检测进排气凸轮轴的评价单

学习情境一	拆检凸轮轴		学　　时	0.2 学时
典型工作过程描述	1．准备工作—2．拆卸凸轮轴箱盖—3．拆卸进排气凸轮轴—4．检测进排气凸轮轴—5．安装进排气凸轮轴—6．填写检测报告			
评价项目	评分维度	组长对每组评分	教师评价	
小组 1 检测进排气凸轮轴的阶段性结果	速度性、严谨性、正确性			
小组 2 检测进排气凸轮轴的阶段性结果	速度性、严谨性、正确性			
小组 3 检测进排气凸轮轴的阶段性结果	速度性、严谨性、正确性			
小组 4 检测进排气凸轮轴的阶段性结果	速度性、严谨性、正确性			
评价的评价	班级		第　　组	组长签字	
	教师签字		日期		
	评语:				

学习情境一 拆检凸轮轴

任务五　安装进排气凸轮轴

1. 安装进排气凸轮轴的资讯单

学习情境一	拆检凸轮轴		学　　时	0.23 学时
典型工作过程描述	1．准备工作—2．拆卸凸轮轴箱盖—3．拆卸进排气凸轮轴—4．检测进排气凸轮轴—5．安装进排气凸轮轴—6．填写检测报告			
收集资讯的方式	1．查看客户需求单。 2．查看教师提供的《学习性工作任务单》。			
资讯描述	1．让学生查看客户需求单，明确车辆的故障现象。 2．通过故障现象及客户提供的故障信息，让学生正确查阅维修手册，找到凸轮轴轴承盖螺栓的标准力矩。 3．让学生正确使用扳手依次安装进排气凸轮轴、轴承盖及凸轮轴轴承盖螺栓。			
对学生的要求	1．学会查阅维修手册，正确找到章节、页码、规格及型号。 2．学会清洁凸轮轴，并正确安装凸轮轴及轴承盖螺栓。			
参考资料	1．客户需求单。 2．客户提供的故障信息。 3．《汽车发动机构造与检修》网络教学资源。 4．刘宜，石启军，刘勇兰．汽车发动机机械构造与维修一体化教程[M]．北京：机械工业出版社，2021：47-50。			
资讯的评价	班级		第　　组	组长签字	
	教师签字		日期		
	评语：				

2. 安装进排气凸轮轴的计划单

学习情境一	拆检凸轮轴	学　　时	0.2 学时
典型工作过程描述	1．准备工作—2．拆卸凸轮轴箱盖—3．拆卸进排气凸轮轴—4．检测进排气凸轮轴—5．安装进排气凸轮轴—6．填写检测报告		
计划制订的方式	1．查看客户需求单。 2．查看《学习性工作任务单》。 3．请教教师。		

序　号	具体工作步骤	注 意 事 项
1	查阅维修手册	查阅维修手册，找到安装进排气凸轮轴章节：＿＿＿章＿＿＿节
2	正确使用安装工具	正确使用＿＿＿＿＿
3	安装进排气凸轮轴	正确安装进排气凸轮轴
4	安装凸轮轴轴承盖	注意按摆放顺序依次安装轴承盖
5	安装凸轮轴螺栓	按维修手册的标准力矩拧紧螺栓，标准力矩：＿＿＿＿＿

计划的评价	班级		第　　组		组长签字	
	教师签字		日期			
	评语：					

3. 安装进排气凸轮轴的决策单

学习情境一	拆检凸轮轴	学　　时	0.2 学时
典型工作过程描述	1. 准备工作—2. 拆卸凸轮轴箱盖—3. 拆卸进排气凸轮轴—4. 检测进排气凸轮轴—5. 安装进排气凸轮轴—6. 填写检测报告		

计 划 对 比		
序　　号	以下哪个是完成"5. 安装进排气凸轮轴"这个典型工作环节正确的具体步骤？	正确与否（正确打√，错误打×）
1	1. 查阅维修手册—2. 正确使用安装工具—3. 安装进排气凸轮轴—4. 安装凸轮轴轴承盖—5. 安装凸轮轴螺栓	
2	1. 查阅维修手册—2. 正确使用安装工具—3. 安装进排气凸轮轴—4. 安装凸轮轴螺栓—5. 安装凸轮轴轴承盖	
3	1. 查阅维修手册—2. 安装进排气凸轮轴—3. 正确使用安装工具—4. 安装凸轮轴轴承盖—5. 安装凸轮轴螺栓	
4	1. 安装凸轮轴轴承盖—2. 正确使用安装工具—3. 安装进排气凸轮轴—4. 查阅维修手册—5. 安装凸轮轴螺栓	

决策的评价	班级		第　　组		组长签字	
	教师签字		日期			
	评语：					

学习情境一 拆检凸轮轴

4. 安装进排气凸轮轴的实施单

学习情境一	拆检凸轮轴		学　时	0.3 学时
典型工作过程描述	1. 准备工作—2. 拆卸凸轮轴箱盖—3. 拆卸进排气凸轮轴—4. 检测进排气凸轮轴—5. 安装进排气凸轮轴—6. 填写检测报告			
序　号	实施的具体步骤	注 意 事 项	自　评	
1		查阅维修手册，找到安装进排气凸轮轴章节、页码		
2		正确使用棘轮扳手		
3		正确安装凸轮轴，注意前后端		
4		注意按摆放顺序依次安装轴承盖		
5		按维修手册的标准力矩拧紧螺栓，标准力矩：＿＿＿＿		

实施说明：

1. 学会正确查阅维修手册，找到安装进排气凸轮轴章节、页码，＿＿＿章＿＿＿节＿＿＿页。

2. 正确使用棘轮扳手。

3. 正确安装进排气凸轮轴。

4. 安装止推垫片时，注意区分上下止推垫片。

5. 在安装各轴承盖螺栓时，按维修手册的标准力矩拧紧螺栓。

实施的评价	班级		第　　组		组长签字	
	教师签字		日　期			
	评语：					

5. 安装进排气凸轮轴的检查单

学习情境一	拆检凸轮轴		学　时	0.2 学时
典型工作过程描述	1. 准备工作—2. 拆卸凸轮轴箱盖—3. 拆卸进排气凸轮轴—4. 检测进排气凸轮轴—5. 安装进排气凸轮轴—6. 填写检测报告			
序　号	检查项目 （具体步骤的检查）	检 查 标 准	小组自查 （检查是否完成以下步骤，完成打√，没完成打×）	小组互查 （检查是否完成以下步骤，完成打√，没完成打×）
1	查阅维修手册	章节、页码、型号、规格正确		
2	正确使用安装工具	工具使用正确		
3	安装进排气凸轮轴	安装正确		
4	安装凸轮轴轴承盖	安装凸轮轴轴承盖正确		
5	安装凸轮轴螺栓	凸轮轴螺栓安装正确		

23

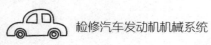

检查的评价	班级		第 组		组长签字	
	教师签字		日期			
	评语：					

6. 安装进排气凸轮轴的评价单

学习情境一	拆检凸轮轴		学 时	0.2学时
典型工作过程描述	1．准备工作—2．拆卸凸轮轴箱盖—3．拆卸进排气凸轮轴—4．检测进排气凸轮轴—5．安装进排气凸轮轴—6．填写检测报告			
评价项目	评分维度	组长对每组评分		教师评价
小组1 安装进排气凸轮轴 的阶段性结果	速度性、严谨性、正确性			
小组2 安装进排气凸轮轴 的阶段性结果	速度性、严谨性、正确性			
小组3 安装进排气凸轮轴 的阶段性结果	速度性、严谨性、正确性			
小组4 安装进排气凸轮轴 的阶段性结果	速度性、严谨性、正确性			
评价的评价	班级		第 组		组长签字	
	教师签字		日期			
	评语：					

学习情境一 拆检凸轮轴

任务六 填写检测报告

1. 填写检测报告的资讯单

学习情境一	拆检凸轮轴		学　　时	0.23 学时
典型工作过程描述	1．准备工作—2．拆卸凸轮轴箱盖—3．拆卸进排气凸轮轴—4．检测进排气凸轮轴—5．安装进排气凸轮轴—**6．填写检测报告**			
收集资讯的方式	1．查看维修手册。 2．查看教师提供的视频资源。			
资讯描述	1．让学生查看客户需求单，明确车辆的故障现象。 2．通过故障现象及客户提供的故障信息，让学生查询维修手册，记录标准值，正确安装箱盖螺母及点火线圈。 3．安装完成后，及时整理场地恢复工位，进行 7S 作业。			
对学生的要求	1．学会查阅维修手册，找到安装凸轮轴箱盖的相应章节。 2．学会根据维修手册的安装要求，正确使用工具交叉对角分多次拧紧凸轮轴箱盖螺母。 3．让学生检查装配是否正确。 4．让学生在全部安装完成后，检查维修资料、工具设备是否齐全、完好，做好 7S 作业。			
参考资料	1．客户需求单。 2．客户提供的故障信息。 3．《汽车发动机构造与检修》网络教学资源。 4．刘宜，石启军，刘勇兰．汽车发动机机械构造与维修一体化教程[M]．北京：机械工业出版社，2021：47-50。			
资讯的评价	班级		第　　组	组长签字	
	教师签字		日期		
	评语：				

2. 填写检测报告的计划单

学习情境一	拆检凸轮轴	学　　时	0.2 学时
典型工作过程描述	1．准备工作—2．拆卸凸轮轴箱盖—3．拆卸进排气凸轮轴—4．检测进排气凸轮轴—5．安装进排气凸轮轴—**6．填写检测报告**		
计划制订的方式	1．查看客户需求单。 2．查看《学习性工作任务单》。 3．请教教师。		

序 号	具体工作步骤	注 意 事 项
1	查阅维修手册	查找章节、页码、规格及型号
2	记录标准值	注意安装力矩，标准力矩：_____
3	安装箱盖螺母	正确安装箱盖螺母
4	安装点火线圈	正确安装点火线圈
5	整理场地、工具	整理场地、工具，做好 7S 作业

计划的评价	班级		第　组		组长签字	
	教师签字		日期			
	评语：					

3. 填写检测报告的决策单

学习情境一	拆检凸轮轴		学　时	0.2 学时
典型工作过程描述	1. 准备工作—2. 拆卸凸轮轴箱盖—3. 拆卸进排气凸轮轴—4. 检测进排气凸轮轴—5. 安装进排气凸轮轴—**6. 填写检测报告**			
序 号	以下哪个是完成"6. 填写检测报告"这个典型工作环节 正确的具体步骤？		正确与否 （正确打√，错误打×）	
1	1. 查阅维修手册—2. 记录标准值—3. 安装箱盖螺母—4. 安装点火线圈—5. 整理场地、工具			
2	1. 查阅维修手册—2. 记录标准值—3. 整理场地、工具—4. 安装点火线圈—5. 安装箱盖螺母			
3	1. 查阅维修手册—2. 安装点火线圈—3. 安装箱盖螺母—4. 记录标准值—5. 整理场地、工具			
4	1. 整理场地、工具—2. 记录标准值—3. 安装箱盖螺母—4. 安装点火线圈—5. 查阅维修手册			

决策的评价	班级		第　组		组长签字	
	教师签字		日期			
	评语：					

26

学习情境一　拆检凸轮轴

4. 填写检测报告的实施单

学习情境一	拆检凸轮轴		学　　时	0.3 学时
典型工作过程描述	1．准备工作—2．拆卸凸轮轴箱盖—3．拆卸进排气凸轮轴—4．检测进排气凸轮轴—5．安装进排气凸轮轴—**6．填写检测报告**			
序　　号	实施的具体步骤	注 意 事 项		自　　评
1		查找章节、页码、规格及型号		
2		注意安装力矩		
3		正确安装箱盖螺母		
4		正确安装点火线圈		
5		整理场地、工具，做好 7S 作业		

实施说明：

1. 学生要认真查阅维修手册，章节、页码、规格及型号要正确。

2. 学生要注意安装力矩。

3. 学生要正确安装箱盖螺母。

4. 学生要正确安装点火线圈。

5. 安装完成后，检查维修资料、工具设备是否齐全、完好，做好 7S 作业。

实施的评价	班级		第　　组	组长签字	
	教师签字		日　期		
	评语：				

5. 填写检测报告的检查单

学习情境一	拆检凸轮轴		学　　时	0.2 学时
典型工作过程描述	1．准备工作—2．拆卸凸轮轴箱盖—3．拆卸进排气凸轮轴—4．检测进排气凸轮轴—5．安装进排气凸轮轴—6．填写检测报告			
序　　号	检查项目（具体步骤的检查）	检查标准	小组自查（检查是否完成以下步骤，完成打√，没完成打×）	小组互查（检查是否完成以下步骤，完成打√，没完成打×）
1	查阅维修手册	查找章节、页码、规格及型号正确		
2	记录标准值	记录正确		
3	安装箱盖螺母	安装正确		
4	安装点火线圈	安装正确		
5	整理场地、工具	做好 7S 作业		

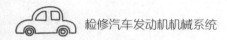

检查的评价	班级		第　　组		组长签字	
	教师签字		日期			
	评语：					

6. 填写检测报告的评价单

学习情境一	拆检凸轮轴		学　　时	0.2学时
典型工作过程描述	1．准备工作—2．拆卸凸轮轴箱盖—3．拆卸进排气凸轮轴—4．检测进排气凸轮轴—5．安装进排气凸轮轴—6．填写检测报告			
评价项目	评分维度	组长对每组评分		教师评价
小组1 填写检测报告 的阶段性结果	完整性、时效性、正确性			
小组2 填写检测报告 的阶段性结果	完整性、时效性、正确性			
小组3 填写检测报告 的阶段性结果	完整性、时效性、正确性			
小组4 填写检测报告 的阶段性结果	完整性、时效性、正确性			

评价的评价	班级		第　　组		组长签字	
	教师签字		日期			
	评语：					

学习情境二　　拆检汽缸盖和汽缸体

客户需求单

学习背景
1. 有一辆故障车，车主反映在行驶过程中出现动力不足、燃油消耗过高的情况。 2. 经维修人员初步检查，没有检测到故障码，又进行了缸压检测，发现缸压较低，怀疑是发动机汽缸盖或汽缸体有磨损，需要拆检汽缸盖和汽缸体。
素材

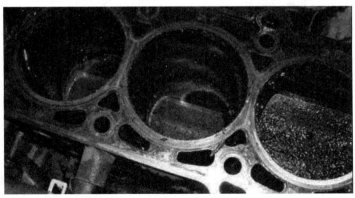

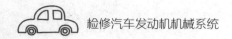
检修汽车发动机机械系统

学习性工作任务单

学习情境二	拆检汽缸盖和汽缸体	学　时	10学时
典型工作过程描述	1．准备工作—2．拆卸汽缸盖—3．检测汽缸盖下平面度—4．检测汽缸体上平面度—5．检测汽缸磨损		
学习目标	1．准备工作 　　1.1　准备基础知识 　　1.2　准备维修手册 　　1.3　准备维修工具 　　1.4　准备维修车辆 　　1.5　实施维修防护 2．拆卸汽缸盖 　　2.1　拆卸汽缸盖 　　2.2　吹净汽缸盖 　　2.3　铲除黏连物 　　2.4　打磨黏连物 　　2.5　清洁汽缸盖体 3．检测汽缸盖下平面度 　　3.1　查阅维修手册 　　3.2　记录标准值 　　3.3　选择合适的检测工具 　　3.4　测量下平面度 　　3.5　记录测量数据 4．检测汽缸体上平面度 　　4.1　查阅维修手册 　　4.2　记录标准值 　　4.3　选择合适的检测工具 　　4.4　测量上平面度 　　4.5　记录测量数据 5．检测汽缸磨损 　　5.1　校准测量工具 　　5.2　检测汽缸直径 　　5.3　记录测量数据 　　5.4　分析检测结果 　　5.5　提出维修建议		
任务描述	1．准备工作：第一，收集汽缸盖和汽缸体的功用及结构、汽缸盖和汽缸体常见损伤类型的相关资料；第二，准备维修资料，包括维修手册、电路图、用户使用手册等；第三，准备维修设备及工具（通用和专用），包括压缩空气吹枪、铲刀、刀口尺、塞尺、游标卡尺、千分尺、内径百分表等；第四，准备维修车辆和台架，登记车辆基本信息，检查车辆基本状况，包括车辆油、水、电的基本检查，分解发动机并清理、		

学习情境二 拆检汽缸盖和汽缸体

清洗各零部件,对各零部件做好标记;第五,对车辆进行防护,包括安装车轮挡块、铺设车内车外三件套、固定台架。

2. **拆卸汽缸盖**:第一,学会按维修手册拆卸汽缸盖罩、凸轮轴、汽缸盖(汽缸盖螺栓从中间向两边交叉拆卸),取下汽缸盖后放置在软垫上;第二,学会吹净汽缸盖;第三,学会铲除黏连物;第四,打磨黏连物;第五,彻底清理缸体上的油污、积碳和水垢。

3. **检测汽缸盖下平面度**:第一,查阅维修手册;第二,记录标准值;第三,选择合适的检测工具(刀口尺、塞尺)并清洁;第四,翻转汽缸盖,将500mm刀口尺轻轻斜放在汽缸盖下平面上,使刀口与平面接触,选择适当厚度的塞尺,用刀口尺和塞尺沿汽缸盖纵向、横向和对角线6个方向检测汽缸盖下平面的平面度,每个位置测量3~5处;第五,记录测量数据,选取最大的测量数据作为汽缸盖下平面度,并与维修手册上的汽缸盖平面度标准值进行比较,允许最大变形为0.05mm,如果超出标准值,小面积不平整可用铲削加工,平面度变形较大时,应用磨削进行加工。

4. **检测汽缸体上平面度**:第一,查阅维修手册;第二,记录标准值;第三,选择合适的测量工具;第四,在刀口尺与汽缸体上平面之间沿汽缸纵向、横向和对角线6个方向检测汽缸体上平面的平面度,并做好记录;第五,记录测量数据。

5. **检测汽缸磨损**:第一,校准测量工具并清洁被测汽缸;第二,查阅维修手册,确定汽缸体标准直径,用游标卡尺测量汽缸内径;第三,将外径千分尺夹紧在台虎钳上校正,将千分尺固定在标准尺寸上,组装百分表,并用千分尺校零,将百分表沿汽缸体纵向和横向两个方向分别读取3个数值,记录测量数据;第四,分析检测结果并判断汽缸盖技术状况;第五,提出维修建议,按照与拆卸相反的顺序安装汽缸盖,并按规定力矩拧紧汽缸盖,螺栓应从中间向两端拧紧,一般应预紧所有螺栓至40N·m,然后用扳手将所有螺栓再拧紧1/4圈,最后将所有螺栓拧紧1/4圈(即90°)。

学时安排	资讯 1.6学时	计划 1.6学时	决策 1.6学时	实施 2学时	检查 1.6学时	评价 1.6学时
对学生的要求	\multicolumn{6}{l	}{1. **准备工作**:第一,学会收集汽缸盖和汽缸体的功用及结构、汽缸盖和汽缸体常见损伤类型的相关资料;第二,学会准备维修资料,包括维修手册、电路图、用户使用手册等;第三,学会准备维修设备、工具(通用和专用),包括压缩空气吹枪、铲刀、刀口尺、塞尺、游标卡尺、千分尺、内径百分表等;第四,学会准备维修车辆和台架,登记车辆基本信息,检查车辆基本状况,包括车辆油、水、电的基本检查,分解发动机并清理、清洗各零部件,对各零部件做好标记;第五,学会对车辆进行防护,包括安装车轮挡块、铺设车内车外三件套、固定台架。 2. **拆卸汽缸盖**:第一,学会按维修手册拆卸汽缸盖罩、凸轮轴、汽缸盖(汽缸盖螺栓从中间向两边交叉拆卸),取下汽缸盖后放置在软垫上;第二,学会吹净汽缸盖;第三,学会铲除黏连物;第四,打磨黏连物;第五,彻底清理缸体上的油污、积碳和水垢。 3. **检测汽缸盖下平面度**:第一,学会查阅维修手册;第二,学会记录标准值;第三,学会选择合适的检测工具(刀口尺、塞尺)并清洁;第四,学会翻转汽缸盖,将500mm刀口尺轻轻斜放在汽缸盖下平面上,使刀口与平面接触,选择适当厚度的

塞尺，用刀口尺和塞尺沿汽缸盖纵向、横向和对角线6个方向检测汽缸盖下平面的平面度，每个位置测量3～5处；第五，学会记录测量数据，选取最大的测量数据作为汽缸盖下平面度，并与维修手册上的汽缸盖平面度标准值进行比较，允许最大变形为0.05mm，如果超出标准值，小面积不平整可用铲削加工，平面度变形较大时，应用磨削进行加工。

  4．检测汽缸体上平面度：第一，学会查阅维修手册；第二，学会正确记录标准值；第三，学会选择合适的检测工具；第四，学会在刀口尺与汽缸体上平面之间沿汽缸体纵向、横向和对角线6个方向检测汽缸体上平面的平面度，并做好记录；第五，学会正确记录测量数据。

  5．检测汽缸磨损：第一，学会校准测量工具；第二，学会查阅维修手册，确定汽缸体标准直径，用游标卡尺测量汽缸内径；第三，学会将外径千分尺夹紧在台虎钳上校正，将千分尺固定在标准尺寸上，组装百分表，并用千分尺校零，将百分表沿汽缸体纵向和横向两个方向分别读取3个数值，记录测量数据；第四，学会分析检测结果并判断汽缸盖技术状况；第五，学会正确提出维修建议及正确安装汽缸盖（注意汽缸盖螺栓安装顺序及拧紧力矩）。

参考资料	1．客户需求单。 2．客户提供的故障信息。 3．《汽车发动机构造与检修》网络教学资源。 4．刘宜，石启军，刘勇兰．汽车发动机机械构造与维修一体化教程[M]．北京：机械工业出版社，2021：95-99。							
教学和学习方式与流程	典型工作环节	教学和学习的方式						
	1．准备工作	资讯	计划	决策	实施	检查	评价
	2．拆卸汽缸盖	资讯	计划	决策	实施	检查	评价
	3．检测汽缸盖下平面度	资讯	计划	决策	实施	检查	评价
	4．检测汽缸体上平面度	资讯	计划	决策	实施	检查	评价
	5．检测汽缸磨损	资讯	计划	决策	实施	检查	评价

材料工具清单

学习情境二	拆检汽缸盖和汽缸体				学　时	10学时	
典型工作过程描述	1．准备工作—2．拆卸汽缸盖—3．检测汽缸盖下平面度—4．检测汽缸体上平面度—5．检测汽缸磨损						
典型工作过程	序号	名称	作用	数量	型号	使用量	使用者
1．准备工作	1	维修手册、维修电路图	参考	各4本	Golf A72014（1.6L）	各4本	学生
	2	钢笔	填表	4支		4支	学生
	3	车辆	检查	4辆	高尔夫	4辆	学生
	4	车内三件套	防护	4套		4套	车辆
	5	车外三件套	防护	4套		4套	车辆

	6	专用工具	拆卸	4套		4套	学生
2．拆卸汽缸盖	7	空气吹枪	清洁	4个		4个	学生
	8	铲刀	清洁	4个		4个	学生
3．检测汽缸盖下平面度	9	刀口尺	检测	4个		4个	学生
4．检测汽缸体上平面度	10	塞尺	检测	4个		4个	学生
	11	千分尺	检测	4个		4个	学生
5．检测汽缸磨损	12	游标卡尺	检测	4个		4个	学生
	13	内径百分表	检测	4个		4个	学生
	14	工单	存档	每人1份		每人1份	学生
班级				第　　组		组长签字	
教师签字				日期			

任务一　准　备　工　作

1．准备工作的资讯单

学习情境二	拆检汽缸盖和汽缸体	学　　时	0.32学时
典型工作过程描述	1．准备工作—2．拆卸汽缸盖—3．检测汽缸盖下平面度—4．检测汽缸体上平面度—5．检测汽缸磨损			
收集资讯的方式	1．查看客户需求单。 2．查看教师提供的《学习性工作任务单》。			
资讯描述	1．让学生查看客户需求，明确车辆故障现象。 2．通过观察故障指示灯及客户提供的故障信息，让学生准备基础知识、维修资料、维修工具及维修车辆，实施维修防护。			
对学生的要求	1．掌握汽缸盖和汽缸体的功用、结构及常见损伤类型等相关资料。 2．能够准备维修手册、维修工具及维修车辆，能够按规范进行安全防护。 3．能够正确进行车辆油、电、水的检查。			
参考资料	1．客户需求单。 2．客户提供的故障信息。 3．《汽车发动机构造与检修》网络教学资源。 4．刘宜，石启军，刘勇兰．汽车发动机机械构造与维修一体化教程[M]．北京：机械工业出版社，2021：95-99。			
资讯的评价	班级		第　　组	组长签字
^	教师签字		日期	
^	评语：			

2. 准备工作的计划单

学习情境二	拆检汽缸盖和汽缸体		学　时	0.32 学时
典型工作过程描述	**1．准备工作**—2．拆卸汽缸盖—3．检测汽缸盖下平面度—4．检测汽缸体上平面度—5．检测汽缸磨损			
计划制订的方式	1. 查看客户需求单。 2. 查看《学习性工作任务单》。 3. 请教教师。			
序　号	具体工作步骤	注　意　事　项		
1	准备基础知识	从参考资料中查看_____、_____功用及常见损伤类型		
2	准备维修手册	_____、_____、_____准备齐全		
3	准备维修工具	_____和_____准备齐全		
4	准备维修车辆	正确检查车辆和台架工作状况		
5	实施维修防护	正确安装车轮挡块，做好车内、车外防护		
计划的评价	班级		第　　组	组长签字	
	教师签字		日期		
	评语：				

3. 准备工作的决策单

学习情境二	拆检汽缸盖和汽缸体	学　时	0.32 学时
典型工作过程描述	**1．准备工作**—2．拆卸汽缸盖—3．检测汽缸盖下平面度—4．检测汽缸体上平面度—5．检测汽缸磨损		
序　号	以下哪个是完成"1．准备工作"这个典型工作环节 正确的具体步骤	正确与否 （正确打√，错误打×）	
1	1．准备基础知识—2．准备维修手册—3．准备维修工具— 4．准备维修车辆—5．实施维修防护		
2	1．准备维修车辆—2．准备维修手册—3．准备维修工具— 4．准备基础知识—5．实施维修防护		
3	1．实施维修防护—2．准备维修手册—3．准备维修工具— 4．准备维修车辆—5．准备基础知识		
4	1．实施维修防护—2．准备基础知识—3．准备维修工具— 4．准备维修车辆—5．准备维修手册		
决策的评价	班级	第　　组	组长签字	
	教师签字	日期		
	评语：			

学习情境二 拆检汽缸盖和汽缸体

4. 准备工作的实施单

学习情境二	拆检汽缸盖和汽缸体		学　时	0.4 学时
典型工作过程描述		**1．准备工作—2．拆卸汽缸盖—3．检测汽缸盖下平面度—4．检测汽缸体上平面度—5．检测汽缸磨损**
序　号	实施的具体步骤		注 意 事 项	自　评
1			从参考资料中查看汽缸盖、汽缸体的功用及常见损伤类型	
2			维修手册、电路图、用户使用手册准备齐全	
3			常用工具和专用工具准备齐全	
4			正确检查车辆和台架工作状况	
5			正确安装车轮挡块，做好车内、车外的防护	

实施说明：
1．学生要认真收集汽缸盖、汽缸体常见损伤类型的相关基础知识。
2．学生要认真准备维修手册、电路图及用户手册，并能够正确查阅。
3．学生要认真准备维修工具及量具，并能够正确使用。
4．学生要认真检查车辆状况，保证车辆油、电、水正常。
5．学生要认真完成车内、车外的安全防护。

实施的评价	班级		第　　组		组长签字	
	教师签字			日期		
	评语：					

5. 准备工作的检查单

学习情境二	拆检汽缸盖和汽缸体		学　时	0.32 学时
典型工作过程描述		**1．准备工作—2．拆卸汽缸盖—3．检测汽缸盖下平面度—4．检测汽缸体上平面度—5．检测汽缸磨损**
序　号	检查项目（具体步骤的检查）	检 查 标 准	小组自查（检查是否完成以下步骤，完成打√，没完成打×）	小组互查（检查是否完成以下步骤，完成打√，没完成打×）
1	准备基础知识	收集相关资料		
2	准备维修手册	维修手册、维修电路图、用户使用手册准备齐全		
3	准备维修工具	常用工具和专用工具准备齐全		
4	准备维修车辆	正确检查车辆状况		
5	实施维修防护	车内、车外防护规范		

检查的评价	班级		第　　组	组长签字	
	教师签字		日期		
	评语：				

6. 准备工作的评价单

学习情境二	拆检汽缸盖和汽缸体		学　　时	0.32 学时
典型工作过程描述	1．准备工作—2．拆卸汽缸盖—3．检测汽缸盖下平面度—4．检测汽缸体上平面度—5．检测汽缸磨损			
评价项目	评分维度	组长对每组评分	教师评价	
小组 1 准备工作的阶段性结果	完整性、时效性、准确性			
小组 2 准备工作的阶段性结果	完整性、时效性、准确性			
小组 3 准备工作的阶段性结果	完整性、时效性、准确性			
小组 4 准备工作的阶段性结果	完整性、时效性、准确性			
评价的评价	班级		第　　组	组长签字	
	教师签字		日期		
	评语：				

任务二　拆卸汽缸盖

1. 拆卸汽缸盖的资讯单

学习情境二	拆检汽缸盖和汽缸体	学　　时	0.32 学时
典型工作过程描述	1．准备工作—**2．拆卸汽缸盖**—3．检测汽缸盖下平面度—4．检测汽缸体上平面度—5．检测汽缸磨损		
收集资讯的方式	1．查看客户需求单。 2．查看教师提供的《学习性工作任务单》。		

资讯描述	1. 让学生正确拆卸（注意螺栓拆卸顺序）并放置汽缸体。 2. 用空气吹枪吹净汽缸盖上的灰尘。 3. 铲除缸体、缸盖上的积碳、水垢、油污。 4. 打磨黏连物。 5. 彻底清洁汽缸盖。			
对学生的要求	1. 学会正确使用刮刀将汽缸盖、汽缸体接触表面上的所有黏连物清除，注意不要刮伤表面。 2. 消除毛刺并铲平或刮平螺孔周围的轻微凸起。			
参考资料	1. 客户需求单。 2. 客户提供的故障信息。 3.《汽车发动机构造与检修》网络教学资源。 4. 刘宜，石启军，刘勇兰. 汽车发动机机械构造与维修一体化教程[M]. 北京：机械工业出版社，2021：95-99。			
资讯的评价	班级		第 组	组长签字
	教师签字		日期	
	评语：			

2. 拆卸汽缸盖的计划单

学习情境二	拆检汽缸盖和汽缸体		学 时	0.32 学时
典型工作过程描述	1. 准备工作—**2．拆卸汽缸盖**—3. 检测汽缸盖下平面度—4. 检测汽缸体上平面度—5. 检测汽缸磨损			
计划制订的方式	1. 请教教师。 2. 查找相关教学视频。			
序 号	具体工作步骤		注 意 事 项	
1	拆卸汽缸盖		正确拆卸及放置汽缸盖	
2	吹净汽缸盖		使用_____清洁汽缸盖	
3	铲除黏连物		正确使用_____清除汽缸盖下平面	
4	打磨黏连物		打磨消除毛刺并铲平螺孔周围的黏连物	
5	清洁汽缸盖体		彻底清洁汽缸盖体上平面	
计划的评价	班级		第 组	组长签字
	教师签字		日期	
	评语：			

3. 拆卸汽缸盖的决策单

学习情境二	拆检汽缸盖和汽缸体		学　时	0.32 学时
典型工作过程描述	1. 准备工作—**2. 拆卸汽缸盖**—3. 检测汽缸盖下平面度—4. 检测汽缸体上平面度—5. 检测汽缸磨损			
计 划 对 比				
序　号	以下哪个是完成"**2. 拆卸汽缸盖**"这个典型工作环节正确的具体步骤？		正确与否（正确打√，错误打×）	
1	1. 清洁汽缸盖体—2. 吹净汽缸盖—3. 铲除黏连物—4. 打磨黏连物—5. 拆卸汽缸盖			
2	1. 拆卸汽缸盖—2. 吹净汽缸盖—3. 铲除黏连物—4. 打磨黏连物—5. 清洁汽缸盖体			
3	1. 铲除黏连物—2. 拆卸汽缸盖—3. 吹净汽缸盖—4. 打磨黏连物—5. 清洁汽缸盖体			
4	1. 打磨黏连物—2. 吹净汽缸盖—3. 铲除黏连物—4. 拆卸汽缸盖—5. 清洁汽缸盖体			
决策的评价	班级		第　　组	组长签字	
	教师签字		日期		
	评语：				

4. 拆卸汽缸盖的实施单

学习情境二	拆检汽缸盖和汽缸体		学　时	0.4 学时
典型工作过程描述	1. 准备工作—**2. 拆卸汽缸盖**—3. 检测汽缸盖下平面度—4. 检测汽缸体上平面度—5. 检测汽缸磨损			
序　号	实施的具体步骤	注 意 事 项		自　评
1		正确拆卸及放置汽缸盖		
2		使用空气吹枪清洁汽缸盖		
3		正确使用铲刀清除汽缸盖下平面和汽缸盖体上平面的黏连物		
4		打磨消除毛刺并铲平螺孔周围的黏连物		
5		彻底清洁汽缸盖体上平面		

实施说明:

1. 学生在拆卸汽缸盖时,要正确拆卸及放置汽缸盖,注意汽缸盖螺栓拆卸顺序,尽可能不让汽缸盖的工作面接触支撑物。

2. 能够彻底清洁汽缸盖和汽缸盖体上的油污、积碳和水垢。

实施的评价	班级		第 组		组长签字	
	教师签字		日期			
	评语:					

5. 拆卸汽缸盖的检查单

学习情境二	拆检汽缸盖和汽缸体		学 时	0.32 学时
典型工作过程描述	1. 准备工作—2. 拆卸汽缸盖—3. 检测汽缸盖下平面度—4. 检测汽缸体上平面度—5. 检测汽缸磨损			
序 号	检查项目 (具体步骤的检查)	检 查 标 准	小组自查 (检查是否完成以下步骤,完成打√,没完成打×)	小组互查 (检查是否完成以下步骤,完成打√,没完成打×)
1	拆卸汽缸盖	放置汽缸盖正确		
2	吹净汽缸盖	清洁汽缸盖全面		
3	铲除黏连物	铲除全面		
4	打磨黏连物	打磨全面		
5	清洁汽缸盖体	清洁彻底		
检查的评价	班级		第 组		组长签字	
	教师签字		日期			
	评语:					

检修汽车发动机机械系统

6. 拆卸汽缸盖的评价单

学习情境二	拆检汽缸盖和汽缸体		学　时	0.32 学时
典型工作过程描述	1．准备工作—**2．拆卸汽缸盖**—3．检测汽缸盖下平面度—4．检测汽缸体上平面度—5．检测汽缸磨损			
评价项目	评分维度	组长对每组评分		教师评价
小组 1 **拆卸汽缸盖** 的阶段性结果	规范性、时效性、准确性			
小组 2 **拆卸汽缸盖** 的阶段性结果	完整性、时效性、准确性			
小组 3 **拆卸汽缸盖** 的阶段性结果	完整性、时效性、准确性			
小组 4 **拆卸汽缸盖** 的阶段性结果	完整性、时效性、准确性			
评价的评价	班级		第　　组	组长签字	
	教师签字		日期		
	评语：				

任务三　检测汽缸盖下平面度

1. 检测汽缸盖下平面度的资讯单

学习情境二	拆检汽缸盖和汽缸体	学　时	0.32 学时
典型工作过程描述	1．准备工作—2．拆卸汽缸盖—**3．检测汽缸盖下平面度**—4．检测汽缸体上平面度—5．检测汽缸磨损		
收集资讯的方式	1．查看客户需求单。 2．查看教师提供的《学习性工作任务单》。		
资讯描述	1．让学生查看客户需求单，明确车辆的故障现象。 2．让学生正确查阅维修手册和记录汽缸盖平面度标准值。 3．让学生选择合适的检测工具（刀口尺、塞尺）。 4．让学生正确将 500mm 刀口尺轻轻斜放到汽缸盖下平面上，待测量时再竖直，使刀口与平面接触，选择适当厚度的塞尺，在刀口尺与汽缸盖下平面之间沿着刀口尺的长度方向插试，沿着汽缸盖下平面的长度、宽度以及对角线方向分别检测汽缸盖下平面的平面度误差，并做好记录，与汽缸盖下平面度标准值进行比较，如果超出标准值，小面积不平整可用铲削加工，平面度变形较大时，应用磨削进行加工。		

40

学习情境二　拆检汽缸盖和汽缸体

对学生的要求	1．学会查阅维修手册，找到检测汽缸盖下平面度的位置：_____章_____节。 2．学会汽缸盖下平面度检测的方法。 3．学会正确使用刀口尺和塞尺测量6个位置。
参考资料	1．客户需求单。 2．客户提供的故障信息。 3．《汽车发动机构造与检修》网络教学资源。 4．刘宜，石启军，刘勇兰．汽车发动机机械构造与维修一体化教程[M]．北京：机械工业出版社，2021：95-99。
资讯的评价	班级　　　　　　　　　　　　第　　组　　　组长签字 教师签字　　　　　　　　　　日期 评语：

2．检测汽缸盖下平面度的计划单

学习情境二	拆检汽缸盖和汽缸体	学　时	0.32学时
典型工作过程描述	1．准备工作—2．拆卸汽缸盖—**3．检测汽缸盖下平面度**—4．检测汽缸体上平面度—5．检测汽缸磨损			
计划制订的方式	1．查看教师提供的教学资料。 2．查看《学习性工作任务单》。			
序　号	具体工作步骤	注　意　事　项	
1	查阅维修手册	正确查阅_____	
2	记录标准值	正确记录汽缸盖下平面度：_____	
3	选择合适的检测工具	选择合适的检测工具：_____和_____	
4	测量下平面度	在刀口尺与汽缸盖下平面之间沿着刀口尺的长度方向插试	
5	记录测量数据	正确记录测量数据，注重方向	
计划的评价	班级　　　　　　　　　　　　第　　组　　　组长签字 教师签字　　　　　　　　　　日期 评语：			

检修汽车发动机机械系统

3. 检测汽缸盖下平面度的决策单

学习情境二	拆检汽缸盖和汽缸体		学　　时	0.32 学时
典型工作过程描述	1. 准备工作—2. 拆卸汽缸盖—3. 检测汽缸盖下平面度—4. 检测汽缸体上平面度—5. 检测汽缸磨损			
计 划 对 比				
序　　号	以下哪个是完成"3. 检测汽缸盖下平面度"这个典型工作环节正确的具体步骤？		正确与否（正确打√，错误打×）	
1	1. 测量下平面度—2. 记录标准值—3. 选择合适的检测工具—4. 查阅维修手册—5. 记录测量数据			
2	1. 查阅维修手册—2. 记录标准值—3. 选择合适的检测工具—4. 测量下平面度—5. 记录测量数据			
3	1. 查阅维修手册—2. 记录标准值—3. 记录测量数据—4. 测量下平面度—5. 选择合适的检测工具			
4	1. 记录测量数据—2. 记录标准值—3. 选择合适的检测工具—4. 测量下平面度—5. 查阅维修手册			
决策的评价	班级		第　　组	组长签字	
	教师签字		日期		
	评语：				

4. 检测汽缸盖下平面度的实施单

学习情境二	拆检汽缸盖和汽缸体		学　　时	0.4 学时
典型工作过程描述	1. 准备工作—2. 拆卸汽缸盖—3. 检测汽缸盖下平面度—4. 检测汽缸体上平面度—5. 检测汽缸磨损			
序　　号	实施的具体步骤	注 意 事 项		自　　评
1		正确查阅维修手册		
2		正确记录汽缸盖下平面度		
3		选用合适的检测工具：刀口尺、塞尺		
4		沿着汽缸盖下平面的纵向、横向及对角线 6 个方向插试		
5		正确记录测量数据		

42

学习情境二　拆检汽缸盖和汽缸体

实施说明：
1. 学生在检测汽缸盖下平面时，将汽缸盖翻过来，将刀口尺放到汽缸盖下表面，用塞尺检查汽缸盖的下平面度。
2. 测量时注意方向，应分别沿着汽缸盖下平面的纵向、横向和对角线 6 个方向进行测量。
3. 学生要正确记录测量数据。

实施的评价	班级		第　　组		组长签字	
	教师签字		日期			
	评语：					

5. 检测汽缸盖下平面度的检查单

学习情境二	拆检汽缸盖和汽缸体		学　　时	0.32 学时
典型工作过程描述	1. 准备工作—2. 拆卸汽缸盖—3. 检测汽缸盖下平面度—4. 检测汽缸体上平面度—5. 检测汽缸磨损			
序　号	检查项目 （具体步骤的检查）	检查标准	小组自查 （检查是否完成以下步骤，完成打√，没完成打×）	小组互查 （检查是否完成以下步骤，完成打√，没完成打×）
1	查阅维修手册	规格、型号、章节、页码正确		
2	记录标准值	标准值记录正确		
3	选择合适的检测工具	选择检测工具正确		
4	测量下平面度	测量下平面的操作规范		
5	记录测量数据	记录数据准确		
检查的评价	班级		第　　组		组长签字	
	教师签字		日期			
	评语：					

检修汽车发动机机械系统

6. 检测汽缸盖下平面度的评价单

学习情境二	拆检汽缸盖和汽缸体		学　时	0.32 学时
典型工作过程描述	1．准备工作—2．拆卸汽缸盖—3．检测汽缸盖下平面度—4．检测汽缸体上平面度—5．检测汽缸磨损			
评 价 项 目	评 分 维 度	组长对每组评分		教 师 评 价
小组 1 检测汽缸盖下平面度的阶段性结果	完整性、时效性、准确性			
小组 2 检测汽缸盖下平面度的阶段性结果	完整性、时效性、准确性			
小组 3 检测汽缸盖下平面度的阶段性结果	完整性、时效性、准确性			
小组 4 检测汽缸盖下平面度的阶段性结果	完整性、时效性、准确性			
评价的评价	班级		第　　组	组长签字	
	教师签字		日期		
	评语：				

任务四　检测汽缸体上平面度

1. 检测汽缸体上平面度的资讯单

学习情境二	拆检汽缸盖和汽缸体	学　时	0.32 学时
典型工作过程描述	1．准备工作—2．拆卸汽缸盖—3．检测汽缸盖下平面度—**4．检测汽缸体上平面度**—5．检测汽缸磨损		
收集资讯的方式	1．查看客户需求单。 2．查看教师提供的《学习性工作任务单》。		
资讯描述	1．让学生正确查阅维修手册和记录标准值。 2．让学生正确选择合适的检测工具。 3．让学生正确测量汽缸体上平面度，选择适当厚度的塞尺，在刀口尺与汽缸体上平面之间沿着刀口尺的长度方向插试，沿着汽缸体上平面的纵向、横向及对角线方向分别检测汽缸体上平面的平面度误差，并做好记录，然后选择 0.05mm 塞尺，在螺孔口、水道口以及汽缸盖口等部位检测汽缸体上平面度误差，记录测量数据，与汽缸体上平面度标准值进行比较，提出维修建议。		

44

学习情境二 拆检汽缸盖和汽缸体

对学生的要求	1．学会正确查阅维修手册及标准值。 2．学会正确检测汽缸体上平面度。
参考资料	1．客户需求单。 2．客户提供的故障信息。 3．《汽车发动机构造与检修》网络教学资源。 4．刘宜，石启军，刘勇兰．汽车发动机机械构造与维修一体化教程[M]．北京：机械工业出版社，2021：95-99。
资讯的评价	班级　　　　　　第　组　　组长签字 教师签字　　　　　日期 评语：

2．检测汽缸体上平面度的计划单

学习情境二	拆检汽缸盖和汽缸体	学　时	0.32 学时
典型工作过程描述	1．准备工作—2．拆卸汽缸盖—3．检测汽缸盖下平面度—**4．检测汽缸体上平面度**—5．检测汽缸磨损			
计划制订的方式	1．查看客户需求单。 2．查看《学习性工作任务单》。			

序　号	具体工作步骤	注意事项
1	查阅维修手册	正确查阅_____
2	记录标准值	正确记录汽缸体上平面度：_____
3	选择合适的检测工具	选择合适的检测工具：_____和_____
4	测量汽缸体上平面度	在刀口尺与汽缸体上平面之间沿刀口尺的纵向插试
5	记录测量数据	正确记录测量数据

计划的评价	班级　　　　　　第　组　　组长签字 教师签字　　　　　日期 评语：

检修汽车发动机机械系统

3. 检测汽缸体上平面度的决策单

学习情境二	拆检汽缸盖和汽缸体		学　时	0.32 学时
典型工作过程描述	1. 准备工作—2. 拆卸汽缸盖—3. 检测汽缸盖下平面度—4. 检测汽缸体上平面度—5. 检测汽缸磨损			
计 划 对 比				
序　号	以下哪个是完成"4. 检测汽缸体上平面度"这个典型工作环节正确的具体步骤？			正确与否（正确打√，错误打×）
1	1. 测量汽缸体上平面度—2. 记录标准值—3. 选择合适的检测工具—4. 查阅维修手册—5. 记录测量数据			
2	1. 查阅维修手册—2. 记录标准值—3. 选择合适的检测工具—4. 测量汽缸体上平面度—5. 记录测量数据			
3	1. 记录测量数据—2. 记录标准值—3. 选择合适的检测工具—4. 测量汽缸体上平面度—5. 查阅维修手册			
4	1. 查阅维修手册—2. 记录标准值—3. 选择合适的检测工具—4. 记录测量数据—5. 测量汽缸体上平面度			
	班级		第　　组	组长签字	
	教师签字		日期		
决策的评价	评语：			

4. 检测汽缸体上平面度的实施单

学习情境二	拆检汽缸盖和汽缸体		学　时	0.4 学时
典型工作过程描述	1. 准备工作—2. 拆卸汽缸盖—3. 检测汽缸盖下平面度—4. 检测汽缸体上平面度—5. 检测汽缸磨损			
序　号	实施的具体步骤	注 意 事 项		自　评
1		正确查阅维修手册		
2		正确记录汽缸体上平面度		
3		选用合适的检测工具：刀口尺、塞尺		
4		在刀口尺与汽缸体上平面之间沿着刀口尺的纵向插试		
5		正确记录测量数据，注意方向		

学习情境二 拆检汽缸盖和汽缸体

实施的评价	实施说明： 1．学生在检测汽缸体上平面时，将刀口尺放到汽缸体上表面，用塞尺检查汽缸体上平面度。 2．测量时注意方向，应分别沿着汽缸体上平面的纵向、横向及对角线方向进行测量（即6个位置）。 3．学生要正确记录测量数据。				
	班级		第　　组	组长签字	
	教师签字		日期		
	评语：				

5．检测汽缸体上平面度的检查单

学习情境二	拆检汽缸盖和汽缸体		学　时	0.32学时
典型工作过程描述	1．准备工作—2．拆卸汽缸盖—3．检测汽缸盖下平面度—4．检测汽缸体上平面度—5．检测汽缸磨损			
序　号	检查项目 （具体步骤的检查）	检查标准	小组自查 （检查是否完成以下步骤，完成打√，没完成打×）	小组互查 （检查是否完成以下步骤，完成打√，没完成打×）
1	查阅维修手册	查阅维修手册准确		
2	记录标准值	记录准确		
3	选择合适的检测工具	选择检测工具合理		
4	测量汽缸体上平面度	测量方法正确		
5	记录测量数据	记录数据准确		
检查的评价	班级		第　　组	组长签字	
	教师签字		日期		
	评语：			

检修汽车发动机机械系统

6. 检测汽缸体上平面度的评价单

学习情境二	拆检汽缸盖和汽缸体		学　时	0.32 学时
典型工作过程描述	1．准备工作—2．拆卸汽缸盖—3．检测汽缸盖下平面度—**4．检测汽缸体上平面度**—5．检测汽缸磨损			
评价项目	评分维度	组长对每组评分		教师评价
小组 1 **检测汽缸体上平面度** 的阶段性结果	效率性、严谨性、正确性			
小组 2 **检测汽缸体上平面度** 的阶段性结果	效率性、严谨性、正确性			
小组 3 **检测汽缸体上平面度** 的阶段性结果	效率性、严谨性、正确性			
小组 4 **检测汽缸体上平面度** 的阶段性结果	效率性、严谨性、正确性			
评价的评价	班级		第　　组	组长签字	
	教师签字		日期		
	评语：				

任务五　检测汽缸磨损

1. 检测汽缸磨损的资讯单

学习情境二	拆检汽缸盖和汽缸体	学　时	0.32 学时
典型工作过程描述	1．准备工作—2．拆卸汽缸盖—3．检测汽缸盖下平面度—4．检测汽缸体上平面度—**5．检测汽缸磨损**		
收集资讯的方式	1．客户提供的客户需求单。 2．教师提供的《学习性工作任务单》。 3．查看教师提供的视频资源。		
资讯描述	1．让学生查看客户需求单，明确客户的要求。 2．让学生校准测量工具。 3．让学生正确使用游标卡尺测量汽缸内径。 4．让学生正确安装百分表，调整外径千分尺，校正百分表，在不同部位进行测量，记录测量数据，分析检测结果，判断汽缸盖状况，提出维修建议。		

48

学习情境二 拆检汽缸盖和汽缸体

对学生的要求	1．学会校准测量工具。 2．学会正确使用游标卡尺测量汽缸直径，学会正确安装百分表，调整外径千分尺，校正百分表，在汽缸筒上、中、下3个截面分别沿汽缸体纵向和横向两个方向测量，记录6个测量数据，分析检测结果，判断汽缸盖技术状况，提出维修建议。 3．检测完，检查维修资料、工具设备是否齐全、完好，做好7S作业，培养良好的职业操守。
参考资料	1．客户需求单。 2．客户提供的故障信息。 3．《汽车发动机构造与检修》网络教学资源。 4．刘宜，石启军，刘勇兰．汽车发动机机械构造与维修一体化教程[M]．北京：机械工业出版社，2021：95-99。
资讯的评价	班级　　　　　　　　第　组　　组长签字 教师签字　　　　　　日期 评语：

2．检测汽缸磨损的计划单

学习情境二	拆检汽缸盖和汽缸体	学　时	0.32学时
典型工作过程描述	1．准备工作—2．拆卸汽缸盖—3．检测汽缸盖下平面度—4．检测汽缸体上平面度—**5．检测汽缸磨损**			
计划制订的方式	1．查看客户提供的客户需求单。 2．查看《学习性工作任务单》。 3．查阅汽车发动机机械系统检修的有关资料。			
序　号	具体工作步骤		注 意 事 项	
1	校准测量工具		正确校准测量工具＿＿＿＿和＿＿＿＿	
2	检测汽缸直径		正确检测汽缸直径，直径为＿＿＿＿	
3	记录测量数据		实测数据与标准数据对比，正确判断＿＿＿＿	
4	分析检测结果		提出合理维修＿＿＿＿	
5	提出维修建议		做好7S作业	
计划的评价	班级　　　　　　　　第　组　　组长签字 教师签字　　　　　　日期 评语：			

49

检修汽车发动机机械系统

3. 检测汽缸磨损的决策单

学习情境二	拆检汽缸盖和汽缸体		学　时	0.32 学时
典型工作过程描述	1．准备工作—2．拆卸汽缸盖—3．检测汽缸盖下平面度—4．检测汽缸体上平面度—**5．检测汽缸磨损**			
序　号	以下哪个是完成"5．检测汽缸磨损"这个典型工作环节正确的具体步骤？			正确与否（正确打√，错误打×）
1	1．分析检测结果—2．检测汽缸直径—3．记录测量数据—4．校准测量工具—5．提出维修建议			
2	1．检测汽缸直径—2．校准测量工具—3．记录测量数据—4．分析检测结果—5．提出维修建议			
3	1．校准测量工具—2．检测汽缸直径—3．记录测量数据—4．分析检测结果—5．提出维修建议			
4	1．校准测量工具—2．检测汽缸直径—3．记录测量数据—4．提出维修建议—5．分析检测结果			
决策的评价	班级		第　　组	组长签字	
	教师签字		日期		
	评语：				

4. 检测汽缸磨损的实施单

学习情境二	拆检汽缸盖和汽缸体	学　时	0.4 学时
典型工作过程描述	1．准备工作—2．拆卸汽缸盖—3．检测汽缸盖下平面度—4．检测汽缸体上平面度—**5．检测汽缸磨损**		
序　号	实施的具体步骤	注　意　事　项	自　评
1		正确校准测量工具：外径千分尺、游标卡尺	
2		正确检测汽缸直径	
3		实测数据与标准数据对比，正确判断结果	
4		提出合理维修建议	
5		做好 7S 作业	

实施说明：

1．学生要正确校准外径千分尺和游标卡尺。

2．学生要正确检测汽缸直径。

3．学生要认真对比分析，判断结果。

4．学生要规范填写作业单，提出维修建议。

5．学生测量完，按照拆卸的相反顺序装配，装配汽缸盖螺栓时应按照规定顺序及规定力矩装配，完成后整理场地及检测工具，做好 7S 作业，培养良好的职业操守。

实施的评价	班级		第 组		组长签字	
	教师签字		日期			
	评语:					

5. 检测汽缸磨损的检查单

学习情境二	拆检汽缸盖和汽缸体		学　时	0.32学时
典型工作过程描述	1．准备工作—2．拆卸汽缸盖—3．检测汽缸盖下平面度—4．检测汽缸体上平面度—5．检测汽缸磨损			
序　号	检查项目 （具体步骤的检查）	检查标准	小组自查 (检查是否完成以下步骤，完成打√，没完成打×)	小组互查 (检查是否完成以下步骤，完成打√，没完成打×)
1	校准测量工具	校准正确		
2	检测汽缸直径	操作规范		
3	记录测量数据	记录完整		
4	分析检测结果	分析全面		
5	提出维修建议	建议合理		
检查的评价	班级		第 组		组长签字	
	教师签字		日期			
	评语:					

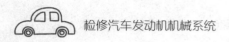

6. 检测汽缸磨损的评价单

学习情境二	拆检汽缸盖和汽缸体		学 时	0.32 学时
典型工作过程描述	1．准备工作—2．拆卸汽缸盖—3．检测汽缸盖下平面度—4．检测汽缸体上平面度—5．检测汽缸磨损			
评价项目	评分维度	组长对每组评分		教师评价
小组 1 **检测汽缸磨损**的阶段性结果	完整性、时效性、正确性			
小组 2 **检测汽缸磨损**的阶段性结果	完整性、时效性、正确性			
小组 3 **检测汽缸磨损**的阶段性结果	完整性、时效性、正确性			
小组 4 **检测汽缸磨损**的阶段性结果	完整性、时效性、正确性			
评价的评价	班级		第 组	组长签字	
	教师签字		日期		
	评语：				

学习情境三　拆检气门组

客户需求单

学习背景
1. 有一辆故障车，车主反映在行驶过程中出现动力不足、燃油消耗过高且仪表故障灯亮的情况。现送厂进行维修，并委托维修人员排除故障，恢复车辆。 2. 经维修人员初步检查，发现可能是气门密封不良，需要检修气门组。
素材

检修汽车发动机机械系统

学习性工作任务单

学习情境三	拆检气门组	学　时	6 学时
典型工作过程 描述	1．准备工作—2．拆卸进排气门—3．检测进排气门—4．安装进排气门—5．填写检测 报告		
学习目标	1．准备工作 　1.1　收集相关资料 　1.2　准备维修资料 　1.3　准备维修设备 　1.4　准备维修台架 　1.5　实施维修防护 2．拆卸进排气门 　2.1　选用专用工具 　2.2　取出气门锁片 　2.3　取出气门座圈 　2.4　取出气门弹簧 　2.5　取出进排气门 3．检测进排气门 　3.1　清洁校准量具 　3.2　检测气门外观 　3.3　检测气门杆 　3.4　检测气门弹簧 　3.5　检测气门密封性 4．安装进排气门 　4.1　安装进排气门 　4.2　组装气门弹簧钳 　4.3　安装气门弹簧 　4.4　安装气门座圈 　4.5　安装气门锁片 5．填写检测报告 　5.1　查阅维修手册 　5.2　记录检测结果 　5.3　检测结果分析 　5.4　提出维修建议 　5.5　整理场地、工具		
任务描述	**1．准备工作：**第一，收集气门的功用与结构、气门常见损伤形式、气门座磨损影响的相关资料；第二，准备维修资料，包括维修手册、电路图、用户使用手册等；第三，准备维修设备、工具（通用和专用），包括气门弹簧拆装钳、外径千分尺、游标卡尺、磁性表座、一字螺丝刀、吸力棒、直尺样规、软铅笔、拆装工具等；第四，准备维修台架，登记台架基本信息；第五，固定台架，分解发动机并清理、清洗各零部件，对各配合部件做好标记。		

54

2. 拆卸进排气门：第一，正确选用专用工具（气门弹簧拆装钳），将凸台顶住气门头部，压头贴住气门弹簧座，然后下压手柄带动压头和气门弹簧下行，使锁片脱落在压头的凹槽内；第二，使用吸力棒取出气门锁片后，解除压头的锁止装置，轻轻回位下压手柄，使气门弹簧压力释放；第三，使用一字螺丝刀取出气门座圈；第四，使用吸力棒取出气门弹簧；第五，拆卸进排气门。

　　3. 检测进排气门：第一，清洁校准外径千分尺、游标卡尺；第二，清洁气门，检查气门外观是否有点蚀、烧伤、斑痕和凹陷等损伤；第三，检测气门直径和长度：(1) 在气门杆上选取上、中、下3个截面，每个截面选取相互垂直的两个方向为测量点，使用0~25mm的千分尺，在上述6个位置测量气门杆的实际尺寸，记录数值。(2) 使用游标卡尺测量气门头部圆柱面的厚度，沿周向多点测量，记录最大值和最小值。(3) 使用游标卡尺测量气门全长，并记录数值。第四，检测气门弹簧，用游标卡尺测量气门弹簧自由度和垂直度；第五，检测气门密封性，将气门及气门座清洗干净，在气门锥面上用软铅笔沿径向均匀地画上若干条线，线间间隔4mm，将与该气门座相配的气门装在气门座上，略压紧并转动气门15°~90°，取出气门，查看铅笔线条，如铅笔线条均被切断，则表示密封性良好，否则应重新研磨，用画线法检测气门密封性。

　　4. 安装进排气门：第一，清洁气门后安装进排气门；第二，正确组装气门弹簧拆装钳，将气门弹簧拆装钳凸台顶住气门头部，压头贴住气门弹簧座；第三，正确安装气门弹簧；第四，正确安装气门座圈；第五，正确安装气门锁片。

　　5. 填写检测报告：第一，查阅维修手册，从维修手册中找出气门拆卸及检测的步骤，找到标准值；第二，记录检测结果，填写工单；第三，检测结果分析，将实测值与标准值进行对比分析；第四，根据维修结果提出维修建议；第五，整理场地、工具，做好7S作业。

学时安排	资讯 1.2学时	计划 0.6学时	决策 0.6学时	实施 1.8学时	检查 0.6学时	评价 1.2学时
对学生的要求	**1. 准备工作**：第一，学会收集气门的功用与结构、气门常见损伤形式、气门座磨损影响的相关资料；第二，准备维修资料，包括维修手册、电路图、用户使用手册等；第三，准备维修设备、工具（通用和专用），包括气门弹簧拆装钳、外径千分尺、游标卡尺、磁性表座、一字螺丝刀、吸力棒、直尺样规、软铅笔、拆装工具等；第四，准备维修台架，登记台架基本信息；第五，固定台架，分解发动机并清理、清洗各零部件，对各配合部件做好标记。 **2. 拆卸进排气门**：第一，学会专用工具（气门弹簧拆装钳）使用方法，将凸台顶住气门头部，压头贴住气门弹簧座，然后下压手柄带动压头和气门弹簧下行，使锁片脱落在压头的凹槽内；第二，学会用吸力棒取出气门锁片的方法，解除压头的锁止装置，轻轻回位下压手柄，使气门弹簧压力释放；第三，学会使用一字螺丝刀取出气门座圈；第四，学会使用吸力棒取出气门弹簧；第五，学会正确从汽缸盖拆卸进排气门。 **3. 检测进排气门**：第一，学会清洁校准外径千分尺及游标卡尺的方法；第二，学会清洁气门，检查气门外观是否有点蚀、烧伤、斑痕和凹陷等损伤；第三，学会检测气门直径和长度：(1) 能够在气门杆上选取上、中、下3个截面，每个截面选取相互垂直的两个方向为测量点，使用0~25mm的千分尺，在上述6个位置测量气门杆的实际尺寸，记录数值；(2) 能够使用游标卡尺测量气门头部圆柱面的厚度，沿周向多点	

测量，记录最大值和最小值；（3）能给使用游标卡尺测量气门全长，并记录数值；第四，学会检测气门弹簧，能够用游标卡尺测量气门弹簧自由度和垂直度；第五，检测气门密封性，学会清洗气门及气门座，能够在气门锥面上用软铅笔沿径向均匀地画上若干条线，线间间隔为4mm，将与该气门座相配的气门装在气门座上，略压紧并转动气门15°～90°，取出气门，查看铅笔线条。

  4. **安装进排气门**：第一，清洁气门后安装进排气门；第二，学会正确组装气门弹簧拆装钳，将气门弹簧拆装钳凸台顶住气门头部，压头贴住气门弹簧座；第三，学会正确安装气门弹簧；第四，学会正确安装气门座圈；第五，学会正确安装气门锁片。

  5. **填写检测报告**：第一，学会查阅维修手册，从维修手册中找出进排气门拆卸及检测的步骤，找到标准值；第二，学会记录检测结果，填写工单；第三，学会检测结果分析，将实测值与标准值进行对比分析；第四，根据维修结果提出维修建议；第五，学会整理场地、工具，做好7S作业。

参考资料	1. 客户需求单。 2. 客户提供的故障信息。 3.《汽车发动机构造与检修》网络教学资源。 4. 刘宜，石启军，刘勇兰. 汽车发动机机械构造与维修一体化教程[M]. 北京：机械工业出版社，2021：57-69。						
教学和学习方式与流程	典型工作环节	教学和学习的方式					
^	1. 准备工作	资讯	计划	决策	实施	检查	评价
^	2. 拆卸进排气门	资讯	计划	决策	实施	检查	评价
^	3. 检测进排气门	资讯	计划	决策	实施	检查	评价
^	4. 安装进排气门	资讯	计划	决策	实施	检查	评价
^	5. 填写检测报告	资讯	计划	决策	实施	检查	评价

材料工具清单

学习情境三	拆检气门组				学　时	6学时	
典型工作过程描述	1. 准备工作—2. 拆卸进排气门—3. 检测进排气门—4. 安装进排气门—5. 填写检测报告						
典型工作过程	序号	名称	作用	数量	型号	使用量	使用者
1. 准备工作	1	维修手册、维修电路图	参考	各4本	Golf A72014（1.6L）	各4本	学生
^	2	钢笔	填表	4支		4支	学生
^	3	车辆	检查	4辆	高尔夫	4辆	学生
^	4	车内三件套	防护	4套		4套	车辆
^	5	车外三件套	防护	4套		4套	车辆
2. 拆卸进排气门	6	气门弹簧拆装钳	拆装	4套		4套	学生
^	7	一字螺丝刀	拆装	4个		4个	学生
^	8	吸力棒	拆装	4个		4个	学生
^	9	拆装工具	拆装	4套	世达	4套	学生

学习情境三 拆检气门组

3．检测进排气门	10	外径千分尺	检测	4把		4把	学生
	11	磁性表座	检测	4套		4套	学生
	12	游标卡尺	检测	4把		4把	学生
	13	软铅笔	检测	4支		4支	学生
	14	直尺样规	检测	4把		4把	学生
4．安装进排气门	15	机油	安装	4桶		4桶	学生
	16	润滑油	安装	4瓶		4瓶	学生
5．填写检测报告	17	工单	存档	每人1份		每人1份	学生
班级			第 组		组长签字		
教师签字			日期				

任务一 准 备 工 作

1．准备工作的资讯单

学习情境三	拆检气门组	学 时	0.24学时
典型工作过程描述	**1．准备工作**—2．拆卸进排气门—3．检测进排气门—4．安装进排气门—5．填写检测报告		
收集资讯的方式	1．查看客户需求单。 2．查看教师提供的《学习性工作任务单》。		
资讯描述	1．让学生查看客户需求单，明确车辆的故障现象。 2．通过故障现象及客户提供的故障信息，让学生收集维修资料，准备维修工具和维修台架，进行车辆防护。		
对学生的要求	1．掌握气门的功用、结构、常见损伤形式及气门座磨损影响的相关资料。 2．能够准备维修手册、维修工具及台架，能够按规范进行安全防护。		
参考资料	1．客户需求单。 2．客户提供的故障信息。 3．《汽车发动机构造与检修》网络教学资源。 4．刘宜，石启军，刘勇兰．汽车发动机机械构造与维修一体化教程[M]．北京：机械工业出版社，2021：57-69。		
资讯的评价	班级		第 组	组长签字	
	教师签字		日期		
	评语：				

2. 准备工作的计划单

学习情境三	拆检气门组		学　时	0.12 学时
典型工作过程描述	**1. 准备工作**—2. 拆卸进排气门—3. 检测进排气门—4. 安装进排气门—5. 填写检测报告			
计划制订的方式	1. 查看客户需求单。 2. 查看《学习性工作任务单》。 3. 请教教师。			
序　号	具体工作步骤	注意事项		
1	收集相关资料	从参考资料中查看_____的相关资料		
2	准备维修资料	准备_____，型号、规格要正确		
3	准备维修设备	准备_____和_____齐全		
4	准备维修台架	正确记录台架_____		
5	实施维修防护	正确固定台架		
计划的评价	班级		第　　组	组长签字	
	教师签字		日期		
	评语：				

3. 准备工作的决策单

学习情境三	拆检气门组	学　时	0.12 学时
典型工作过程描述	**1. 准备工作**—2. 拆卸进排气门—3. 检测进排气门—4. 安装进排气门—5. 填写检测报告		

序　号	以下哪个是完成"1. 准备工作"这个典型工作环节正确的具体步骤？	正确与否 （正确打√，错误打×）
1	1. 收集相关资料—2. 准备维修资料—3. 准备维修设备—4. 准备维修台架—5. 实施维修防护	
2	1. 收集相关资料—2. 准备维修设备—3. 准备维修资料—4. 准备维修台架—5. 实施维修防护	
3	1. 收集相关资料—2. 准备维修资料—3. 准备维修台架—4. 准备维修设备—5. 实施维修防护	
4	1. 收集相关资料—2. 准备维修设备—3. 准备维修资料—4. 实施维修防护—5. 准备维修台架	

学习情境三 拆检气门组

	班　级		第　　组	组长签字	
	教师签字		日　期		
决策的评价	评语：				

4．准备工作的实施单

学习情境三	拆检气门组		学　　时	0.36 学时
典型工作过程描述	**1．准备工作—2．拆卸进排气门—3．检测进排气门—4．安装进排气门—5．填写检测报告**			
序　　号	实施的具体步骤	注 意 事 项		自　　评
1		从参考资料中查看气门组的_____的相关资料		
2		准备维修手册，型号、规格要正确		
3		扭力扳手和套筒准备齐全		
4		正确记录台架基本信息		
5		正确固定台架		

实施说明：

1. 学生要认真收集并掌握气门基础知识。

2. 学生要认真准备维修手册、电路图及用户手册，并能够正确查阅。

3. 学生要认真准备维修工具及量具，并能够正确使用。

4. 学生要认真检查台架状况，并登记台架基本信息。

5. 学生要认真固定台架。

	班　级		第　　组	组长签字	
	教师签字		日　期		
实施的评价	评语：				

5．准备工作的检查单

学习情境三	拆检气门组	学　　时	0.12 学时
典型工作过程描述	**1．准备工作—2．拆卸进排气门—3．检测进排气门—4．安装进排气门—5．填写检测报告**		

59

检修汽车发动机机械系统

序　号	检查项目 （具体步骤的检查）	检　查　标　准	小组自查 （检查是否完成 以下步骤，完成 打√，没完成打×）	小组互查 （检查是否完成 以下步骤，完成 打√，没完成打×）
1	收集相关资料	从参考资料中查看气门损伤及磨损的相关资料		
2	准备维修资料	维修手册、维修电路图、用户使用手册准备齐全		
3	准备维修设备	常用工具和专用工具准备齐全		
4	准备维修台架	正确检查车辆状况		
5	实施维修防护	正确进行车内、车外防护		

检查的评价	班级		第　　组	组长签字	
	教师签字		日期		
	评语：				

6. 准备工作的评价单

学习情境三	拆检气门组		学　时	0.24 学时
典型工作过程描述	**1．准备工作**—2．拆卸进排气门—3．检测进排气门—4．安装进排气门—5．填写检测报告			
评价项目	评分维度	组长对每组评分	教师评价	
小组 1 **准备工作** 的阶段性结果	完整性、时效性、准确性			
小组 2 **准备工作** 的阶段性结果	完整性、时效性、准确性			
小组 3 **准备工作** 的阶段性结果	完整性、时效性、准确性			
小组 4 **准备工作** 的阶段性结果	完整性、时效性、准确性			

评价的评价	班级		第　　组	组长签字	
	教师签字		日期		
	评语：				

60

学习情境三 拆检气门组

任务二 拆卸进排气门

1. 拆卸进排气门的资讯单

学习情境三	拆检气门组		学　　时	0.24 学时
典型工作过程描述		1．准备工作—**2．拆卸进排气门**—3．检测进排气门—4．安装进排气门—5．填写检测报告
收集资讯的方式		1．查看客户需求单。 2．查看教师提供的《学习性工作任务单》。
资讯描述		1．让学生正确使用专用工具，掌握气门弹簧拆装钳的使用方法。 2．让学生正确拆下气门锁片。 3．让学生正确使用一字螺丝刀，拆下气门座圈。 4．让学生正确使用一字螺丝刀，拆下气门弹簧。 5．依次拆卸进排气门。
对学生的要求		1．学会正确使用专用工具（气门弹簧拆装钳），以防拆卸不当，弹簧弹出击伤人体。 2．学会气门拆卸步骤，首先拆卸气门锁片、气门座圈、气门弹簧，然后拆卸进排气门。
参考资料		1．客户需求单。 2．客户提供的故障信息。 3．《汽车发动机构造与检修》网络教学资源。 4．刘宜，石启军，刘勇兰．汽车发动机机械构造与维修一体化教程[M]．北京：机械工业出版社，2021：57-69。
资讯的评价	班级		第　　组	组长签字	
	教师签字		日期		
	评语： 				

2. 拆卸进排气门的计划单

学习情境三	拆检气门组	学　　时	0.12 学时
典型工作过程描述		1．准备工作—**2．拆卸进排气门**—3．检测进排气门—4．安装进排气门—5．填写检测报告
计划制订的方式		1．请教教师。 2．查找相关教学视频。

序　号	具体工作步骤	注　意　事　项
1	选用专用工具	正确组装＿＿＿＿＿＿
2	取出气门锁片	正确压缩＿＿＿＿＿＿＿＿，按顺序摆放
3	取出气门座圈	正确松开气门弹簧拆装钳并移开，取出气门座，并按顺序摆放
4	取出气门弹簧	正确拆卸气门弹簧，并按顺序摆放
5	取出进排气门	正确取出各缸进排气门，并按顺序摆放

61

检修汽车发动机机械系统

		班级		第　　组		组长签字	
计划的评价		教师签字		日期			
		评语：					

3. 拆卸进排气门的决策单

学习情境三	拆检气门组		学　　时	0.12 学时
典型工作过程描述	1. 准备工作—**2. 拆卸进排气门**—3. 检测进排气门—4. 安装进排气门—5. 填写检测报告			

	计　划　对　比		
序　　号	以下哪个是完成"2. 拆卸进排气门"这个典型工作环节正确的具体步骤？		正确与否（正确打√，错误打×）
1	1. 选用专用工具—2. 取出气门座圈—3. 取出气门锁片—4. 取出气门弹簧—5. 取出进排气门		
2	1. 选用专用工具—2. 取出气门锁片—3. 取出气门座圈—4. 取出气门弹簧—5. 取出进排气门		
3	1. 选用专用工具—2. 取出气门座圈—3. 取出气门弹簧—4. 取出气门锁片—5. 取出进排气门		
4	1. 选用专用工具—2. 取出气门座圈—3. 取出气门弹簧—4. 取出进排气门—5. 取出气门锁片		

		班级		第　　组		组长签字	
决策的评价		教师签字		日期			
		评语：					

4. 拆卸进排气门的实施单

学习情境三	拆检气门组		学　时	0.36 学时
典型工作过程描述	1. 准备工作—**2. 拆卸进排气门**—3. 检测进排气门—4. 安装进排气门—5. 填写检测报告			
序　号	实施的具体步骤	注　意　事　项		自　评
1		正确组装气门弹簧拆装钳		
2		正确压缩气门弹簧拆装钳，取出气门锁片，并按顺序摆放		
3		正确松开气门弹簧拆装钳并移开，取出气门座		
4		正确拆卸气门弹簧		
5		正确取出各缸进排气门，并按顺序摆放		

实施说明：

1. 学生在拆卸气门锁片时，要先查阅维修手册，找到对应章节页码，正确使用气门弹簧拆装钳，以防拆卸不当，弹簧弹出击伤人体。

2. 正确取下气门锁片、气门弹簧、气门座及气门，并按顺序摆放。

3. 正确使用专用工具和通用工具。

实施的评价	班级		第　　组		组长签字	
	教师签字		日期			
	评语：					

5. 拆卸进排气门的检查单

学习情境三	拆检气门组		学　时	0.12 学时
典型工作过程描述	1. 准备工作—**2. 拆卸进排气门**—3. 检测进排气门—4. 安装进排气门—5. 填写检测报告			
序　号	检查项目 （具体步骤的检查）	检查标准	小组自查 （检查是否完成以下步骤，完成打√，没完成打×）	小组互查 （检查是否完成以下步骤，完成打√，没完成打×）
1	选用专用工具	正确组装气门弹簧拆装钳		
2	取出气门锁片	正确压缩气门弹簧拆装钳，取出气门锁片，并按顺序摆放		
3	取出气门座圈	正确松开气门弹簧拆装钳并移开，取出气门座		
4	取出气门弹簧	正确拆卸气门弹簧		
5	取出进排气门	正确取出各缸进排气门，并按顺序摆放		

检修汽车发动机机械系统

检查的评价	班级		第 组	组长签字	
	教师签字		日期		
	评语:				

6. 拆卸进排气门的评价单

学习情境三	拆检气门组		学 时	0.24学时
典型工作过程描述	1. 准备工作—2. 拆卸进排气门—3. 检测进排气门—4. 安装进排气门—5. 填写检测报告			
评价项目	评分维度	组长对每组评分		教师评价
小组1 **拆卸进排气门** 的阶段性结果	规范性、时效性、准确性			
小组2 **拆卸进排气门** 的阶段性结果	完整性、时效性、准确性			
小组3 **拆卸进排气门** 的阶段性结果	完整性、时效性、准确性			
小组4 **拆卸进排气门** 的阶段性结果	完整性、时效性、准确性			
评价的评价	班级		第 组	组长签字	
	教师签字		日期		
	评语:				

64

学习情境三 拆检气门组

任务三 检测进排气门

1. 检测进排气门的资讯单

学习情境三	拆检气门组		学　　时	0.24 学时
典型工作过程描述	1．准备工作—2．拆卸进排气门—3．检测进排气门—4．安装进排气门—5．填写检测报告			
收集资讯的方式	1．查看客户需求单。 2．查看教师提供的《学习性工作任务单》。			
资讯描述	1．让学生查看客户需求单，明确车辆的故障现象。 2．学习"汽车发动机构造与检修"微课，完成检查气门外观、检测气门杆直径和长度、检测气门头部圆柱面直径和厚度、检测气门弹簧自由度、检测气门座密封性。 3．检查气门杆、气门弹簧检测是否完整。			
对学生的要求	1．学会检查气门外观有无裂纹、破损或烧蚀。 2．学会检查气门工作锥面有无起槽、变宽。 3．学会用外径千分尺测量进排气门的气门杆直径。 4．学会用游标卡尺检测气门头部圆柱面直径和厚度。 5．学会用游标卡尺检测气门杆的长度。			
参考资料	1．客户需求单。 2．客户提供的故障信息。 3．《汽车发动机构造与检修》网络教学资源。 4．刘宜，石启军，刘勇兰．汽车发动机机械构造与维修一体化教程[M]．北京：机械工业出版社，2021：57-69。			
资讯的评价	班级		第　　组	组长签字	
	教师签字		日期		
	评语：				

2. 检测进排气门的计划单

学习情境三	拆检气门组	学　　时	0.12 学时
典型工作过程描述	1．准备工作—2．拆卸进排气门—3．检测进排气门—4．安装进排气门—5．填写检测报告		
计划制订的方式	1．查看教师提供的教学资料。 2．查看《学习性工作任务单》。		

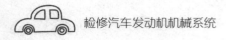
检修汽车发动机机械系统

序　号	具体工作步骤	注　意　事　项
1	清洁校准量具	清洁校准_____和_____
2	检测气门外观	检查气门外观有无_____、_____、_____ 检查气门工作锥面有无_____、_____
3	检测气门杆	使用外径千分尺测量_____ 使用游标卡尺测量_____
4	检测气门弹簧	使用游标卡尺测量气门弹簧_____
5	检测气门密封性	用软铅笔在气门上画若干条分布均匀的线,取出气门后观察画线是否_____切断
计划的评价	班级		第　　组		组长签字	
	教师签字		日期			
	评语:					

3. 检测进排气门的决策单

学习情境三	拆检气门组		学　　时	0.12 学时
典型工作过程描述	1. 准备工作—2. 拆卸进排气门—3. 检测进排气门—4. 安装进排气门—5. 填写检测报告			
计　划　对　比				
序　号	以下哪个是完成"3. 检测进排气门"这个典型工作环节正确的具体步骤?			正确与否 (正确打√,错误打×)
1	1. 清洁校准量具—2. 检测气门外观—3. 检测气门杆— 4. 检测气门弹簧—5. 检测气门密封性			
2	1. 检测气门弹簧—2. 检测气门外观—3. 检测气门杆— 4. 清洁校准量具—5. 检测气门密封性			
3	1. 检测气门密封性—2. 检测气门外观—3. 检测气门杆 —4. 检测气门弹簧—5. 清洁校准量具			
4	1. 清洁校准量具—2. 检测气门密封性—3. 检测气门杆 —4. 检测气门弹簧—5. 检测气门外观			
决策的评价	班级		第　　组		组长签字	
	教师签字		日期			
	评语:					

学习情境三 拆检气门组

4. 检测进排气门的实施单

学习情境三	拆检气门组		学　时	0.36学时
典型工作过程描述	\multicolumn{4}{l|}{1．准备工作—2．拆卸进排气门—3．检测进排气门—4．安装进排气门—5．填写检测报告}
序　号	实施的具体步骤	\multicolumn{2}{c|}{注 意 事 项}	自　评
1		\multicolumn{2}{l|}{清洁校准外径千分尺、游标卡尺}	
2		\multicolumn{2}{l|}{检查气门外观有无裂纹、破损或烧蚀，检查气门工作锥面有无起槽、变宽。}	
3		\multicolumn{2}{l|}{使用外径千分尺测量气门杆直径，使用游标卡尺测量气门杆长度。}	
4		\multicolumn{2}{l|}{使用游标卡尺测量气门弹簧自由度。}	
5		\multicolumn{2}{l|}{用软铅笔在气门上画若干条分布均匀的线，取出气门后观察画线是否被均匀切断}	
\multicolumn{5}{l|}{实施说明： 1．学生在检测气门组的过程中，查阅维修手册，找到气门组测量的步骤及方法：＿＿＿＿章＿＿＿＿节＿＿＿＿页。要循序渐进，完成一个检测项目，再进行下一个，避免混乱。 2．学生要认真记录实测值。 3．学生要认真检查，以免出现漏检的情况。}
实施的评价	班级		第　　组	组长签字	
	教师签字		日期		
	评语：				

5. 检测进排气门的检查单

学习情境三	拆检气门组		学　时	0.12学时
典型工作过程描述	\multicolumn{4}{l|}{1．准备工作—2．拆卸进排气门—3．检测进排气门—4．安装进排气门—5．填写检测报告}
序　号	检查项目（具体步骤的检查）	检 查 标 准	小组自查（检查是否完成以下步骤，完成打√，没完成打×）	小组互查（检查是否完成以下步骤，完成打√，没完成打×）
1	清洁校准量具	清洁校准正确		
2	检测气门外观	检查气门外观、气门工作锥面全面		

67

	3	检测气门杆	检查气门杆直径、气门杆长度全面。量具使用正确		
	4	检测气门弹簧	检查气门弹簧自由度正确		
	5	检测气门密封性	检查气门密封性正确		
检查的评价	班级		第 组	组长签字	
	教师签字		日期		
	评语：				

6. 检测进排气门的评价单

学习情境三	拆检气门组		学　时	0.24 学时
典型工作过程描述	1．准备工作—2．拆卸进排气门—3．检测进排气门—4．安装进排气门—5．填写检测报告			
评价项目	评分维度	组长对每组评分	教师评价	
小组 1 **检测进排气门**的阶段性结果	完整、时效、准确			
小组 2 **检测进排气门**的阶段性结果	完整、时效、准确			
小组 3 **检测进排气门**的阶段性结果	完整、时效、准确			
小组 4 **检测进排气门**的阶段性结果	完整、时效、准确			
评价的评价	班级		第 组	组长签字	
	教师签字		日期		
	评语：				

任务四　安装进排气门

1. 安装进排气门的资讯单

学习情境三	拆检气门组		学　　时	0.24 学时
典型工作过程描述	\multicolumn{4}{l	}{1．准备工作—2．拆卸进排气门—3．检测进排气门—**4．安装进排气门**—5．填写检测报告}
收集资讯的方式	\multicolumn{4}{l	}{1．查看客户需求单。 2．查看教师提供的《学习性工作任务单》。}
资讯描述	\multicolumn{4}{l	}{1．让学生检查气门座圈和气门导管是否需要更换，装配间隙是否正常，在良好的状态下才能安装气门。 2．让学生根据维修手册的安装要求，清洁汽缸盖，将气门根部涂机油，安装下弹簧座、油封、弹簧、上弹簧座。 3．让学生用气门弹簧拆装钳将气门弹簧压缩，露出气门尾部锁片槽。 4．让学生能够正确安装锁片（注意方向），可涂少许润滑脂（防止脱落）。}
对学生的要求	\multicolumn{4}{l	}{1．学会查阅维修手册，找到气门拆装与检测的对应章节。 2．学会气门安装的步骤及注意事项（安装之前，先检查气门弹簧和气门导管是否需要更换）。 3．学会正确使用专用工具（气门弹簧拆装钳）；学会气门锁片的安装方法。}
参考资料	\multicolumn{4}{l	}{1．客户需求单。 2．客户提供的故障信息。 3．《汽车发动机构造与检修》网络教学资源。 4．刘宜，石启军，刘勇兰．汽车发动机机械构造与维修一体化教程[M]．北京：机械工业出版社，2021：57-69。}
资讯的评价	班级		第　　组	组长签字	
	教师签字		日期		
	评语：				

2. 安装进排气门的计划单

学习情境三	拆检气门组	学　　时	0.12 学时
典型工作过程描述	\multicolumn{3}{l	}{1．准备工作—2．拆卸进排气门—3．检测进排气门—**4．安装进排气门**—5．填写检测报告}
计划制订的方式	\multicolumn{3}{l	}{1．查看客户需求单。 2．查看《学习性工作任务单》。}

检修汽车发动机机械系统

序　号	具体工作步骤	注 意 事 项
1	安装进排气门	查看维修手册，找到气门安装步骤，然后检查气门座圈和气门导管是否需要_____
2	组装气门弹簧钳	正确组装_____
3	安装气门弹簧	正确安装_____
4	安装气门座圈	正确安装_____
5	安装气门锁片	给气门锁片涂少许润滑脂，然后使用_____正确安装气门锁片

计划的评价	班级		第　组		组长签字	
	教师签字		日期			
	评语：					

3．安装进排气门的决策单

学习情境三	拆检气门组		学　时	0.12 学时
典型工作过程描述	1．准备工作—2．拆卸进排气门—3．检测进排气门—**4．安装进排气门**—5．填写检测报告			
计 划 对 比				
序　号	以下哪个是完成"4．安装进排气门"这个典型工作环节正确的具体步骤？		正确与否（正确打√，错误打×）	
1	1．安装气门锁片—2．组装气门弹簧钳—3．安装气门弹簧—4．安装气门座圈—5．安装进排气门			
2	1．安装进排气门—2．组装气门弹簧钳—3．安装气门弹簧—4．安装气门锁片—5．安装气门座圈			
3	1．安装进排气门—2．安装气门锁片—3．安装气门弹簧—4．安装气门座圈—5．组装气门弹簧钳			
4	1．安装进排气门—2．组装气门弹簧钳—3．安装气门弹簧—4．安装气门座圈—5．安装气门锁片			

决策的评价	班级		第　组		组长签字	
	教师签字		日期			
	评语：					

70

4. 安装进排气门的实施单

学习情境三	拆检气门组			学　　时	0.36 学时
典型工作过程描述	1．准备工作—2．拆卸进排气门—3．检测进排气门—4．安装进排气门—5．填写检测报告					
序　号	实施的具体步骤	注　意　事　项			自　评
1		查看维修手册，找到气门安装步骤，然后检查气门座圈和气门导管是否需要更换			
2		正确组装气门弹簧拆装钳			
3		正确安装气门弹簧			
4		正确安装气门座圈			
5		给气门锁片涂少许润滑脂，然后使用气门弹簧拆装钳正确安装气门锁片			

实施说明：

1．安装气门时，学生要检查气门座圈和气门导管是否需要更换，装配间隙是否正常，在良好的状态下才能安装气门。

2．要根据维修手册的安装要求，清洁汽缸盖，将气门根部涂机油，安装下弹簧座、油封、弹簧、上弹簧座。

3．用气门弹簧拆装钳将气门弹簧压缩，露出气门尾部锁片槽。

4．在安装气门锁片时（注意方向），可涂少许润滑脂（防止脱落）。

5．学生要松开气门弹簧拆装钳，用橡胶锤轻击气门尾部，使弹簧座及锁片就位。

实施的评价	班级		第　　组		组长签字	
	教师签字		日期			
	评语：					

5. 安装进排气门的检查单

学习情境三	拆检气门组			学　　时	0.12 学时
典型工作过程描述	1．准备工作—2．拆卸进排气门—3．检测进排气门—4．安装进排气门—5．填写检测报告				
序　号	检查项目（具体步骤的检查）	检查标准	小组自查（检查是否完成以下步骤，完成打√，没完成打×）	小组互查（检查是否完成以下步骤，完成打√，没完成打×）
1	安装进排气门	正确查看维修手册安装步骤，检查气门座圈和气门导管是否需要更换		

检修汽车发动机机械系统

2	组装气门弹簧钳	正确组装气门弹簧拆装钳		
3	安装气门弹簧	安装正确		
4	安装气门座圈	安装正确		
5	安装气门锁片	安装到位		
检查的评价	班级		第　　组	组长签字	
	教师签字		日期		
	评语：				

6. 安装进排气门的评价单

学习情境三	拆检气门组		学　　时	0.24 学时
典型工作过程描述	1．准备工作—2．拆卸进排气门—3．检测进排气门—**4．安装进排气门**—5．填写检测报告			
评价项目	评　分　维　度	组长对每组评分	教　师　评　价	
小组 1 安装进排气门 的阶段性结果	效率性、严谨性、正确性			
小组 2 安装进排气门 的阶段性结果	效率性、严谨性、正确性			
小组 3 安装进排气门 的阶段性结果	效率性、严谨性、正确性			
小组 4 安装进排气门 的阶段性结果	效率性、严谨性、正确性			
评价的评价	班级		第　　组	组长签字	
	教师签字		日期		
	评语：				

学习情境三 拆检气门组

任务五 填写检测报告

1. 填写检测报告的资讯单

学习情境三	拆检气门组		学　时	0.24 学时
典型工作过程描述	1. 准备工作—2. 拆卸进排气门—3. 检测进排气门—4. 安装进排气门—5. 填写检测报告			
收集资讯的方式	1. 查看维修手册。 2. 查看教师提供的视频资源。			
资讯描述	1. 让学生查看企业客户需求单，明确客户的要求。 2. 让学生查阅维修手册，记录气门杆直径和长度、气门头部直径和圆柱面厚度、气门密封性、气门弹簧自由度标准值。 3. 让学生分析检测结果，将实测值与标准值进行对比，判断结果并提出维修建议。 4. 让学生整理场地、工具。			
对学生的要求	1. 学会查阅维修手册。 2. 学会查阅标准值和记录实测值。 3. 学会对比分析，并判断结果。 4. 学会按规范填写作业单，并提出维修建议。 5. 能够启动车辆，检查是否排除故障，检查维修资料、工具设备是否齐全、完好，做好 7S 作业，培养良好的职业操守。			
参考资料	1. 客户需求单。 2. 客户提供的故障信息。 3.《汽车发动机构造与检修》网络教学资源。 4. 刘宜，石启军，刘勇兰. 汽车发动机机械构造与维修一体化教程[M]. 北京：机械工业出版社，2021：57-69。			
资讯的评价	班级		第　组	组长签字	
	教师签字		日期		
	评语：				

2. 填写检测报告的计划单

学习情境三	拆检气门组		学　时	0.12 学时
典型工作过程描述	1. 准备工作—2. 拆卸进排气门—3. 检测进排气门—4. 安装进排气门—5. 填写检测报告			
计划制订的方式	1. 启动车辆，检查故障是否排除。 2. 确保维修资料、工具设备齐全、完好。 3. 恢复部件，车辆正常运转，做好 7S 作业。 4. 将客户的维修单存档，并做好文档归类，方便查阅。			

检修汽车发动机机械系统

序　号	具体工作步骤	注 意 事 项
1	查阅维修手册	查找章节、页码、规格、型号
2	记录检测结果	数据记录_____
3	分析检测结果	将实测值与标准值进行对比，正确判断_____
4	提出维修建议	提出合理维修_____
5	整理场地、工具	做好7S作业
计划的评价	班级　　　　　　　　　　第　组　　　组长签字	
	教师签字　　　　　　　　日期	
	评语:	

3. 填写检测报告的决策单

学习情境三	拆检气门组	学　时	0.12学时
典型工作过程描述	1. 准备工作—2. 拆卸进排气门—3. 检测进排气门—4. 安装进排气门—5. 填写检测报告		
序　号	以下哪个是完成"5. 填写检测报告"这个典型工作环节正确的具体步骤？	正确与否（正确打√，错误打×）	
1	1. 记录检测结果—2. 整理场地、工具—3. 分析检测结果—4. 提出维修建议—5. 查阅维修手册		
2	1. 整理场地、工具—2. 记录检测结果—3. 分析检测结果—4. 提出维修建议—5. 查阅维修手册		
3	1. 查阅维修手册—2. 记录检测结果—3. 分析检测结果—4. 提出维修建议—5. 整理场地、工具		
4	1. 提出维修建议—2. 记录检测结果—3. 分析检测结果—4. 整理场地、工具—5. 查阅维修手册		
决策的评价	班级　　　　　　　　　　第　组　　　组长签字		
	教师签字　　　　　　　　日期		
	评语:		

4. 填写检测报告的实施单

学习情境三	拆检气门组		学　时	0.36 学时
典型工作过程描述	1. 准备工作—2. 拆卸进排气门—3. 检测进排气门—4. 安装进排气门—5. 填写检测报告			
序　号	实施的具体步骤	注　意　事　项	自　评	
1		查找章节、页码、规格、型号		
2		数据记录规范		
3		将实测值与标准值进行对比，正确判断结果		
4		提出合理维修建议		
5		做好 7S 作业		

实施说明：

1. 学生要认真查阅维修手册，保证查找正确。

2. 学生要认真填写标准值及实测值。

3. 学生要认真对比分析，并判断结果。

4. 学生要按规范填写作业单，并提出维修建议。

5. 学生在启动车辆后，检查是否排除故障，检查维修资料、工具设备是否齐全、完好，做好 7S 作业，培养良好的职业操守。

实施的评价	班级		第　组	组长签字	
	教师签字		日期		
	评语：				

5. 填写检测报告的检查单

学习情境三	拆检气门组		学　时	0.12 学时
典型工作过程描述	1. 准备工作—2. 拆卸进排气门—3. 检测进排气门—4. 安装进排气门—5. 填写检测报告			
序　号	检查项目 (具体步骤的检查)	检　查　标　准	小组自查 (检查是否完成以下步骤，完成打√，没完成打×)	小组互查 (检查是否完成以下步骤，完成打√，没完成打×)
1	查阅维修手册	查找章节、页码、规格、型号正确		
2	记录检测结果	记录数据规范		
3	分析检测结果	将实测值与标准值进行对比，做出正确判断		
4	提出维修建议	提出合理维修建议		
5	整理场地、工具	做好 7S 作业		

检修汽车发动机机械系统

检查的评价	班级		第　　组		组长签字	
	教师签字		日期			
	评语：					

6. 填写检测报告的评价单

学习情境三	拆检气门组		学　　时	0.24 学时
典型工作过程描述	1．准备工作—2．拆卸进排气门—3．检测进排气门—4．安装进排气门—5．填写检测报告			
评价项目	评分维度	组长对每组评分		教师评价
小组 1 **填写检测报告**的阶段性结果	完整性、时效性、正确性			
小组 2 **填写检测报告**的阶段性结果	完整性、时效性、正确性			
小组 3 **填写检测报告**的阶段性结果	完整性、时效性、正确性			
小组 4 **填写检测报告**的阶段性结果	完整性、时效性、正确性			
评价的评价	班级		第　　组	组长签字	
	教师签字		日期		
	评语：				

学习情境四　拆装油底壳

客户需求单

学习背景
1. 有一辆故障车，车主反映在行驶过程中，油底壳有漏油现象，现送厂进行维修，并委托维修人员进行故障排除，修复车辆。 2. 经维修人员初步检查，怀疑是油底壳损坏或变形引起的，需要拆检油底壳。
素材

检修汽车发动机机械系统

学习性工作任务单

学习情境四	拆装油底壳		学　　时	4 学时
典型工作过程描述	1. 准备工作—2. 拆卸油底壳螺栓—3. 拆检油底壳—4. 安装油底壳—5. 安装油底壳螺栓			
学习目标	1. 准备工作 　　1.1　准备基础知识 　　1.2　准备维修手册 　　1.3　准备维修工具 　　1.4　准备维修车辆 　　1.5　实施安全防护 2. 拆卸油底壳螺栓 　　2.1　查阅维修手册 　　2.2　选择拆卸工具 　　2.3　拧下放油螺栓 　　2.4　排放机油 　　2.5　拆卸油底壳螺栓 3. 拆检油底壳 　　3.1　查阅维修手册 　　3.2　选择合适的工具 　　3.3　取下油底壳 　　3.4　放在托盘上 　　3.5　检查油底壳 4. 安装油底壳 　　4.1　查阅维修手册 　　4.2　刮除旧密封胶 　　4.3　清洁底壳杂物 　　4.4　重新涂抹封胶 　　4.5　安装油底壳体 5. 安装油底壳螺栓 　　5.1　查阅维修手册 　　5.2　记录标准值 　　5.3　选择安装工具 　　5.4　安装油底壳螺栓 　　5.5　检查油底壳密封性			
任务描述	**1. 准备工作**：第一，收集油底壳的功用、结构及油底壳常见损伤类型的相关资料；第二，准备维修资料，包括维修手册、电路图、用户使用手册等；第三，准备维修设备、工具（通用和专用），包括扭力扳手、套筒等；第四，准备维修车辆和台架，登记车辆和台架的基本信息，检查车辆基本状况，包括车辆油、水、电的基本检查，分解发动机并清理、清洗各零部件，对各零部件做好标记，若是台架，则检查台架是否牢固；第五，对车辆和台架进行防护，包括安装车轮挡块，铺设车内、车外三件套，对台架进行固定。			

学习情境四 拆装油底壳

	2. 拆卸油底壳螺栓：第一，正确查阅维修手册；第二，正确选择拆卸工具（扳手和套筒）；第三，拧下放油螺栓；第四，排放机油；第五，均匀拆卸油底壳螺栓。 **3. 拆检油底壳**：第一，查阅维修手册；第二，选择合适的工具（使用木槌将油底壳敲下来）；第三，取下油底壳；第四，放在托盘上；第五，检查油底壳。 **4. 安装油底壳**：第一，正确查阅维修手册；第二，刮除油底壳上的旧密封胶；第三，清洁底壳杂物；第四，重新涂抹密封胶；第五，正确安装油底壳体。 **5. 安装油底壳螺栓**：第一，查阅维修手册；第二，记录油底壳螺栓拧紧力矩的标准值；第三，正确选择扭力扳手及调整扭力值；第四，由中间到两边对角分两次安装油底壳螺栓。第五，安装完成后，检查油底壳的密封性。
学时安排	资讯 0.4学时 | 计划 0.4学时 | 决策 0.4学时 | 实施 2学时 | 检查 0.4学时 | 评价 0.4学时
对学生的要求	**1. 准备工作**：第一，学会收集油底壳的功用、结构及常见损伤类型的相关资料；第二，准备维修资料，包括维修手册、电路图、用户使用手册等；第三，准备维修设备、工具（通用和专用）齐全，包括油盆、刀片、清洗剂、密封胶、托盘等；第四，准备维修车辆和台架，进行车辆和台架基本检查、登记基本信息，包括车辆油、水、电的基本检查及台架牢固情况；第五，对车辆及台架进行安全防护，包括安装车轮挡块，铺设车内、车外三件套，固定台架。 **2. 拆卸油底壳螺栓**：第一，正确查阅维修手册；第二，正确选择拆卸工具（扳手和套筒）；第三，正确拧下放油螺栓；第四，正确排放机油；第五，正确、均匀地拆卸油底壳螺栓，注意分2~3次均匀拆卸油底壳螺栓。 **3. 拆检油底壳**：第一，正确查阅维修手册；第二，选择合适的工具（使用木槌将油底壳敲下来）；第三，正确取下油底壳；第四，正确放在托盘上；第五，正确检查油底壳。 **4. 安装油底壳**：第一，正确查阅维修手册；第二，刮除油底壳上的旧密封胶；第三，用清洁剂清洗油底壳杂物；第四，重新涂抹密封胶；第五，正确装上油底壳体。 **5. 安装油底壳螺栓**：第一，正确查阅维修手册；第二，正确查询油底壳螺栓拧紧标准力矩；第三，选择合适的扭力扳手并调整扭力值；第四，由中间到两边对角分两次安装油底壳螺栓；第五，安装完成后，检查油底壳的密封性。
参考资料	1. 客户需求单。 2. 客户提供的故障信息。 3.《汽车发动机构造与检修》网络教学资源。 4. 刘宜，石启军，刘勇兰. 汽车发动机机械构造与维修一体化教程[M]. 北京：机械工业出版社，2021：102-103。
教学和学习方式与流程	典型工作环节 | 教学和学习的方式 1. 准备工作 | 资讯 | 计划 | 决策 | 实施 | 检查 | 评价 2. 拆卸油底壳螺栓 | 资讯 | 计划 | 决策 | 实施 | 检查 | 评价 3. 拆检油底壳 | 资讯 | 计划 | 决策 | 实施 | 检查 | 评价 4. 安装油底壳 | 资讯 | 计划 | 决策 | 实施 | 检查 | 评价 5. 安装油底壳螺栓 | 资讯 | 计划 | 决策 | 实施 | 检查 | 评价

检修汽车发动机机械系统

材料工具清单

学习情境四		拆装油底壳				学　时	4学时
典型工作过程描述		1. 准备工作—2. 拆卸油底壳螺栓—3. 拆检油底壳—4. 安装油底壳—5. 安装油底壳螺栓					
典型工作过程	序号	名称	作用	数量	型号	使用量	使用者
1. 准备工作	1	维修手册	参考	各4本	Golf A72014（1.6L）	各4本	学生
	2	钢笔	填表	4支		4支	学生
	3	车辆或台架	检查	4辆	高尔夫	4辆	学生
	4	车内三件套	防护	4套		4套	车辆
	5	车外三件套	防护	套		4套	车辆
2. 拆卸油底壳螺栓	6	扭力扳手	拆装	4套		4套	学生
	7	油盆	拆装	4个		4个	学生
3. 拆检油底壳	8	木槌	检测	4把		4把	学生
4. 安装油底壳	9	刀片	安装	4把		4把	学生
	10	清洗剂	安装	4瓶		4瓶	学生
	11	密封胶	安装	4瓶		4瓶	学生
5. 安装油底壳螺栓	12	工单	存档	每人1份		每人1份	学生
班级			第　　组		组长签字		
教师签字			日期				

任务一　准 备 工 作

1. 准备工作的资讯单

学习情境四	拆装油底壳	学　时	0.08学时
典型工作过程描述	**1. 准备工作**—2. 拆卸油底壳螺栓—3. 拆检油底壳—4. 安装油底壳—5. 安装油底壳螺栓		
收集资讯的方式	1. 查看客户需求单。 2. 查看教师提供的《学习性工作任务单》。		
资讯描述	1. 让学生查看客户需求单，明确车辆的故障现象。 2. 通过观察故障指示灯及客户提供的故障信息，让学生准备维修资料、维修工具及维修车辆，并进行车辆防护。		
对学生的要求	1. 掌握油底壳的功用、结构及常见损伤形式的相关资料。 2. 能够准备维修手册、维修工具及车辆齐全，并能够按规范进行安全防护。 3. 能够正确检查车辆的油、电、水。		
参考资料	1. 客户需求单。 2. 客户提供的故障信息。 3.《汽车发动机构造与检修》网络教学资源。		

80

学习情境四 拆装油底壳

	4. 刘宜，石启军，刘勇兰. 汽车发动机机械构造与维修一体化教程[M]. 北京：机械工业出版社，2021：102-103。				
资讯的评价	班级		第 组	组长签字	
	教师签字		日期		
	评语：				

2. 准备工作的计划单

学习情境四	拆装油底壳	学 时	0.08 学时
典型工作过程描述	1．准备工作—2．拆卸油底壳螺栓—3．拆检油底壳—4．安装油底壳—5．安装油底壳螺栓		
计划制订的方式	1．查看客户需求单。 2．查看《学习性工作任务单》。 3．请教教师。		

序 号	具体工作步骤	注意事项
1	准备基础知识	从参考资料中查看_____的相关资料
2	准备维修手册	_____、_____准备齐全
3	准备维修工具	_____和_____齐全
4	准备维修车辆	正确检查车辆和台架状况
5	实施安全防护	正确进行车辆和台架防护，包括放置车轮挡块和固定台架

	班级		第 组	组长签字	
计划的评价	教师签字		日期		
	评语：				

3. 准备工作的决策单

学习情境四	拆装油底壳			学　时	0.08 学时
典型工作过程描述	**1．准备工作—2．拆卸油底壳螺栓—3．拆检油底壳—4．安装油底壳—5．安装油底壳螺栓**				
序　号	**以下哪个是完成"1．准备工作"这个典型工作环节正确的具体步骤?**			**正确与否**（正确打√，错误打×）	
1	1．准备基础知识—2．准备维修手册—3．准备维修工具—4．准备维修车辆—5．实施安全防护				
2	1．实施安全防护—2．准备维修手册—3．准备维修工具—4．准备维修车辆—5．准备基础知识				
3	1．准备基础知识—2．准备维修手册—3．准备维修工具—4．实施安全防护—5．准备维修车辆				
4	1．实施安全防护—2．准备基础知识—3．准备维修手册—4．准备维修车辆—5．准备维修工具				
	班级		第　　组	组长签字	
	教师签字		日期		
决策的评价	评语:				

4. 准备工作的实施单

学习情境四	拆装油底壳		学　时	0.4 学时
典型工作过程描述	**1．准备工作—2．拆卸油底壳螺栓—3．拆检油底壳—4．安装油底壳—5．安装油底壳螺栓**			
序　号	实施的具体步骤	注 意 事 项	自　　评	
1		查看油底壳功用的相关资料		
2		维修手册、电路图及用户使用手册_____准备齐全		
3		扭力扳手和套筒准备齐全		
4		正确检查车辆和台架状况		
5		正确进行车辆和台架防护，包括放置车轮挡块及固定台架		

实施说明:

1．学生要认真查看、收集油底壳功用的相关资料。

2．学生要认真查看维修手册、用户使用手册，并能够正确查阅。

3．学生要认真准备维修工具（扭力扳手），并能够正确使用。

4．学生要认真检查车辆和台架状况，保证车辆和台架安全牢固。

	班　级		第　　组	组长签字	
实施的评价	教师签字		日　期		
	评语：				

5．准备工作的检查单

学习情境四	拆装油底壳			学　时	0.08 学时
典型工作过程描述	1．准备工作—2．拆卸油底壳螺栓—3．拆检油底壳—4．安装油底壳—5．安装油底壳螺栓				
序　号	检查项目 （具体步骤的检查）	检查标准	小组自查 （检查是否完成以下步骤，完成打√，没完成打×）	小组互查 （检查是否完成以下步骤，完成打√，没完成打×）	
1	准备基础知识	查看资料正确			
2	准备维修手册	维修手册、用户使用手册准备齐全			
3	准备维修工具	常用工具准备齐全			
4	准备维修车辆	车辆和台架正常			
5	实施安全防护	车轮挡块和台架正确、牢固			
检查的评价	班　级		第　　组	组长签字	
	教师签字		日　期		
	评语：				

6．准备工作的评价单

学习情境四	拆装油底壳		学　时	0.08 学时
典型工作过程描述	1．准备工作—2．拆卸油底壳螺栓—3．拆检油底壳—4．安装油底壳—5．安装油底壳螺栓			

83

评价项目	评分维度	组长对每组评分			教师评价
小组1 **准备工作** 的阶段性结果	完整性、时效性、准确性				
小组2 **准备工作** 的阶段性结果	完整性、时效性、准确性				
小组3 **准备工作** 的阶段性结果	完整性、时效性、准确性				
小组4 **准备工作** 的阶段性结果	完整性、时效性、准确性				
评价的评价	班级		第　　组	组长签字	
	教师签字		日期		
	评语：				

任务二　拆卸油底壳螺栓

1. 拆卸油底壳螺栓的资讯单

学习情境四	拆装油底壳	学　时	0.08 学时
典型工作过程 描述	1. 准备工作—**2. 拆卸油底壳螺栓**—3. 拆检油底壳—4. 安装油底壳—5. 安装油底壳螺栓		
收集资讯的 方式	1. 查看客户需求单。 2. 查看教师提供的《学习性工作任务单》。		
资讯描述	1. 让学生正确使用专用工具，掌握油底壳螺栓的拆卸方法。 2. 让学生正确拧松放油螺栓并正确排放机油。 3. 让学生正确使用工具。 4. 让学生正确拆下油底壳螺栓。		
对学生的要求	1. 学会正确使用工具（扭力扳手），以防拆卸不当，损坏螺栓。 2. 学会正确排放机油并拧松油底壳螺栓。		

学习情境四 拆装油底壳

参考资料	1．客户需求单。 2．客户提供的故障信息。 3．《汽车发动机构造与检修》网络教学资源， 4．刘宜，石启军，刘勇兰．汽车发动机机械构造与维修一体化教程[M]．北京：机械工业出版社，2021：102-103。				
资讯的评价	班级		第　组	组长签字	
^	教师签字		日期		
^	评语：				

2．拆卸油底壳螺栓的计划单

学习情境四	拆装油底壳		学　时	0.08 学时
典型工作过程描述	1．准备工作—**2．拆卸油底壳螺栓**—3．拆检油底壳—4．安装油底壳—5．安装油底壳螺栓			
计划制订的方式	1．查看客户需求单。 2．查看《学习性工作任务单》。 3．请教教师。			
序　号	具体工作步骤		注 意 事 项	
1	查阅维修手册		正确找到章节、页码、型号、规格	
2	选择拆卸工具		正确选用扭力扳手	
3	拧下放油螺栓		正确拧下放油螺栓	
4	排放机油		放置油盆，正确排放	
5	拆卸油底壳螺栓		正确拧松油底壳螺栓	
计划的评价	班级		第　组	组长签字	
^	教师签字		日期		
^	评语：				

85

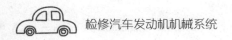

3. 拆卸油底壳螺栓的决策单

学习情境四	拆装油底壳		学　时	0.08学时
典型工作过程描述	1．准备工作—**2．拆卸油底壳螺栓**—3．拆检油底壳—4．安装油底壳—5．安装油底壳螺栓			
计 划 对 比				
序　号	以下哪个是完成"2．拆卸油底壳螺栓"这个典型工作环节正确的具体步骤？			正确与否（正确打√，错误打×）
1	1．拧下放油螺栓—2．选择拆卸工具—3．查阅维修手册—4．排放机油—5．拆卸油底壳螺栓			
2	1．查阅维修手册—2．选择拆卸工具—3．拧下放油螺栓—4．排放机油—5．拆卸油底壳螺栓			
3	1．拆卸油底壳螺栓—2．选择拆卸工具—3．拧下放油螺栓—4．排放机油—5．查阅维修手册			
4	1．排放机油—2．选择拆卸工具—3．拧下放油螺栓—4．拆卸油底壳螺栓—5．查阅维修手册			
决策的评价	班级		第　　组	组长签字
^	教师签字		日期	
^	评语：			

4. 拆卸油底壳螺栓的实施单

学习情境四	拆装油底壳		学　时	0.4学时
典型工作过程描述	1．准备工作—**2．拆卸油底壳螺栓**—3．拆检油底壳—4．安装油底壳—5．安装油底壳螺栓			
序　号	实施的具体步骤	注意事项		自　评
1		正确找到章节、页码、型号、规格		
2		正确选用扭力扳手		
3		正确拧下放油螺栓		
4		放置油盆，正确排放		
5		正确拧松油底壳螺栓		

学习情境四 拆装油底壳

实施的评价	实施说明： 1. 学生在拆卸放油螺栓时，要正确使用扭力扳手，以防拆卸不当，损坏放油螺栓。 2. 正确放置油盆并排放机油。 3. 正确拧松油底壳螺栓。					
	班级		第　　组	组长签字	
	教师签字		日期		
	评语：				

5. 拆卸油底壳螺栓的检查单

学习情境四	拆装油底壳			学　时	0.08 学时
典型工作过程描述	1. 准备工作—**2. 拆卸油底壳螺栓**—3. 拆检油底壳—4. 安装油底壳—5. 安装油底壳螺栓				
序　号	检查项目 （具体步骤的检查）		检查标准	小组自查 （检查是否完成以下步骤，完成打√，没完成打×）	小组互查 （检查是否完成以下步骤，完成打√，没完成打×）
1	查阅维修手册		章节、页码、型号、规格正确		
2	选择拆卸工具		选用及使用扭力扳手正确		
3	拧下放油螺栓		拧下放油螺栓正确		
4	排放机油		排放机油正确		
5	拆卸油底壳螺栓		拆卸油底壳螺栓正确		
检查的评价	班级		第　　组	组长签字	
	教师签字		日期		
	评语：				

检修汽车发动机机械系统

6. 拆卸油底壳螺栓的评价单

学习情境四	拆装油底壳		学　　时	0.08 学时
典型工作过程描述	1．准备工作—**2．拆卸油底壳螺栓**—3．拆检油底壳—4．安装油底壳—5．安装油底壳螺栓			
评 价 项 目	评 分 维 度	组长对每组评分		教 师 评 价
小组 1 **拆卸油底壳螺栓** 的阶段性结果	规范性、时效性、准确性			
小组 2 **拆卸油底壳螺栓** 的阶段性结果	完整性、时效性、准确性			
小组 3 **拆卸油底壳螺栓** 的阶段性结果	完整性、时效性、准确性			
小组 4 **拆卸油底壳螺栓** 的阶段性结果	完整性、时效性、准确性			
评价的评价	班级　　 ｜　　 第　　组 ｜ 组长签字 教师签字　　 ｜　　 日期 评语：			

任务三　拆检油底壳

1. 拆检油底壳的资讯单

学习情境四	拆装油底壳	学　　时	0.08 学时
典型工作过程描述	1．准备工作—2．拆卸油底壳螺栓—**3．拆检油底壳**—4．安装油底壳—5．安装油底壳螺栓		
收集资讯的方式	1．查看客户需求单。 2．查看教师提供的《学习性工作任务单》。		
资讯描述	1．让学生查看客户需求单，明确车辆的故障现象。 2．学习"汽车发动机构造与检修"微课，正确查阅维修手册。 3．让学生选择合适的工具，取下油底壳，并放在托盘上。		

学习情境四　拆装油底壳

对学生的要求	1．学会正确查阅维修手册。 2．学会正确选用工具拆装油底壳，并摆放整齐。				
参考资料	1．客户需求单。 2．客户提供的故障信息。 3．《汽车发动机构造与检修》网络教学资源。 4．刘宜，石启军，刘勇兰．汽车发动机机械构造与维修一体化教程[M]．北京：机械工业出版社，2021：102-103。				
资讯的评价	班级		第　　组		组长签字	
	教师签字		日期		
	评语：				

2．拆检油底壳的计划单

学习情境四	拆装油底壳		学　　时	0.08 学时
典型工作过程描述	1．准备工作—2．拆卸油底壳螺栓—**3．拆检油底壳**—4．安装油底壳—5．安装油底壳螺栓			
计划制订的方式	1．查看客户需求单。 2．查看《学习性工作任务单》。 3．请教教师。			
序　　号	具体工作步骤	注　意　事　项		
1	查阅维修手册	拆装油底壳的章节：_____章_____节		
2	选择合适的工具	选择木槌		
3	取下油底壳	轻轻敲击油底壳边缘		
4	放在托盘上	整齐放在托盘上		
5	检查油底壳	检查油底壳是否有_____		
计划的评价	班级		第　　组	组长签字	
	教师签字		日期	
	评语：			

89

检修汽车发动机机械系统

3. 拆检油底壳的决策单

学习情境四	拆装油底壳		学　时	0.08 学时
典型工作过程描述	1．准备工作—2．拆卸油底壳螺栓—**3．拆检油底壳**—4．安装油底壳—5．安装油底壳螺栓			
计 划 对 比				
序　号	以下哪个是完成"3．拆卸油底壳"这个典型工作环节正确的具体步骤？		正确与否（正确打√，错误打×）	
1	1．查阅维修手册—2．拆卸油底壳—3．取下油底壳—4．放在托盘上—5．选择合适的工具			
2	1．查阅维修手册—2．选择合适的工具—3．取下油底壳—4．放在托盘上—5．拆卸油底壳			
3	1．查阅维修手册—2．放在托盘上—3．取下油底壳—4．选择合适的工具—5．拆卸查油底壳			
4	1．拆卸油底壳—2．选择合适的工具—3．取下油底壳—4．放在托盘上—5．查阅维修手册			
决策的评价	班级		第　　组	组长签字
	教师签字		日期	
	评语：			

4. 拆检油底壳的实施单

学习情境四	拆装油底壳		学　时	0.4 学时
典型工作过程描述	1．准备工作—2．拆卸油底壳螺栓—**3．拆检油底壳**—4．安装油底壳—5．安装油底壳螺栓			
序　号	实施的具体步骤	注 意 事 项	自　评	
1		拆检油底壳的章节		
2		选择木槌		
3		轻轻敲击油底壳边缘		
4		整齐放在托盘上		
5		检查油底壳是否有变形或磨损		

90

学习情境四　拆装油底壳

实施的评价	实施说明： 1. 学生在拆检油底壳过程中要循序渐进，完成一个检测项目，再进行下一个，避免混乱。 2. 学生要正确使用工具。 3. 学生要认真检查油底壳是否有磨损或变形、漏油现象。			
	班级		第　组	组长签字
	教师签字		日期	
	评语：			

5. 拆检油底壳的检查单

学习情境四	拆装油底壳		学　时	0.08 学时
典型工作过程描述	1. 准备工作—2. 拆卸油底壳螺栓—3. 拆检油底壳—4. 安装油底壳—5. 安装油底壳螺栓			
序　号	检查项目 （具体步骤的检查）	检查标准	小组自查 （检查是否完成以下步骤，完成打√，没完成打×）	小组互查 （检查是否完成以下步骤，完成打√，没完成打×）
1	查阅维修手册	查阅正确		
2	选择合适的工具	选择工具合适		
3	取下油底壳	取下油底壳正确		
4	放在托盘上	正确放置在托盘上		
5	检查油底壳	正确检查油底壳是否漏油		
检查的评价	班级		第　组	组长签字
	教师签字		日期	
	评语：			

6. 拆检油底壳的评价单

学习情境四	拆装油底壳		学　时	0.08 学时
典型工作过程描述	1. 准备工作—2. 拆卸油底壳螺栓—**3. 拆检油底壳**—4. 安装油底壳—5. 安装油底壳螺栓			
评价项目	评分维度	组长对每组评分		教师评价
小组 1 **拆检油底壳** 的阶段性结果	完整性、时效性、准确性			
小组 2 **拆检油底壳** 的阶段性结果	完整性、时效性、准确性			
小组 3 **拆检油底壳** 的阶段性结果	完整性、时效性、准确性			
小组 4 **拆检油底壳** 的阶段性结果	完整性、时效性、准确性			
评价的评价	班级		第　　组	组长签字	
	教师签字		日期		
	评语：				

任务四　安装油底壳

1. 安装油底壳的资讯单

学习情境四	拆装油底壳	学　时	0.08 学时
典型工作过程描述	1. 准备工作—2. 拆卸油底壳螺栓—3. 拆检油底壳—**4. 安装油底壳**—5. 安装油底壳螺栓		
收集资讯的方式	1. 查看客户需求单。 2. 查看教师提供的《学习性工作任务单》。		
资讯描述	1. 让学生查看客户需求单，明确车辆的故障现象。 2. 学习"汽车发动机构造与检修"微课，正确查阅维修手册。 3. 让学生选择合适的工具，安装油底壳及油底壳螺栓。		
对学生的要求	1. 学会查阅＿＿＿＿＿＿，找到安装油底壳的章节：＿＿＿＿章＿＿＿节。 2. 掌握油底壳的安装步骤及注意事项。 3. 学会正确使用常用工具安装油底壳。		

学习情境四　拆装油底壳

参考资料	1．客户需求单。 2．客户提供的故障信息。 3．《汽车发动机构造与检修》网络教学资源。 4．刘宜，石启军，刘勇兰．汽车发动机机械构造与维修一体化教程[M]．北京：机械工业出版社，2021：102-103。				
资讯的评价	班级		第　组	组长签字	
	教师签字		日期		
	评语：				

2．安装油底壳的计划单

学习情境四	拆装油底壳		学　时	0.08 学时
典型工作过程描述	1．准备工作—2．拆卸油底壳螺栓—3．拆检油底壳—**4．安装油底壳**—5．安装油底壳螺栓			
计划制订的方式	1．查看客户需求单。 2．查看《学习性工作任务单》。 3．请教教师。			
序　号	具体工作步骤		注 意 事 项	
1	查阅维修手册		正确查阅_____	
2	刮除旧密封胶		正确刮除油底壳上的_____	
3	清洁底壳杂物		正确清洁底壳杂物	
4	重新涂抹封胶		正确重新涂抹密封胶	
5	安装油底壳体		正确安装油底壳体	
计划的评价	班级		第　组	组长签字	
	教师签字		日期		
	评语：				

检修汽车发动机机械系统

3. 安装油底壳的决策单

学习情境四	拆装油底壳		学　时	0.08 学时
典型工作过程描述	1. 准备工作—2. 拆卸油底壳螺栓—3. 拆检油底壳—**4. 安装油底壳**—5. 安装油底壳螺栓			
计 划 对 比				
序　号	以下哪个是完成"**4. 安装油底壳**"这个典型工作环节 **正确的具体步骤?**		正确与否 （正确打√，错误打×）	
1	1. 清洁底壳杂物—2. 刮除旧密封胶—3. 查阅维修手册—4. 重新涂抹封胶—5. 安装油底壳体			
2	1. 查阅维修手册—2. 刮除旧密封胶—3. 清洁底壳杂物—4. 重新涂抹封胶—5. 安装油底壳体			
3	1. 查阅维修手册—2. 刮除旧密封胶—3. 清洁底壳杂物—4. 安装油底壳体—5. 重新涂抹封胶			
4	1. 查阅维修手册—2. 安装油底壳体—3. 清洁底壳杂物—4. 重新涂抹封胶—5. 刮除旧密封胶			
决策的评价	班级		第　组	组长签字	
	教师签字		日期		
	评语：				

4. 安装油底壳的实施单

学习情境四	拆装油底壳		学　时	0.4 学时
典型工作过程描述	1. 准备工作—2. 拆卸油底壳螺栓—3. 拆检油底壳—**4. 安装油底壳**—5. 安装油底壳螺栓			
序　号	实施的具体步骤	注 意 事 项	自　评	
1		正确查阅维修手册		
2		刮除油底壳上的旧密封胶		
3		清洁底壳杂物		
4		重新涂抹密封胶		
5		正确安装油底壳		

实施说明：

安装油底壳时，要根据维修手册的安装要求，刮除油底壳上的旧密封胶，然后用清洁剂清洁底壳杂物，最后重新涂抹密封胶，正确安装油底壳。

实施的评价	班级		第　组	组长签字	
	教师签字		日期		
	评语：				

5. 安装油底壳的检查单

学习情境四	拆装油底壳			学　时	0.08 学时
典型工作过程描述	1．准备工作—2．拆卸油底壳螺栓—3．拆检油底壳—**4．安装油底壳**—5．安装油底壳螺栓				
序　号	检查项目 （具体步骤的检查）	检查标准	小组自查 （检查是否完成以下步骤，完成打√，没完成打×）	小组互查 （检查是否完成以下步骤，完成打√，没完成打×）	
1	查阅维修手册	章节、页码、型号、规格正确			
2	刮除旧密封胶	密封胶刮除正确			
3	清洁底壳杂物	清洁杂物正确			
4	重新涂抹封胶	重新涂抹正确			
5	安装油底壳体	油底壳安装到位			
检查的评价	班级		第　　组	组长签字	
	教师签字		日期		
	评语：				

6. 安装油底壳的评价单

学习情境四	拆装油底壳		学　时	0.08 学时
典型工作过程描述	1．准备工作—2．拆卸油底壳螺栓—3．拆检油底壳—**4．安装油底壳**—5．安装油底壳螺栓			
评价项目	评分维度	组长对每组评分	教师评价	
小组 1 **安装油底壳** 的阶段性结果	效率性、严谨性、正确性			
小组 2 **安装油底壳** 的阶段性结果	效率性、严谨性、正确性			
小组 3 **安装油底壳** 的阶段性结果	效率性、严谨性、正确性			
小组 4 **安装油底壳** 的阶段性结果	效率性、严谨性、正确性			

检修汽车发动机机械系统

	班级		第　　组	组长签字	
	教师签字		日期		
评价的评价	评语：				

任务五　安装油底壳螺栓

1. 安装油底壳螺栓的资讯单

学习情境四	拆装油底壳	学　　时	0.08 学时
典型工作过程描述	1. 准备工作—2. 拆卸油底壳螺栓—3. 拆检油底壳—4. 安装油底壳—**5.** 安装油底壳螺栓		
收集资讯的方式	1. 查看维修手册。 2. 查看教师提供的视频资源。		
资讯描述	1. 让学生查看客户需求单，明确客户的要求。 2. 学习"汽车发动机构造与检修"微课，让学生查阅维修手册，正确记录扭力值。 3. 正确使用工具安装油底壳螺栓，检查油底壳密封性。 4. 让学生能够整理场地、工具设备。		
对学生的要求	1. 学会查阅维修手册。 2. 学会查阅标准值和记录实测值。 3. 学会对比分析，判断结果。 4. 学会按规范填写作业单，提出维修建议。 5. 能够启动车辆，检查是否排除故障，检查维修资料、工具设备是否齐全、完好，做好 7S 作业，培养良好的职业操守。		
参考资料	1. 客户需求单。 2. 客户提供的故障信息。 3.《汽车发动机构造与检修》网络教学资源。 4. 刘宜，石启军，刘勇兰. 汽车发动机机械构造与维修一体化教程[M]. 北京：机械工业出版社，2021：102-103。		
资讯的评价	班级		第　　组	组长签字	
	教师签字		日期		
	评语：				

96

学习情境四 拆装油底壳

2. 安装油底壳螺栓的计划单

学习情境四	拆装油底壳		学　　时	0.08 学时
典型工作过程描述		1．准备工作—2．拆卸油底壳螺栓—3．拆检油底壳—4．安装油底壳—**5．安装油底壳螺栓**
计划制订的方式		1．查看客户需求单。 2．查看《学习性工作任务单》。 3．请教教师。
序　　号		具体工作步骤		注 意 事 项
1		查阅维修手册		查找章节、页码、规格、型号
2		记录标准值		油底壳螺栓力矩的标准值＿＿＿＿＿
3		选择安装工具		正确选用＿＿＿＿＿，扭力扳手
4		安装油底壳螺栓		由＿＿＿＿＿对角分两次安装油底壳螺栓
5		检查油底壳密封性		做好 7S 作业
计划的评价	班级		第　　组	组长签字	
	教师签字		日期		
		评语：

3. 安装油底壳螺栓的决策单

学习情境四	拆装油底壳	学　　时	0.08 学时
典型工作过程描述		1．准备工作—2．拆卸油底壳螺栓—3．拆检油底壳—4．安装油底壳—**5．安装油底壳螺栓**
序　　号	以下哪个是完成"5．安装油底壳螺栓"这个典型工作环节正确的具体步骤？		正确与否 （正确打√，错误打×）
1	1．查阅维修手册—2．记录标准值—3．安装油底壳螺栓—4．选择安装工具—5．检查油底壳密封性		
2	1．记录标准值—2．查阅维修手册—3．选择安装工具—4．安装油底壳螺栓—5．检查油底壳密封性		
3	1．查阅维修手册—2．记录标准值—3．选择安装工具—4．安装油底壳螺栓—5．检查油底壳密封性		
4	1．查阅维修手册—2．记录标准值—3．检查油底壳密封性—4．安装油底壳螺栓—5．选择安装工具		
决策的评价	班级	第　　组	组长签字
	教师签字	日期	
		评语：

97

检修汽车发动机机械系统

4. 安装油底壳螺栓的实施单

学习情境四	拆装油底壳		学　时	0.4 学时
典型工作过程描述	1.准备工作—2.拆卸油底壳螺栓—3.拆检油底壳—4.安装油底壳—**5.安装油底壳螺栓**			
序　号	实施的具体步骤	注 意 事 项		自　评
1		查找章节、页码、规格、型号		
2		油底壳螺栓力矩标准值		
3		正确选用扭力扳手		
4		由中间到两边对角分两次安装油底壳螺栓		
5		做好 7S 作业		

实施说明:

1. 学生要认真查阅维修手册,正确找到章节、页码。

2. 学生要找到油底壳螺栓力矩标准值。

3. 学生要正确使用扭力扳手。

4. 学生要由中间到两边对角分两次安装油底壳螺栓。

5. 学生在启动车辆后,检查故障是否已排除,检查维修资料、工具设备是否齐全、完好,做好 7S 作业,培养良好的职业操守。

	班级		第　　组		组长签字	
	教师签字		日　期			
实施的评价	评语:					

5. 安装油底壳螺栓的检查单

学习情境四	拆装油底壳		学　时	0.08 学时
典型工作过程描述	1.准备工作—2.拆卸油底壳螺栓—3.拆检油底壳—4.安装油底壳—**5.安装油底壳螺栓**			
序　号	检查项目 (具体步骤的检查)	检 查 标 准	小组自查 (检查是否完成以下步骤,完成打√,没完成打×)	小组互查 (检查是否完成以下步骤,完成打√,没完成打×)
1	查阅维修手册	查找章节、页码、规格、型号正确		
2	记录标准值	记录数据规范		
3	选择安装工具	选用工具正确		
4	安装油底壳螺栓	安装油底壳螺栓正确		
5	检查油底壳密封性	密封性良好,做好 7S 作业		

98

学习情境四 拆装油底壳

<table>
<tr><td rowspan="5">检查的评价</td><td colspan="2">班级</td><td></td><td colspan="2">第　　　组</td><td>组长签字</td><td></td></tr>
<tr><td colspan="2">教师签字</td><td></td><td colspan="2">日期</td><td colspan="2"></td></tr>
<tr><td colspan="7">评语：</td></tr>
<tr><td colspan="7"></td></tr>
<tr><td colspan="7"></td></tr>
</table>

6. 安装油底壳螺栓的评价单

学习情境四	拆装油底壳	学　时	0.08 学时
典型工作过程描述	1. 准备工作—2. 拆卸油底壳螺栓—3. 拆检油底壳—4. 安装油底壳—**5. 安装油底壳螺栓**		
评价项目	评 分 维 度	组长对每组评分	教 师 评 价
小组 1 **安装油底壳螺栓** 的阶段性结果	完整性、时效性、正确性		
小组 2 **安装油底壳螺栓** 的阶段性结果	完整性、时效性、正确性		
小组 3 **安装油底壳螺栓** 的阶段性结果	完整性、时效性、正确性		
小组 4 **安装油底壳螺栓** 的阶段性结果	完整性、时效性、正确性		

<table>
<tr><td rowspan="5">评价的评价</td><td colspan="2">班级</td><td></td><td colspan="2">第　　　组</td><td>组长签字</td><td></td></tr>
<tr><td colspan="2">教师签字</td><td></td><td colspan="2">日期</td><td colspan="2"></td></tr>
<tr><td colspan="7">评语：</td></tr>
<tr><td colspan="7"></td></tr>
<tr><td colspan="7"></td></tr>
</table>

学习情境五　拆检活塞连杆组

客户需求单

学习背景
1．一位客户的车辆在行驶过程中有规律的轻敲声，并伴随排出少量蓝烟。 2．经维修人员初步检查，发现可能是活塞与气缸壁间隙过大，需要拆卸活塞连杆组进行检修。
素材

学习情境五 拆检活塞连杆组

学习性工作任务单

学习情境五	拆检活塞连杆组		学时	10学时
典型工作过程描述	1．准备工作—2．拆卸连杆轴承盖—3．拆卸活塞连杆组—4．测量活塞环三隙—5．安装活塞连杆组—6．安装连杆轴承盖			
学习目标	1．准备工作 　　1.1　准备基础知识 　　1.2　准备维修资料 　　1.3　准备维修工具 　　1.4　准备维修车辆 　　1.5　实施车辆防护 2．拆卸连杆轴承盖 　　2.1　查询维修手册 　　2.2　清洁检测部件 　　2.3　检查装配标记 　　2.4　拧松轴承盖螺栓 　　2.5　取下连杆轴承盖 3．拆卸活塞连杆组 　　3.1　查询维修手册 　　3.2　正确使用工具 　　3.3　取出活塞连杆组 　　3.4　摆放活塞连杆组 　　3.5　检查装配标记 4．测量活塞环三隙 　　4.1　选用测量工具 　　4.2　测量气环端隙 　　4.3　测量气环侧隙 　　4.4　测量气环背隙 　　4.5　分析测量数据 5．安装活塞连杆组 　　5.1　查询维修手册 　　5.2　清洁连杆组零件 　　5.3　安装连杆轴瓦 　　5.4　组装活塞压缩器 　　5.5　装入活塞连杆组 6．安装连杆轴承盖 　　6.1　查询维修手册 　　6.2　安装轴承盖 　　6.3　拧紧连杆螺栓 　　6.4　检查运转情况 　　6.5　整理场地、工具			

任务描述	**1. 准备工作**：第一，收集活塞连杆组的功用、结构、活塞连杆组异响的类型及故障排除的相关资料；第二，准备维修资料，包括维修手册、电路图、用户使用手册等；第三，准备维修设备、工具（通用和专用），包括常用拆装套筒、活塞环压缩器、木锤、扭力扳手(5-25)N.M、世达工具、抹布、高压气源、吹枪记号笔、机油壶等；第四，准备维修车辆，登记车辆基本信息，检查车辆基本状况，包括车辆油、水、电的基本检查，分解发动机并清理、清洗各零部件，对各零部件做好标记；第五，对车辆进行防护，包括安装车轮挡块、铺设车内车外三件套。 **2. 拆卸连杆轴承盖**：第一，正确查阅维修手册，找到活塞连杆组的拆卸步骤；第二，使用气枪清洁检测部件；第三，检查活塞顶部的装配标记，若无标记，则打上标记并标明气缸号；第四，转动曲轴，将准备拆卸的连杆相对应的活塞转至下止点，拧松轴承盖螺栓；第五，拆下连杆螺母，取下连杆大头盖及轴承，并按次序放好。 **3. 拆卸活塞连杆组**：第一，正确查阅维修手册，找到活塞连杆组的拆卸步骤；第二，正确选用拆装工具（橡胶锤或锤子）；第三，用橡胶锤或锤子木柄推出活塞连杆组，注意不要倾斜，不要硬撬、硬敲；第四，按次序摆放活塞连杆组；第五，取出活塞连杆组后，应将连杆轴承盖、螺栓螺母按原位装回，并检查连杆的装配标记，标记应朝向带盘，在连杆和连杆大头盖上打上对应缸号。 **4. 测量活塞环三隙**：第一，让学生清洁及校准厚薄规、游标卡尺，第二，使用厚薄规测量3缸第一道气环侧隙；第三，使用厚薄规测量3缸第一道气环端隙；第四，使用游标卡尺测量3缸第一道活塞环背隙；第五，依次记录3缸第一道气环端隙、侧隙、背隙的测量数据并进行分析。 **5. 安装活塞连杆组**：第一，正确查阅维修手册，找到活塞连杆组的拆卸步骤；第二，清洁气缸缸筒和连杆轴颈，将曲轴转到对应气缸下止点位置；第三，安装上下连杆轴瓦，并用游标卡尺确定轴瓦安装位置是否准确；第四，清洁所有活塞环和活塞，安装三道活塞环，根据维修手册调整活塞环开口位置，润滑活塞环槽、活塞裙部、活塞销、缸壁及连杆轴颈，正确组装活塞环压缩器；第五，使用活塞环压紧工具压紧活塞环，将活塞连杆组装入气缸。 **6. 安装连杆轴承盖**：第一，正确查阅维修手册，找到连杆轴承盖安装步骤；第二，正确安装轴承盖；第三，将两个连杆螺栓紧至规定转矩；第四，转动曲轴检查活塞运转是否顺畅，并用同样方法装入其他活塞连杆组；第五，按照7S标准整理场地。

学时安排	资讯 1.6 学时	计划 1.2 学时	决策 1.2 学时	实施 3.6 学时	检查 1.2 学时	评价 1.2 学时

对学生的要求	**1. 准备工作**：第一，收集活塞连杆组的功用、结构、活塞连杆组异响的类型及故障排除的相关资料；第二，准备维修资料，包括维修手册、电路图、用户使用手册等；第三，准备维修设备、工具（通用和专用），包括常用拆装套筒、活塞环压缩器、木锤、扭力扳手(5-25)N.M、世达工具、抹布、高压气源、吹枪记号笔、机油壶等；第四，准备维修车辆，登记车辆基本信息，检查车辆基本状况进行，包括车辆油、水、电的基本检查，分解发动机并清理、清洗各零部件，对各零部件做好标记；第五，对车辆进行防护，包括安装车轮挡块、铺设车内车外三件套。

学习情境五 拆检活塞连杆组

	2. 拆卸连杆轴承盖：第一，学会正确查阅维修手册，找到活塞连杆组的拆卸步骤；第二，学会正确使用气枪清洁检测部件；第三，学会检查活塞顶部的装配标记，若无标记，则打上标记并标明气缸号；第四，转动曲轴，将准备拆卸的连杆相对应的活塞转至下止点，拧松轴承盖螺栓；第五，拆下连杆螺母，取下连杆大头盖及轴承，并按次序放好。 **3. 拆卸活塞连杆组**：第一，学会正确查阅维修手册，找到活塞连杆组的拆卸步骤；第二，学会正确选用拆装工具（橡胶锤或锤子）；第三，用橡胶锤或锤子木柄推出活塞连杆组，注意不要倾斜，不要硬撬、硬敲；第四，学会按次序摆放活塞连杆组；第五，取出活塞连杆组后，应将连杆轴承盖、螺栓螺母按原位装回，并检查连杆的装配标记，标记应朝向带盘，在连杆和连杆大头盖上打上对应缸号。 **4. 测量活塞环三隙**：第一，让学生清洁及校准厚薄规、游标卡尺，第二，使用厚薄规测量3缸第一道气环侧隙；第三，使用厚薄规测量3缸第一道气环端隙；第四，使用游标卡尺测量3缸第一道活塞环背隙；第五，依次记录3缸第一道气环端隙、侧隙、背隙的测量数据并进行分析。 **5. 安装活塞连杆组**：第一，学会正确查阅维修手册，找到活塞连杆组的拆卸步骤；第二，清洁气缸缸筒和连杆轴颈，将曲轴转到对应气缸下止点位置；第三，安装上下连杆轴瓦，并用游标卡尺确定轴瓦安装位置是否准确；第四，清洁所有活塞环和活塞，安装三道活塞环，根据维修手册调整活塞环开口位置，润滑活塞环槽、活塞裙部、活塞销、缸壁及连杆轴颈，正确组装活塞环压缩器；第五，使用活塞环压紧工具压紧活塞环，将活塞连杆组装入气缸。 **6. 安装连杆轴承盖**：第一，学会正确查阅维修手册，找到连杆轴承盖安装步骤；第二，学会正确安装轴承盖；第三，将两个连杆螺栓紧至规定转矩；第四，转动曲轴检查活塞运转是否顺畅，并用同样方法装入其他活塞连杆组；第五，按照7S标准整理场地。
参考资料	1. 客户需求单。 2. 客户提供的故障信息。 3.《汽车发动机构造与检修》网络教学资源。 4. 刘宜，石启军，刘勇兰. 汽车发动机机械构造与维修一体化教程[M]. 北京：机械工业出版社，2021：104-118。
教学和学习方式与流程	<table><tr><th>典型工作环节</th><th colspan="6">教学和学习的方式</th></tr><tr><td>1. 准备工作</td><td>资讯</td><td>计划</td><td>决策</td><td>实施</td><td>检查</td><td>评价</td></tr><tr><td>2. 拆卸连杆轴承盖</td><td>资讯</td><td>计划</td><td>决策</td><td>实施</td><td>检查</td><td>评价</td></tr><tr><td>3. 拆卸活塞连杆组</td><td>资讯</td><td>计划</td><td>决策</td><td>实施</td><td>检查</td><td>评价</td></tr><tr><td>4. 安装活塞连杆组</td><td>资讯</td><td>计划</td><td>决策</td><td>实施</td><td>检查</td><td>评价</td></tr><tr><td>5. 测量活塞环三隙</td><td>资讯</td><td>计划</td><td>决策</td><td>实施</td><td>检查</td><td>评价</td></tr><tr><td>6. 安装连杆轴承盖</td><td>资讯</td><td>计划</td><td>决策</td><td>实施</td><td>检查</td><td>评价</td></tr></table>

检修汽车发动机机械系统

材料工具清单

学习情境五		拆检活塞连杆组			学　时		10 学时
典型工作过程描述		1．准备工作—2．拆卸连杆轴承盖—3．拆卸活塞连杆组—4．测量活塞环三隙—5．安装活塞连杆组—6．安装连杆轴承盖					
典型工作过程	序号	名称	作用	数量	型号	使用量	使用者
1．准备工作	1	维修手册、维修电路图	参考	各4本	Golf A72014（1.6L）	各4本	学生
	2	钢笔	填表	4支		4支	学生
	3	车辆	检查	4辆	高尔夫	4辆	学生
	4	车内三件套	防护	4套		4套	车辆
	5	车外三件套	防护	4套		4套	车辆
2．拆卸连杆轴承盖	6	扭力扳手	拆卸	4个		4个	学生
	7	拆装工具	拆卸	4套	世达	4套	学生
	8	记号笔	标记	4支		4支	学生
3．拆卸活塞连杆组	9	活塞环压缩器	检测	4把		4把	学生
	10	木锤	检测	4套		4套	学生
4．测量活塞环三隙	11	气枪	清洁	4把		4把	学生
	12	厚薄规	检测	4把		4把	学生
	13	游标卡尺	检测	4把		4把	学生
5．安装活塞连杆组	14	机油	安装	4壶		4壶	学生
	15	抹布	安装	4块		4块	学生
	16	高压气源	安装	4根		4跟	学生
	17	吹枪	安装	4个		4个	学生
	18	润滑油	安装	4瓶		4瓶	学生
6．安装连杆轴承盖	19	工单	存档	每人1份		每人1份	学生
班级			第　　组		组长签字		
教师签字			日期				

任务一　准　备　工　作

1．准备工作的资讯单

学习情境五	拆检活塞连杆组	学　时	0.27 学时
典型工作过程描述	**1．准备工作**—2．拆卸连杆轴承盖—3．拆卸活塞连杆组—4．测量活塞环三隙—5．安装活塞连杆组—6．安装连杆轴承盖		
收集资讯的方式	1．查看客户需求单。 2．查看教师提供的《学习性工作任务单》。		

104

学习情境五 拆检活塞连杆组

资讯描述	1. 让学生查看客户需求单，明确车辆的故障现象。 2. 通过观察故障现象及客户提供的故障信息，让学生准备维修资料、维修工具及维修车辆，并进行车辆防护。
对学生的要求	1. 掌握活塞连杆组的功用、结构、常见异响类型及原因的相关资料。 2. 能够准备____、____、____，能够按规范进行安全防护。 3. 能够正确进行车辆油、电、水的基本检查。
参考资料	1. 客户需求单。 2. 客户提供的故障信息。 3.《汽车发动机构造与检修》网络教学资源。 4. 刘宜，石启军，刘勇兰. 汽车发动机机械构造与维修一体化教程[M]. 北京：机械工业出版社，2021：104-118。
资讯的评价	班级　　　　　　　第　　组　　　组长签字 教师签字　　　　　　　日期 评语：

2. 准备工作的计划单

学习情境五	拆检活塞连杆组		学　　时	0.2 学时
典型工作过程描述	**1. 准备工作—2. 拆卸连杆轴承盖—3. 拆卸活塞连杆组—4. 测量活塞环三隙—5. 安装活塞连杆组—6. 安装连杆轴承盖**			
计划制订的方式	1. 查看客户需求单。 2. 查看《学习性工作任务单》。 3. 请教教师。			
序　　号	具体工作步骤		注意事项	
1	准备基础知识		从参考资料中查看____、____的资料	
2	准备维修资料		____、____、____准备齐全	
3	准备维修工具		____和____齐全	
4	准备维修车辆		正确检查车辆状况	
5	实施车辆防护		正确进行车内车外防护	
计划的评价	班级　　　　　　　第　　组　　　组长签字 教师签字　　　　　　　日期 评语：			

检修汽车发动机机械系统

3. 准备工作的决策单

学习情境五	拆检活塞连杆组		学　时	0.2学时
典型工作过程描述	**1.准备工作**—2.拆卸连杆轴承盖—3.拆卸活塞连杆组—4.测量活塞环三隙—5.安装活塞连杆组—6.安装连杆轴承盖			
序　号	以下哪个是完成"**1.准备工作**"这个典型工作环节正确的具体步骤？		正确与否（正确打√，错误打×）	
1	1.准备维修资料—2.准备基础知识—3.准备维修工具—4.准备维修车辆—5.实施车辆防护			
2	1.准备基础知识—2.准备维修资料—3.准备维修工具—4.准备维修车辆—5.实施车辆防护			
3	1.准备基础知识—2.准备维修工具—3.准备维修资料—4.准备维修车辆—5.实施车辆防护			
4	1.准备基础知识—2.准备维修工具—3.准备维修资料—4.实施车辆防护—5.准备维修车辆			
决策的评价	班级		第　　组	组长签字	
	教师签字		日期		
	评语：				

4. 准备工作的实施单

学习情境五	拆检活塞连杆组		学　时	0.6学时
典型工作过程描述	**1.准备工作**—2.拆卸连杆轴承盖—3.拆卸活塞连杆组—4.测量活塞环三隙—5.安装活塞连杆组—6.安装连杆轴承盖			
序　号	实施的具体步骤	注 意 事 项	自　评	
1		从参考资料中查看活塞连杆组异响及造成异响的原因的相关资料		
2		维修手册、电路图、用户使用手册准备齐全		
3		常用工具和专用工具准备齐全		
4		正确检查车辆状况		
5		正确进行车内、车外的安全防护		

实施说明：

1．学生要认真收集并掌握活塞连杆组基础知识。

2．学生要认真准备维修手册、电路图及用户使用手册，并能够正确查阅。

3．学生要认真准备维修工具及量具，并能够正确使用。

4．学生要认真检查车辆状况，保证车辆油、电、水正常。

5．学生要认真完成车内、车外的安全防护。

学习情境五 拆检活塞连杆组

实施的评价	班级		第 组		组长签字	
	教师签字		日期			
	评语：					

5．准备工作的检查单

学习情境五	拆检活塞连杆组		学 时	0.2 学时
典型工作过程描述	1．准备工作—2．拆卸连杆轴承盖—3．拆卸活塞连杆组—4．测量活塞环三隙—5．安装活塞连杆组—6．安装连杆轴承盖			
序 号	检查项目（具体步骤的检查）	检查标准	小组自查（检查是否完成以下步骤，完成打√，没完成打×）	小组互查（检查是否完成以下步骤，完成打√，没完成打×）
1	准备基础知识	基础知识准备齐全		
2	准备维修资料	维修资料准备齐全		
3	准备维修工具	维修工具准备齐全		
4	准备维修车辆	维修车辆准备齐全		
5	实施车辆防护	正确进行车内、车外的安全防护		

检查的评价	班级		第 组		组长签字	
	教师签字		日期			
	评语：					

6．准备工作的评价单

学习情境五	拆检活塞连杆组	学 时	0.2 学时
典型工作过程描述	1．准备工作—2．拆卸连杆轴承盖—3．拆卸活塞连杆组—4．测量活塞环三隙—5．安装活塞连杆组—6．安装连杆轴承盖		

检修汽车发动机机械系统

评 价 项 目	评 分 维 度	组长对每组评分	教 师 评 价
小组 1 **准备工作** 的阶段性结果	完整性、时效性、准确性		
小组 2 **准备工作** 的阶段性结果	完整性、时效性、准确性		
小组 3 **准备工作** 的阶段性结果	完整性、时效性、准确性		
小组 4 **准备工作** 的阶段性结果	完整性、时效性、准确性		

评价的评价	班级		第　　组	组长签字	
	教师签字		日期		
	评语:				

任务二　拆卸连杆轴承盖

1. 拆卸连杆轴承盖的资讯单

学习情境五	拆检活塞连杆组	学　　时	0.27 学时
典型工作过程描述	1．准备工作—**2．拆卸连杆轴承盖**—3．拆卸活塞连杆组—4．测量活塞环三隙—5．安装活塞连杆组—6．安装连杆轴承盖		
收集资讯的方式	1．查看客户需求单。 2．查看教师提供的《学习性工作任务单》。		
资讯描述	1．让学生转动曲轴，检查曲轴转动是否灵活，标记活塞缸号及朝前标记，转动台架，将气缸体上平面朝下，检查活塞连杆轴承盖朝前标记。 2．将准备拆卸的连杆相对应的活塞转至下止点，拧松轴承盖螺栓。		
对学生的要求	1．学会正确标记活塞缸序号及朝前标记。 2．学会正确检查活塞连杆轴承盖朝前标记。 3．学会正确使用扭力扳手拧松轴承盖紧固螺母。		
参考资料	1．客户需求单。 2．客户提供的故障信息。 3．《汽车发动机构造与检修》网络教学资源。 4．刘宜，石启军，刘勇兰．汽车发动机机械构造与维修一体化教程[M]．北京：机械工业出版社，2021：104-118。		

108

资讯的评价	班级		第 组		组长签字	
	教师签字		日期			
	评语：					

2. 拆卸连杆轴承盖的计划单

学习情境五	拆检活塞连杆组		学 时	0.2 学时
典型工作过程描述	1．准备工作—**2．拆卸连杆轴承盖**—3．拆卸活塞连杆组—4．测量活塞环三隙—5．安装活塞连杆组—6．安装连杆轴承盖			
计划制订的方式	1．请教教师。 2．查找相关教学视频。			
序　号	具体工作步骤		注 意 事 项	
1	查阅维修手册		正确查阅维修手册	
2	检查装配标记		正确检查_____的装配标记，若无标记，则打上标记	
3	正确选择工具		正确选择拆卸工具	
4	拧松轴承盖螺栓		正确拧松_____，并按顺序摆放	
5	取下连杆轴承盖		正确拆下_____，并按顺序摆放	
计划的评价	班级		第 组		组长签字	
	教师签字		日期			
	评语：					

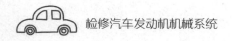

3. 拆卸连杆轴承盖的决策单

学习情境五	拆检活塞连杆组	学　时	0.2 学时
典型工作过程描述	1．准备工作—**2．拆卸连杆轴承盖**—3．拆卸活塞连杆组—4．测量活塞环三隙—5．安装活塞连杆组—6．安装连杆轴承盖			

计　划　对　比			
序　号	以下哪个是完成"**2．拆卸连杆轴承盖**"这个典型工作环节正确的具体步骤？		正确与否（正确打√，错误打×）
1	1．检查装配标记—2．查阅维修手册—3．正确选择工具—4．拧松轴承盖螺栓—5．取下连杆轴承盖		
2	1．查阅维修手册—2．检查装配标记—3．正确选择工具—4．拧松轴承盖螺栓—5．取下连杆轴承盖		
3	1．查阅维修手册—2．检查装配标记—3．拧松轴承盖螺栓—4．正确选择工具—5．取下连杆轴承盖		
4	1．查阅维修手册—2．检查装配标记—3．正确选择工具—4．取下连杆轴承盖—5．拧松轴承盖螺栓		
决策的评价	班级		第　　组	组长签字
^	教师签字		日期	
^	评语：			

4. 拆卸连杆轴承盖的实施单

学习情境五	拆检活塞连杆组	学　时	0.6 学时
典型工作过程描述	1．准备工作—**2．拆卸连杆轴承盖**—3．拆卸活塞连杆组—4．测量活塞环三隙—5．安装活塞连杆组—6．安装连杆轴承盖			

序　号	实施的具体步骤	注　意　事　项	自　评
1		正确查阅维修手册	
2		正确检查活塞顶部的装配标记，若无标记，则打上标记；检查活塞连杆轴承盖朝前标记	
3		正确选用扭力扳手	
4		正确拧松并取下轴承盖螺栓，并按顺序摆放	
5		正确拆下连杆轴承盖，并按顺序摆放	

实施说明：
1．学生在拆卸连杆轴承盖时，要正确查阅维修手册。
2．正确标记活塞缸号及朝前标记，标记活塞连杆轴承盖朝前标记。
3．正确使用扭力扳手拧松并取下轴承盖螺栓、拆下连杆轴承盖，按顺序摆好。

<table>
<tr><td rowspan="3">实施的评价</td><td colspan="2">班级</td><td></td><td>第　　组</td><td>组长签字</td><td></td></tr>
<tr><td colspan="2">教师签字</td><td></td><td>日期</td><td></td><td></td></tr>
<tr><td colspan="6">评语：</td></tr>
</table>

5. 拆卸连杆轴承盖的检查单

学习情境五	拆检活塞连杆组		学　　时	0.2 学时
典型工作过程描述		1. 准备工作—**2. 拆卸连杆轴承盖**—3. 拆卸活塞连杆组—4. 测量活塞环三隙—5. 安装活塞连杆组—6. 安装连杆轴承盖

序　号	检查项目 （具体步骤的检查）	检查标准	小组自查 （检查是否完成以下步骤，完成打√，没完成打×）	小组互查 （检查是否完成以下步骤，完成打√，没完成打×）
1	查阅维修手册	查阅正确		
2	检查装配标记	正确检查装配标记		
3	正确选择工具	选用工具合理		
4	拧松轴承盖螺栓	拆卸轴承盖螺栓正确并按顺序摆放		
5	取下连杆轴承盖	拆下连杆轴承盖正确，并按顺序摆放		

<table>
<tr><td rowspan="3">检查的评价</td><td colspan="2">班级</td><td></td><td>第　　组</td><td>组长签字</td><td></td></tr>
<tr><td colspan="2">教师签字</td><td></td><td>日期</td><td></td><td></td></tr>
<tr><td colspan="6">评语：</td></tr>
</table>

检修汽车发动机机械系统

6. 拆卸连杆轴承盖的评价单

学习情境五	拆检活塞连杆组		学　　时	0.2 学时
典型工作过程描述	1. 准备工作—**2. 拆卸连杆轴承盖**—3. 拆卸活塞连杆组—4. 测量活塞环三隙—5. 安装活塞连杆组—6. 安装连杆轴承盖			
评 价 项 目	评 分 维 度	组长对每组评分		教 师 评 价
小组 1 **拆卸连杆轴承盖** 的阶段性结果	规范性、时效性、准确性			
小组 2 **拆卸连杆轴承盖** 的阶段性结果	完整性、时效性、准确性			
小组 3 **拆卸连杆轴承盖** 的阶段性结果	完整性、时效性、准确性			
小组 4 **拆卸连杆轴承盖** 的阶段性结果	完整性、时效性、准确性			
评价的评价	班级		第　　组	组长签字	
	教师签字		日　　期		
	评语：				

任务三　拆卸活塞连杆组

1. 拆卸活塞连杆组的资讯单

学习情境五	拆检活塞连杆组	学　　时	0.27 学时
典型工作过程描述	1. 准备工作—2. 拆卸连杆轴承盖—**3. 拆卸活塞连杆组**—4. 测量活塞环三隙—5. 安装活塞连杆组—6. 安装连杆轴承盖		
收集资讯的方式	1. 查看客户需求单。 2. 查看教师提供的《学习性工作任务单》。		
资讯描述	1. 让学生查看客户需求单，明确车辆的故障现象。 2. 让学生正确查阅维修手册，找到活塞连杆组的拆卸步骤。 3. 让学生正确用橡胶锤或锤子木柄推出活塞连杆组，注意不要倾斜，不要硬撬、硬敲，按次序摆放活塞连杆组以及取出活塞连杆组后，应将连杆轴承盖、螺栓螺母按原位装回，并检查连杆的装配标记，标记应朝向带盘，在连杆和连杆大头盖上打上对应缸号。		

112

学习情境五　拆检活塞连杆组

对学生的要求	1. 学会正确查阅维修手册。 2. 学会正确用橡胶锤或锤子木柄推出活塞连杆组。 3. 学会正确取出_____；取出后，将_____、_____按原位装回。 4. 学会正确检查连杆的_____。
参考资料	1. 客户需求单。 2. 客户提供的故障信息。 3.《汽车发动机构造与检修》网络教学资源。 4. 刘宜，石启军，刘勇兰. 汽车发动机机械构造与维修一体化教程[M]. 北京：机械工业出版社，2021：104-118。
资讯的评价	班级｜｜第　组｜组长签字｜ 教师签字｜｜日期｜｜ 评语：

2. 拆卸活塞连杆组的计划单

学习情境五	拆检活塞连杆组		学　时	0.2 学时
典型工作过程描述	1. 准备工作—2. 拆卸连杆轴承盖—3. 拆卸活塞连杆组—4. 测量活塞环三隙—5. 安装活塞连杆组—6. 安装连杆轴承盖			
计划制订的方式	1. 查看教师提供的教学资料。 2. 通过任务书拆卸活塞连杆组。			
序　号	具体工作步骤	注意事项		
1	查阅维修手册	正确查阅_____		
2	正确使用工具	正确使用工具_____、_____		
3	拆卸活塞连杆组	推出_____，注意不要倾斜，不要硬撬、硬敲		
4	摆放活塞连杆组	按_____摆放活塞连杆组		
5	检查装配标记	检查连杆的_____，标记应朝向带盘		
计划的评价	班级｜｜第　组｜组长签字｜ 教师签字｜｜日期｜｜ 评语：			

检修汽车发动机机械系统

3. 拆卸活塞连杆组的决策单

学习情境五	拆检活塞连杆组		学　　时	0.2 学时
典型工作过程描述	1. 准备工作—2. 拆卸连杆轴承盖—**3. 拆卸活塞连杆组**—4. 测量活塞环三隙—5. 安装活塞连杆组—6. 安装连杆轴承盖			
计 划 对 比				
序　　号	以下哪个是完成"**3. 拆卸活塞连杆组**"这个典型工作环节正确的具体步骤？			正确与否（正确打√，错误打×）
1	1. 正确使用工具—2. 查阅维修手册—3. 拆卸活塞连杆组—4. 摆放活塞连杆组—5. 检查装配标记			
2	1. 查阅维修手册—2. 正确使用工具—3. 拆卸活塞连杆组—4. 摆放活塞连杆组—5. 检查装配标记			
3	1. 查阅维修手册—2. 正确使用工具—3. 摆放活塞连杆组—4. 拆卸活塞连杆组—5. 检查装配标记			
4	1. 查阅维修手册—2. 正确使用工具—3. 摆放活塞连杆组—4. 检查装配标记—5. 拆卸活塞连杆组			
决策的评价	班级		第　　组	组长签字	
	教师签字		日期		
	评语：				

4. 拆卸活塞连杆组的实施单

学习情境五	拆检活塞连杆组		学　　时	0.6 学时
典型工作过程描述	1. 准备工作—2. 拆卸连杆轴承盖—**3. 拆卸活塞连杆组**—4. 测量活塞环三隙—5. 安装活塞连杆组—6. 安装连杆轴承盖			
序　　号	实施的具体步骤	注 意 事 项		自　　评
1		正确查阅维修手册		
2		正确使用工具橡胶锤或锤子木柄		
3		推出活塞连杆组，注意不要倾斜，不要硬撬、硬敲		
4		按次序摆放活塞连杆组		
5		检查连杆的装配标记，标记应朝向带盘		

114

学习情境五 拆检活塞连杆组

实施说明：
  1. 学生在拆卸活塞连杆组过程中要循序渐进，依次完成每个零部件的拆卸，将其按次序摆放，并进行装配标记，避免混乱。
  2. 学生要正确使用工具。
  3. 学生要正确拆卸活塞连杆组，不要硬撬、硬敲。

实施的评价	班级		第 组		组长签字	
	教师签字		日期			
	评语：					

5. 拆卸活塞连杆组的检查单

学习情境五	拆检活塞连杆组		学 时	0.2 学时
典型工作过程描述	1. 准备工作—2. 拆卸连杆轴承盖—**3. 拆卸活塞连杆组**—4. 测量活塞环三隙—5. 安装活塞连杆组—6. 安装连杆轴承盖			
序 号	检查项目 （具体步骤的检查）	检 查 标 准	小组自查 （检查是否完成以下步骤，完成打√，没完成打×）	小组互查 （检查是否完成以下步骤，完成打√，没完成打×）
1	查阅维修手册	查阅正确		
2	正确使用工具	正确使用工具		
3	拆卸活塞连杆组	取出活塞连杆组正确		
4	摆放活塞连杆组	摆放零件正确		
5	检查装配标记	装配标记正确		
检查的评价	班级		第 组		组长签字	
	教师签字		日期			
	评语：					

检修汽车发动机机械系统

6. 拆卸活塞连杆组的评价单

学习情境五	拆检活塞连杆组		学　　时	0.2 学时
典型工作过程描述	1. 准备工作—2. 拆卸连杆轴承盖—3. 拆卸活塞连杆组—4. 测量活塞环三隙—5. 安装活塞连杆组—6. 安装连杆轴承盖			
评价项目	评分维度	组长对每组评分		教师评价
小组 1 **拆卸活塞连杆组** 的阶段性结果	完整性、时效性、准确性			
小组 2 **拆卸活塞连杆组** 的阶段性结果	完整性、时效性、准确性			
小组 3 **拆卸活塞连杆组** 的阶段性结果	完整性、时效性、准确性			
小组 4 **拆卸活塞连杆组** 的阶段性结果	完整性、时效性、准确性			
评价的评价	班级		第　　组	组长签字	
	教师签字		日期		
	评语：				

任务四　测量活塞环三隙

1. 测量活塞环三隙的资讯单

学习情境五	拆检活塞连杆组		学　　时	0.27 学时
典型工作过程描述	1. 准备工作—2. 拆卸连杆轴承盖—3. 拆卸活塞连杆组—**4. 测量活塞环三隙**—5. 安装活塞连杆组—6. 安装连杆轴承盖			
收集资讯的方式	1. 查看维修手册。 2. 查看参考辅导书的相关内容。			
资讯描述	1. 让学生查看客户需求单，明确车辆的故障现象。 2. 让学生正确查阅维修手册，找到测量活塞连杆组的章节：___章___节___页；正确选用工具；正确测量三隙。			

116

对学生的要求	1．学会清洁及校准厚薄规，将3缸第一道气环放在3缸气缸内，用活塞头将气环推平（对未加工的气缸应推到磨损最小处），然后用塞尺插入气环开口处进行测量，并记录数据。 2．将清洁后的第一道气环放入第一道环槽内，围绕槽滚动一周，应能自由滚动，既不能松动，又不能有阻滞现象。然后用厚薄规塞进第一道环与环槽之间的缝隙，塞进厚薄规的厚度就是侧隙，记录测量数据。 3．清洗及校准游标卡尺，用游标卡尺的深度尺测量3缸第一道气环槽深，再用游标卡尺测量3缸第一道气环宽，记录测量数据，最后气环槽深与环宽的差即为背隙值。
参考资料	1．客户需求单。 2．客户提供的故障信息。 3．《汽车发动机构造与检修》网络教学资源。 4．刘宜，石启军，刘勇兰．汽车发动机机械构造与维修一体化教程[M]．北京：机械工业出版社，2021：37-45。
资讯的评价	班级　　　　　　　　第　　组　　组长签字 教师签字　　　　　　　　日期 评语：

2．测量活塞环三隙的计划单

学习情境五	拆检活塞连杆组		学　时	0.2学时
典型工作过程描述	1．准备工作—2．拆卸连杆轴承盖—3．拆卸活塞连杆组—**4．测量活塞环三隙**—5．安装活塞连杆组—6．安装连杆轴承盖			
计划制订的方式	1．根据维修手册确定测量位置和方法。 2．根据参考辅导书明确量具的校准和测量方法。			
序　号	具体工作步骤	注　意　事　项		
1	选用测量量具	正确选用_____ 正确清洁、校准_____		
2	测量气环端隙	被测气环用活塞头_____		
3	测量气环侧隙	测量时厚薄规放入环槽内，横向拉动厚薄规应有一定_____		
4	测量气环背隙	分别测量气环_____和气环_____		
5	分析测量数据	正确分析测量数据		
计划的评价	班级　　　　　　　　第　　组　　组长签字 教师签字　　　　　　　　日期 评语：			

检修汽车发动机机械系统

3. 测量活塞环三隙的决策单

学习情境五	拆检活塞连杆组		学　时	0.2学时
典型工作过程描述	1．准备工作—2．拆卸连杆轴承盖—3．拆卸活塞连杆组—**4．测量活塞环三隙**—5．安装活塞连杆组—6．安装连杆轴承盖			
计 划 对 比				
序　　号	以下哪个是完成"4．测量活塞环三隙"这个典型工作环节正确的具体步骤？		正确与否（正确打√，错误打×）	
1	1．选用测量量具—2．测量气环端隙—3．测量气环侧隙—4．测量气环背隙—5．分析测量数据			
2	1．测量气环端隙—2．选用测量量具—3．测量气环侧隙—4．测量气环背隙—5．分析测量数据			
3	1．测量气环侧隙—2．测量气环端隙—3．选用测量量具—4．测量气环背隙—5．分析测量数据			
4	1．选用测量量具—2．测量气环端隙—3．测量气环侧隙—4．分析测量数据—5．测量气环背隙			
决策的评价	班级		第　　组	组长签字	
	教师签字		日期		
	评语：				

4. 测量活塞环三隙的实施单

学习情境五	拆检活塞连杆组		学　时	0.6学时
典型工作过程描述	1．准备工作—2．拆卸连杆轴承盖—3．拆卸活塞连杆组—**4．测量活塞环三隙**—5．安装活塞连杆组—6．安装连杆轴承盖			
序　　号	实施的具体步骤	注 意 事 项	自　　评	
1		正确选用厚薄规正确清洁、校准游标卡尺		
2		用活塞头推平被测气环		
3		测量时厚薄规放入环槽内，横向拉动厚薄规时应有一定阻力		
4		分别测量气环槽深度和气环宽度		
5		记录测量数据		

实施的评价	实施说明: 1. 学生认真清洁及校准厚薄规,将3缸第一道气环平整地放在3缸气缸内,用活塞头将气环推平(对未加工的气缸应推到磨损最小处),然后用厚薄规插入气环开口处进行测量,并记录数据。 2. 学生再次将清洁后的第一道气环嵌入第一道环槽内,围绕槽滚动一周,应能自由滚动,既不能松动,又不能有阻滞现象。用厚薄规塞进环槽内壁与环平面之间的缝隙,塞进厚薄规的厚度就是侧隙,记录测量数据。 3. 学生再次清洗及校准游标卡尺,用游标卡尺的深度尺测量3缸第一道气环槽深度,用游标卡尺测量3缸第一道气环宽度,并记录测量数据,气环槽深度与气环宽度的差值即为背隙值。				
^	班级		第 组	组长签字	
^	教师签字		日期		
^	评语:				

5. 测量活塞环三隙的检查单

学习情境五	拆检活塞连杆组			学 时	0.2学时
典型工作过程描述	1. 准备工作—2. 拆卸连杆轴承盖—3. 拆卸活塞连杆组—**4. 测量活塞环三隙**—5. 安装活塞连杆组—6. 安装连杆轴承盖				
序 号	检查项目 (具体步骤的检查)	检查标准		小组自查 (检查是否完成以下步骤,完成打√,没完成打×)	小组互查 (检查是否完成以下步骤,完成打√,没完成打×)
1	选用测量量具	选用量具正确			
2	测量气环端隙	测量规范			
3	测量气环侧隙	测量规范			
4	测量气环背隙	测量规范			
5	分析测量数据	记录数据正确			
检查的评价	班级		第 组	组长签字	
^	教师签字		日期		
^	评语:				

检修汽车发动机机械系统

6. 测量活塞环三隙的评价单

学习情境五	拆检活塞连杆组		学 时	0.2 学时
典型工作过程描述	1．准备工作—2．拆卸连杆轴承盖—3．拆卸活塞连杆组—**4．测量活塞环三隙**—5．安装活塞连杆组—6．安装连杆轴承盖			
评价项目	评价子项目	组长对每组评分		教师评价
小组 1 **测量活塞环三隙** 的阶段性结果	规范性、时效性、质量			
小组 2 **测量活塞环三隙** 的阶段性结果	规范性、时效性、质量			
小组 3 **测量活塞环三隙** 的阶段性结果	规范性、时效性、质量			
小组 4 **测量活塞环三隙** 的阶段性结果	规范性、时效性、质量			
评价的评价	班级		第 组	组长签字
	教师签字		日期	
	评语：			

任务五 安装活塞连杆组

1. 安装活塞连杆组的资讯单

学习情境五	拆装活塞连杆组	学 时	0.27 学时
典型工作过程描述	1．准备工作—2．拆卸连杆轴承盖—3．拆卸活塞连杆组—4．测量活塞环三隙—**5．安装活塞连杆组**—6．安装连杆轴承盖		
收集资讯的方式	1．查看客户需求。 2．查看教师提供的《学习性工作任务单》。		
资讯描述	1．让学生正确查阅维修手册，找到活塞连杆组安装的步骤；清洁气缸缸筒和连杆轴颈，将曲轴转到对应气缸下止点的位置；安装上、下连杆轴瓦，并用游标卡尺确定轴瓦安装位置是否准确。 2．让学生清洁所有活塞环和活塞，安装三道活塞环，正确组装活塞环压缩器；使用活塞环压紧工具压紧活塞环，将活塞连杆组装入气缸内。		

120

学习情境五　拆检活塞连杆组

对学生的要求	1．学会正确查阅维修手册，找到安装活塞连杆组的章节：___章___节___页；学会将曲轴转到对应气缸下止点的位置；学会安装上、下连杆轴瓦，并用游标卡尺确定轴瓦安装位置是否准确。 2．学会安装活塞环，正确组装活塞环压缩器。 3．学会使用活塞环压紧工具压紧活塞环，将活塞连杆组装入气缸内。
参考资料	1．客户需求单。 2．客户提供的故障信息。 3．《汽车发动机构造与检修》网络教学资源。 4．刘宜，石启军，刘勇兰．汽车发动机机械构造与维修一体化教程[M]．北京：机械工业出版社，2021：104-118。
资讯的评价	班级　　　　　　　　　　第　　组　　　　组长签字 教师签字　　　　　　　　日期 评语：

2．安装活塞连杆组的计划单

学习情境五	拆装活塞连杆组		学　时	0.2学时
典型工作过程描述	1．准备工作—2．拆卸连杆轴承盖—3．拆卸活塞连杆组—4．测量活塞环三隙—5．安装活塞连杆组—6．安装连杆轴承盖			
计划制订的方式	1．查看客户需求单。 2．查看《学习性工作任务单》。			
序　号	具体工作步骤		注　意　事　项	
1	查阅维修手册		正确查阅＿＿＿＿＿	
2	清洁连杆组零件		正确清洁＿＿＿＿＿	
3	安装连杆轴瓦		正确安装＿＿＿＿＿	
4	组装活塞压缩器		正确组装＿＿＿＿＿	
5	装入活塞连杆组		压紧活塞环，将活塞连杆组装入气缸内	
计划的评价	班级　　　　　　　　　　第　　组　　　　组长签字 教师签字　　　　　　　　日期 评语：			

检修汽车发动机机械系统

3. 安装活塞连杆组的决策单

学习情境五	拆装活塞连杆组		学　时	0.2学时
典型工作过程描述	1. 准备工作—2. 拆卸连杆轴承盖—3. 拆卸活塞连杆组—4. 测量活塞环三隙—**5. 安装活塞连杆组**—6. 安装连杆轴承盖			
计　划　对　比				
序　号	以下哪个是完成"**5. 安装活塞连杆组**"这个典型工作环节正确的具体步骤？		正确与否（正确打√，错误打×）	
1	1. 查阅维修手册—2. 安装连杆轴瓦—3. 清洁连杆组零件—4. 组装活塞压缩器—5. 装入活塞连杆组			
2	1. 查阅维修手册—2. 清洁连杆组零件—3. 安装连杆轴瓦—4. 组装活塞压缩器—5. 装入活塞连杆组			
3	1. 清洁连杆组零件—2. 查阅维修手册—3. 安装连杆轴瓦—4. 组装活塞压缩器—5. 装入活塞连杆组			
4	1. 清洁连杆组零件—2. 查阅维修手册—3. 安装连杆轴瓦—4. 装入活塞连杆组—5. 组装活塞压缩器			
决策的评价	班级		第　　组	组长签字	
	教师签字		日期		
	评语：				

4. 安装活塞连杆组的实施单

学习情境五	拆装活塞连杆组		学　时	0.6学时
典型工作过程描述	1. 准备工作—2. 拆卸连杆轴承盖—3. 拆卸活塞连杆组—4. 测量活塞环三隙—**5. 安装活塞连杆组**—6. 安装连杆轴承盖			
序　号	实施的具体步骤	注　意　事　项	自　评	
1		正确查阅维修手册		
2		正确清洁连杆组件		
3		正确安装连杆轴瓦		
4		正确组装活塞环压缩器		
5		压紧活塞环，将活塞连杆组装入气缸		

学习情境五 拆检活塞连杆组

实施的评价	实施说明： 1. 安装活塞连杆组时，学生要清洁气缸缸筒和连杆轴颈，将曲轴转到对应气缸下止点的位置，安装上下连杆轴瓦，并用游标卡尺确定轴瓦安装位置是否准确。 2. 要根据维修手册的安装要求，正确安装3道活塞环（注意3道活塞环的开口要错开120°），润滑活塞环槽、活塞裙部、活塞销、缸壁、连杆轴颈等，使用活塞环压紧工具压紧活塞环，将活塞连杆组装入气缸内。				
	班级		第 组	组长签字	
	教师签字		日期		
	评语：				

5. 安装活塞连杆组的检查单

学习情境五	拆装活塞连杆组			学 时	0.2学时
典型工作过程描述	1.准备工作—2.拆卸连杆轴承盖—3.拆卸活塞连杆组—4.测量活塞环三隙—5.安装活塞连杆组—6.安装连杆轴承盖				
序 号	检查项目 （具体步骤的检查）	检查标准		小组自查 （检查是否完成以下步骤，完成打√，没完成打×）	小组互查 （检查是否完成以下步骤，完成打√，没完成打×）
1	查阅维修手册	查阅维修手册准确，章节准确			
2	清洁连杆组零件	清洁连杆组件正确			
3	安装连杆轴瓦	安装连杆轴瓦正确			
4	组装活塞压缩器	组装活塞环压缩器正确			
5	装入活塞连杆组	安装到位			
检查的评价	班级		第 组	组长签字	
	教师签字		日期		
	评语：				

6. 安装活塞连杆组的评价单

学习情境五	拆装活塞连杆组		学　　时	0.2 学时
典型工作过程描述	1. 准备工作—2. 拆卸连杆轴承盖—3. 拆卸活塞连杆组—4. 测量活塞环三隙—5. 安装活塞连杆组—6. 安装连杆轴承盖			
评价项目	评分维度	组长对每组评分		教师评价
小组1 安装活塞连杆组的阶段性结果	效率性、严谨性、正确性			
小组2 安装活塞连杆组的阶段性结果	效率性、严谨性、正确性			
小组3 安装活塞连杆组的阶段性结果	效率性、严谨性、正确性			
小组4 安装活塞连杆组的阶段性结果	效率性、严谨性、正确性			
评价的评价	班级		第　　组	组长签字	
	教师签字		日期		
	评语：				

任务六　安装连杆轴承盖

1. 安装连杆轴承盖的资讯单

学习情境五	拆检活塞连杆组		学　　时	0.27 学时
典型工作过程描述	1. 准备工作—2. 拆卸连杆轴承盖—3. 拆卸活塞连杆组—4. 测量活塞环三隙—5. 安装活塞连杆组—6. 安装连杆轴承盖			
收集资讯的方式	1. 查阅维修手册。 2. 查看教师提供的视频资源。			
资讯描述	1. 让学生正确查阅维修手册，找到连杆轴承盖安装步骤（将发动机台架旋转180°），然后安装轴承盖。 2. 让学生正确将两个连杆螺栓紧至规定转矩；转动曲轴检查活塞运转是否顺畅，并用同样方法装入其他活塞连杆组。 3. 让学生按照 7S 标准整理场地。			

学习情境五 拆检活塞连杆组

对学生的要求	1. 学会正确查阅维修手册，找到安装连杆轴承盖的章节：___章___节___页。 2. 学会正确安装轴承盖，注意轴承盖的标记要朝前，学会将两个连杆螺栓紧至规定转矩。 3. 学会转动曲轴检查活塞运转是否顺畅，并用同样方法装入其他活塞连杆组。 4. 学会按照 7S 标准整理场地，培养良好的职业操守。
参考资料	1. 客户需求单。 2. 客户提供的故障信息。 3.《汽车发动机构造与检修》网络教学资源。 4. 刘宜，石启军，刘勇兰.汽车发动机机械构造与维修一体化教程[M]．北京：机械工业出版社，2021：104-118。
资讯的评价	班级　　　　　　第　组　　组长签字 教师签字　　　　　　日期 评语：

2. 安装连杆轴承盖的计划单

学习情境五	拆检活塞连杆组	学　时	0.2 学时
典型工作过程描述	1.准备工作—2.拆卸连杆轴承盖—3.拆卸活塞连杆组—4.测量活塞环三隙—5.安装活塞连杆组—**6.安装连杆轴承盖**			
计划制订的方式	1. 查看教师提供的教学资料。 2. 通过任务书拆卸活塞连杆组。			
序　号	具体工作步骤	注意事项		
1	查阅维修手册	查找章节、页码、规格、型号		
2	安装轴承盖	正确安装轴承盖		
3	拧紧连杆螺栓	按规定_____拧紧		
4	检查运转情况	提出合理维修_____		
5	整理场地、工具	做好 7S 作业		
计划的评价	班级　　　　　　第　组　　组长签字 教师签字　　　　　　日期 评语：			

检修汽车发动机机械系统

3. 安装连杆轴承盖的决策单

学习情境五	拆检活塞连杆组		学　时	0.2 学时
典型工作过程描述	1. 准备工作—2. 拆卸连杆轴承盖—3. 拆卸活塞连杆组—4. 测量活塞环三隙—5. 安装活塞连杆组—**6. 安装连杆轴承盖**			
序　号	以下哪个是完成"6. 安装连杆轴承盖"这个典型工作环节正确的具体步骤？		正确与否（正确打√，错误打×）	
1	1. 安装轴承盖—2. 查阅维修手册—3. 拧紧连杆螺栓—4. 检查运转情况—5. 整理场地、工具			
2	1. 查阅维修手册—2. 安装轴承盖—3. 检查运转情况—4. 拧紧连杆螺栓—5. 整理场地、工具			
3	1. 查阅维修手册—2. 安装轴承盖—3. 拧紧连杆螺栓—4. 检查运转情况—5. 整理场地、工具			
4	1. 查阅维修手册—2. 安装轴承盖—3. 拧紧连杆螺栓—4. 整理场地、工具—5. 检查运转情况			
决策的评价	班级		第　　组	组长签字	
	教师签字		日期		
	评语：				

4. 安装连杆轴承盖的实施单

学习情境五	拆检活塞连杆组	学　时	0.6 学时
典型工作过程描述	1. 准备工作—2. 拆卸连杆轴承盖—3. 拆卸活塞连杆组—4. 测量活塞环三隙—5. 安装活塞连杆组—**6. 安装连杆轴承盖**		
序　号	实施的具体步骤	注意事项	自　评
1		查找章节、页码、规格、型号	
2		正确安装轴承盖	
3		按规定力矩拧紧	
4		提出合理维修建议	
5		做好 7S 作业	

实施的评价	实施说明： 1．学生要认真查阅维修手册，保证查找正确。 2．学生要正确安装轴承盖。 3．学生要按维修手册标准力矩拧紧连杆螺栓。 4．学生要检查活塞连杆组运转情况。 5．整理场地、工具，做好 7S 作业。				
	班级		第　　组	组长签字	
	教师签字		日期		
	评语：				

5．安装连杆轴承盖的检查单

学习情境五	拆检活塞连杆组		学　　时	0.2 学时
典型工作过程描述	1．准备工作—2．拆卸连杆轴承盖—3．拆卸活塞连杆组—4．测量活塞环三隙—5．安装活塞连杆组—6．安装连杆轴承盖			
序　　号	检查项目 （具体步骤的检查）	检查标准	小组自查 （检查是否完成以下步骤，完成打√，没完成打×）	小组互查 （检查是否完成以下步骤，完成打√，没完成打×）
1	查阅维修手册	查找章节、页码、规格、型号正确		
2	安装轴承盖	安装轴承盖正确		
3	拧紧连杆螺栓	正确按规定力矩拧紧		
4	检查运转情况	提出维修建议合理		
5	整理场地、工具	做好 7S 作业		
检查的评价	班级		第　　组	组长签字	
	教师签字		日期		
	评语：			

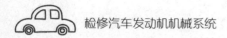

6. 安装连杆轴承盖的评价单

学习情境五	拆检活塞连杆组		学　时	0.2 学时
典型工作过程描述	1.准备工作—2.拆卸连杆轴承盖—3.拆卸连杆活塞组—4.测量活塞环三隙—5.安装活塞连杆组—6.安装连杆轴承盖			
评价项目	评分维度	组长对每组评分		教师评价
小组 1 **安装连杆轴承盖** 的阶段性结果	完整性、时效性、正确性			
小组 2 **安装连杆轴承盖** 的阶段性结果	完整性、时效性、正确性			
小组 3 **安装连杆轴承盖** 的阶段性结果	完整性、时效性、正确性			
评价的评价	班级		第　组	组长签字	
^	教师签字		日期		
^	评语：				

注：小组4 **安装连杆轴承盖** 的阶段性结果 — 完整性、时效性、正确性

学习情境六　拆 检 曲 轴

客户需求单

学习背景
1．有一辆故障车，车主反映发动机在运转过程中发出规律的声响，现送厂进行维修，并委托维修人员排除故障，恢复车辆。 　　2．经维修人员初步检查，发现可能是曲轴飞轮组故障，需要拆检曲轴。
素材

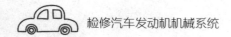

学习性工作任务单

学习情境六	拆检曲轴			学　时	10 学时
典型工作过程描述	1．准备工作—2．拆卸轴承盖—3．拆卸曲轴—4．检测曲轴—5．安装曲轴—6．填写检测报告					
学习目标	1．准备工作 　　1.1　准备基础知识 　　1.2　准备维修资料 　　1.3　准备维修工具 　　1.4　准备维修车辆 　　1.5　实施安全防护 2．拆卸轴承盖 　　2.1　查阅维修手册 　　2.2　拆卸曲轴的飞轮 　　2.3　核对轴承盖标记 　　2.4　松开轴承盖螺栓 　　2.5　拆卸曲轴轴承盖 3．拆卸曲轴 　　3.1　查阅维修手册 　　3.2　取下轴承盖推片 　　3.3　取出曲轴 　　3.4　正确摆放 　　3.5　清洁部件 4．检测曲轴 　　4.1　选择合适的测量工具 　　4.2　测量曲轴连杆轴颈 　　4.3　测量曲轴主轴颈 　　4.4　测量曲轴径向跳动量 　　4.5　记录检测数据 5．安装曲轴 　　5.1　查阅维修手册 　　5.2　清洁气缸缸体 　　5.3　正确放入曲轴 　　5.4　安装止推垫片 　　5.5　装上各轴承盖 6．填写检测报告 　　6.1　安装曲轴飞轮 　　6.2　安装飞轮螺栓 　　6.3　检查装配标记 　　6.4　检查曲轴运转 　　6.5　整理场地、工具				

学习情境六 拆检曲轴

任务描述	**1. 准备工作**：第一，收集曲轴的功用与结构、曲轴常见损伤类型（磨损、变形、裂纹甚至断裂）、曲轴损伤影响的相关资料；第二，准备维修资料，包括维修手册、电路图、用户使用手册等；第三，准备维修设备、常用拆装工具和专用工具、气枪、电源等；第四，准备维修车辆，登记车辆基本信息，检查车辆基本状况，吊出并分解发动机，清理、清洗各零部件；第五，检查车辆和台架是否固定牢固，进行安全防护，然后调整曲轴箱，使气缸体下平面朝正上方，再次检查曲轴转动是否灵活，有无卡滞。 **2. 拆卸轴承盖**：第一，正确选用专用工具；第二，用扳手交叉对角分 2～3 次松开飞轮螺栓，然后取下飞轮；第三，识别、核对轴承盖标记；第四，用扳手由两边往中间交叉对角分 2～3 次松开主轴承盖螺栓，注意不能一次性将同一螺栓全部拧松，必须分次从两端到中间逐步拧松各螺栓；第五，拆卸主轴承盖。 **3. 拆卸曲轴**：第一，正确查阅维修手册，找到曲轴飞轮组的拆装步骤；第二，取下轴承盖至推片，按原位安装好并按顺序摆放；第三，将曲轴从气缸体上取下；第四，将曲轴正确摆放；第五，清洁气缸体轴承内表面及轴承盖内表面。 **4. 检测曲轴**：第一，选择合适的测量工具，清洁校准外径千分尺、安装磁性百分表；第二，测量曲轴连杆轴颈；第三，检测曲轴主轴颈，在指定主轴颈上选取前、后两个位置，在两个位置上分别对轴向、径向轴颈进行测量；第四，将百分表触头垂直地抵在中间主轴颈上，慢慢转动曲轴，百分表指针所示的最大摆差即中间主轴颈的径向圆跳动误差值，记录测量值；第五，记录检测数据。 **5. 安装曲轴**：第一，正确查阅维修手册，找到安装曲轴的位置；第二，清洁气缸缸体；第三，先安装轴承下轴瓦，再将曲轴放入发动机气缸体中；第四，安装曲轴轴向止推片；第五，安装主轴承上轴瓦及主轴承盖，注意在主轴承盖螺栓的螺纹和螺栓头下面涂一层薄机油。 **6. 填写检测报告**：第一，查阅维修手册，从维修手册中找出飞轮的安装步骤，安装飞轮时，要对齐曲轴与飞轮之间的安装标记；第二，用扳手交叉对角分多次拧紧飞轮螺栓；第三，检查装配是否正确；第四，全部安装后，转动曲轴一圈检查有无卡滞；第五，整理场地、工具，进行 7S 作业，分析检测结果，提出维修意见。
学时安排	资讯 1.6 学时 | 计划 1.2 学时 | 决策 1.2 学时 | 实施 3.6 学时 | 检查 1.2 学时 | 评价 1.2 学时
对学生的要求	**1. 准备工作**：让学生收集曲轴的功用与结构、曲轴常见损伤形式（磨损、变形、裂纹甚至断裂）、曲轴损伤影响的相关资料；第二，准备维修资料，包括维修手册、电路图、用户使用手册等；第三，准备维修设备、常用拆装工具及专用工具等；第四，准备维修车辆，登记车辆基本信息，检查车辆基本状况，吊出并分解发动机，清理、清洗各零部件；第五，检查台架是否固定牢固，调整曲轴箱，气缸体下平面朝正上方，检查曲轴转动是否灵活，有无卡滞。 **2. 拆卸轴承盖**：第一，学会正确选用专用工具；第二，学会用扳手交叉对角分 2～3 次松开飞轮螺栓，然后取下飞轮；第三，学会识别、核对轴承盖标记；第四，学会用扳手由两边往中间交叉对角分 2～3 次松开主轴承盖螺栓，注意不能一次性将同一螺栓全部拧松，必须分次从两端到中间逐步拧松各螺栓；第五，学会拆卸主轴承盖。 **3. 拆卸曲轴**：第一，学会正确查阅维修手册，找到曲轴飞轮组的拆装步骤；第

131

检修汽车发动机机械系统

二，学会取下轴承盖至推片，按原位安装好并按顺序摆放；第三，学会将曲轴从气缸体上取下；第四，学会将曲轴正确摆放；第五，学会清洁气缸体轴承内表面及轴承盖内表面。

4. 检测曲轴：第一，选择合适的测量工具，清洁校准外径千分尺、安装磁性百分表；第二，测量曲轴连杆轴颈；第三，检测曲轴主轴颈，在指定主轴颈上选取前、后两个位置，在两个位置上分别对轴向、径向轴颈进行测量；第四，将百分表触头垂直地抵在中间主轴颈上，慢慢转动曲轴，百分表指针所示的最大摆差即中间主轴颈的径向圆跳动误差值，记录测量值；第五，记录检测数据。

5. 安装曲轴：第一，学会正确查阅维修手册，找到安装曲轴的位置；第二，学会清洁汽缸缸体；第三，先安装轴承下轴瓦，再将曲轴放入发动机气缸体中；第四，学会安装曲轴轴向止推片；第五，学会安装主轴承上轴瓦及主轴承盖。

6. 填写检测报告：第一，查阅维修手册，从维修手册中找出飞轮的安装步骤，安装飞轮时，要对齐曲轴与飞轮之间的安装标记；第二，学会用扳手交叉对角分多次拧紧飞轮螺栓；第三，学会检查装配是否正确；第四，全部安装后，转动曲轴一圈检查有无卡滞；第五，整理场地、工具，进行 7S 作业。

参考资料	1. 客户需求单。 2. 客户提供的故障信息。 3.《汽车发动机构造与检修》网络教学资源。 4. 刘宜，石启军，刘勇兰. 汽车发动机机械构造与维修一体化教程[M]. 北京：机械工业出版社，2021：123-124。
教学和学习方式与流程	典型工作环节　教学和学习的方式 1. 准备工作　资讯　计划　决策　实施　检查　评价 2. 拆卸轴承盖　资讯　计划　决策　实施　检查　评价 3. 拆卸曲轴　资讯　计划　决策　实施　检查　评价 4. 检测曲轴　资讯　计划　决策　实施　检查　评价 5. 安装曲轴　资讯　计划　决策　实施　检查　评价 6. 填写检测报告　资讯　计划　决策　实施　检查　评价

材料工具清单

学习情境六	拆检曲轴		学　时	10 学时	
典型工作过程描述	1. 准备工作—2. 拆卸轴承盖—3. 拆卸曲轴—4. 检测曲轴—5. 安装曲轴—填写检测报告				

典型工作过程	序号	名称	作用	数量	型号	使用量	使用者
1. 准备工作	1	维修手册、维修电路图	参考	各4本	Golf A72014（1.6L）	各4本	学生
	2	钢笔	填表	4支		4支	学生
	3	车辆	检查	4辆	高尔夫	4辆	学生
	4	车内三件套	防护	4套		4套	车辆
	5	车外三件套	防护	套		4套	车辆

132

学习情境六　拆检曲轴

		6	常用拆装工具	拆装	4套		4套	学生
2．拆卸轴承盖		7	专用工具	拆装	4套		4套	学生
		8	气枪	清洁	4个		4个	学生
		9	机油	安装	4个		4个	学生
3．拆卸曲轴		10	V形铁支撑座	支撑	4个		4个	学生
4．检测曲轴		11	外径千分尺	检测	4把		4把	学生
5．安装曲轴		12	常用拆装工具	拆装	4套		4套	学生
6．填写检测报告		13	工单	存档	每人1份		每人1份	学生
班级				第　　组		组长签字		
教师签字				日期				

任务一　准备工作

1．准备工作的资讯单

学习情境六	拆检曲轴	学　时	0.27学时
典型工作过程描述	**1．准备工作**—2．拆卸轴承盖—3．拆卸曲轴—4．检测曲轴—5．安装曲轴—6．填写检测报告			
收集资讯的方式	1．查看客户需求单。 2．查看教师提供的《学习性工作任务单》。			
资讯描述	1．让学生查看客户需求单，明确车辆的故障现象。 2．通过观察故障指示灯及客户提供的故障信息，让学生准备维修资料、维修工具、维修车辆，并进行车辆防护。			
对学生的要求	1．掌握曲轴的功用与结构、曲轴常见损伤类型（磨损、变形、裂纹甚至断裂）的相关资料。 2．能够准备维修手册、维修工具、车辆和台架，检查车辆或台架是否固定牢固，能够规范进行安全防护。			
参考资料	1．客户需求单。 2．客户提供的故障信息。 3．《汽车发动机构造与检修》网络教学资源。 4．刘宜，石启军，刘勇兰．汽车发动机机械构造与维修一体化教程[M]．北京：机械工业出版社，2021：123-124。			
资讯的评价	班级		第　　组	组长签字
^	教师签字		日期	
^	评语：			

133

检修汽车发动机机械系统

2. 准备工作的计划单

学习情境六	拆检曲轴		学　时	0.2 学时
典型工作过程描述	**1．准备工作—2．拆卸轴承盖—3．拆卸曲轴—4．检测曲轴—5．安装曲轴—6．填写检测报告**			
计划制订的方式	1．查看客户需求单。 2．查看《学习性工作任务单》。 3．请教教师。			
序　号	具体工作步骤		注　意　事　项	
1	准备基础知识		曲轴的功用与结构,曲轴常见损伤形式_____、_____、 _____、_____	
2	准备维修资料		_____、_____、_____准备齐全	
3	准备维修工具		_____和_____齐全	
4	准备维修车辆		正确检查车辆和台架状况	
5	实施安全防护		正确进行安全防护	
计划的评价	班级		第　　　组	组长签字	
	教师签字		日期		
	评语:				

3. 准备工作的决策单

学习情境六	拆检曲轴	学　时	0.2 学时
典型工作过程描述	**1．准备工作—2．拆卸轴承盖—3．拆卸曲轴—4．检测曲轴—5．安装曲轴—6．填写检测报告**		
序　号	**以下哪个是完成"1．准备工作"这个典型工作环节 正确的具体步骤?**	**正确与否** (正确打√,错误打×)	
1	1．准备维修资料—2．准备基础知识—3．准备维修工具— 4．准备维修车辆——5．实施安全防护		
2	1．准备基础知识—2．准备维修资料—3．准备维修工具— 4．准备维修车辆—5．实施安全防护		
3	1．实施安全防护—2．准备维修资料—3．准备维修工具— 4．准备基础知识—5．准备维修车辆		
4	1．准备基础知识—2．准备维修资料—3．准备维修工具— 4．实施安全防护—5．准备维修车辆		

134

学习情境六 拆检曲轴

决策的评价	班级		第 组		组长签字	
	教师签字		日期			
	评语：					

4. 准备工作的实施单

学习情境六	拆检曲轴		学　时	0.6学时
典型工作过程描述		1. 准备工作—2. 拆卸轴承盖—3. 拆卸曲轴—4. 检测曲轴—5. 安装曲轴—6. 填写检测报告

序　号	实施的具体步骤	注 意 事 项	自　评
1		曲轴的功用、结构、曲轴常见损伤类型（磨损、变形、裂纹甚至断裂）	
2		维修手册、电路图、用户使用手册准备齐全	
3		常用工具和专用工具准备齐全	
4		正确检查车辆状况	
5		正确进行安全防护	

实施说明：

1. 学生要认真收集并掌握曲轴基础知识。
2. 学生要认真准备维修手册、电路图及用户手册，并能够正确查阅。
3. 学生要认真准备维修工具及量具，并能够正确使用。
4. 学生要认真检查车辆和台架状况，检查台架是否牢固。
5. 学生要认真完成安全防护。

实施的评价	班级		第 组		组长签字	
	教师签字		日期			
	评语：					

检修汽车发动机机械系统

5. 准备工作的检查单

学习情境六	拆检曲轴			学　时	0.2 学时
典型工作过程描述	**1. 准备工作**—2. 拆卸轴承盖—3. 拆卸曲轴—4. 检测曲轴—5. 安装曲轴—6. 填写检测报告				
序　号	检查项目 （具体步骤的检查）	检 查 标 准		小组自查 （检查是否完成以下步骤，完成打√，没完成打×）	小组互查 （检查是否完成以下步骤，完成打√，没完成打×）
1	准备基础知识	掌握曲轴的功用、结构、曲轴常见损伤形式的基础知识			
2	准备维修资料	维修手册、电路图、用户使用手册准备齐全			
3	准备维修工具	常用工具和专用工具准备齐全			
4	准备维修车辆	车辆和台架准备齐全			
5	实施安全防护	检查车辆和台架并进行安全防护			
检查的评价	班级		第　　组	组长签字	
	教师签字		日期		
	评语：				

6. 准备工作的评价单

学习情境六	拆检曲轴		学　时	0.2 学时
典型工作过程描述	**1. 准备工作**—2. 拆卸轴承盖—3. 拆卸曲轴—4. 检测曲轴—5. 安装曲轴—6. 填写检测报告			
评价项目	评分维度	组长对每组评分	教师评价	
小组 1 **准备工作** 的阶段性结果	完整性、时效性、准确性			
小组 2 **准备工作** 的阶段性结果	完整性、时效性、准确性			
小组 3 **准备工作** 的阶段性结果	完整性、时效性、准确性			
小组 4 **准备工作** 的阶段性结果	完整性、时效性、准确性			

学习情境六　拆检曲轴

评价的评价	班级		第　　组	组长签字	
	教师签字		日期		
	评语：				

任务二　拆卸轴承盖

1. 拆卸轴承盖的资讯单

学习情境六	拆检曲轴	学　　时	0.27 学时
典型工作过程描述	1．准备工作—**2．拆卸轴承盖**—3．拆卸曲轴—4．检测曲轴—5．安装曲轴—6．填写检测报告		
收集资讯的方式	1．查看客户需求单。 2．查看教师提供的《学习性工作任务单》。		
资讯描述	1．让学生正确选用专用工具。 2．让学生正确使用扭力扳手交叉对角分 2～3 次松开飞轮螺栓，然后取下飞轮；让学生正确识别、核对轴承盖标记。 3．让学生正确使用扳手由两边往中间交叉对角分 2～3 次松开主轴承盖螺栓，注意不能一次性将同一螺栓全部拧松，必须分次从两端到中间逐步拧松各螺栓；依次拆卸主轴承盖。		
对学生的要求	1．学会正确使用扭力扳手拆下飞轮，注意交叉对角分 2～3 次松开螺栓。 2．学会正确识别、核对轴承盖标记。 3．学会正确用扳手由两边往中间交叉对角分 2～3 次松开主轴承盖螺栓，注意不能一次性将同一螺栓全部拧松，必须分次从两端到中间逐步拧松各螺栓。		
参考资料	1．客户需求单。 2．客户提供的故障信息。 3．《汽车发动机构造与检修》网络教学资源。 4．刘宜，石启军，刘勇兰. 汽车发动机机械构造与维修一体化教程[M]. 北京：机械工业出版社，2021：123-124。		
资讯的评价	班级		第　　组	组长签字	
	教师签字		日期		
	评语：				

检修汽车发动机机械系统

2. 拆卸轴承盖的计划单

学习情境六	拆检曲轴		学　时	0.2 学时
典型工作过程描述	1. 准备工作—**2. 拆卸轴承盖**—3. 拆卸曲轴—4. 检测曲轴—5. 安装曲轴—6. 填写检测报告			
计划制订的方式	1. 请教教师。 2. 查找相关教学视频。			
序　号	具体工作步骤	注　意　事　项		
1	查阅维修手册	正确查阅＿＿＿＿		
2	拆卸曲轴的飞轮	正确用＿＿＿＿交叉对角分 2～3 次松开飞轮螺栓，然后取下飞轮		
3	核对轴承盖标记	正确识别、核对轴承盖＿＿＿＿		
4	松开轴承盖螺栓	正确用扳手由两边往中间交叉对角分 2～3 次松开主轴承盖螺栓		
5	拆卸曲轴轴承盖	正确取出曲轴轴承盖，并按顺序摆放		
计划的评价	班级		第　　组		组长签字	
	教师签字		日期			
	评语：					

3. 拆卸轴承盖的决策单

学习情境六	拆检曲轴		学　时	0.2 学时
典型工作过程描述	1. 准备工作—**2. 拆卸轴承盖**—3. 拆卸曲轴—4. 检测曲轴—5. 安装曲轴—6. 填写检测报告			
计 划 对 比				
序　号	以下哪个是完成"2. 拆卸轴承盖"这个典型工作环节 正确的具体步骤？		正确与否 （正确打√，错误打×）	
1	1. 拆卸曲轴的飞轮—2. 查阅维修手册—3. 松开轴承盖螺栓 —4. 核对轴承盖标记—5. 拆卸曲轴轴承盖			
2	1. 查阅维修手册—2. 拆卸曲轴的飞轮—3. 核对轴承盖标记 —4. 松开轴承盖螺栓—5. 拆卸曲轴轴承盖			
3	1. 查阅维修手册—2. 核对轴承盖标记—3. 拆卸曲轴的飞轮 —4. 松开轴承盖螺栓—5. 拆卸曲轴轴承盖			
4	1. 查阅维修手册—2. 拆卸曲轴轴承盖—3. 核对轴承盖标记 —4. 松开轴承盖螺栓—5. 拆卸曲轴的飞轮			
决策的评价	班级		第　　组		组长签字	
	教师签字		日期			
	评语：					

138

学习情境六　拆检曲轴

4. 拆卸轴承盖的实施单

学习情境六	拆检曲轴		学　时	0.6 学时
典型工作过程描述	1. 准备工作—**2. 拆卸轴承盖**—3. 拆卸曲轴—4. 检测曲轴—5. 安装曲轴—6. 填写检测报告			
序　号	实施的具体步骤	注　意　事　项	自　评	
1	查阅维修手册	正确查阅维修手册		
2	拆卸曲轴的飞轮	正确用扭力扳手交叉对角分 2～3 次松开飞轮螺栓，然后取下飞轮		
3	核对轴承盖标记	正确识别、核对轴承盖标记		
4	松开轴承盖螺栓	正确用扳手由两边往中间交叉对角分 2～3 次松开主轴承盖螺栓		
5	拆卸曲轴轴承盖	正确取出曲轴承盖，并按顺序摆放		

实施说明：

1. 学生在拆卸曲轴轴承盖时，要正确使用扳手分次从两端到中间逐步拧松各螺栓。
2. 正确取出曲轴轴承盖，并按顺序摆放。

	班级		第　　组		组长签字	
实施的评价	教师签字		日　期			
	评语：					

5. 拆卸轴承盖的检查单

学习情境六	拆检曲轴		学　时	0.2 学时
典型工作过程描述	1. 准备工作—**2. 拆卸轴承盖**—3. 拆卸曲轴—4. 检测曲轴—5. 安装曲轴—6. 填写检测报告			
序　号	检查项目（具体步骤的检查）	检查标准	小组自查（检查是否完成以下步骤，完成打√，没完成打×）	小组互查（检查是否完成以下步骤，完成打√，没完成打×）
1	查阅维修手册	查询型号、规格、章节准确		
2	拆卸曲轴的飞轮	拆卸曲轴飞轮正确		
3	核对轴承盖标记	检查标记正确		
4	松开轴承盖螺栓	松开轴承盖正确		
5	拆卸曲轴轴承盖	拆卸轴承盖正确		

139

检修汽车发动机机械系统

检查的评价	班级		第　　组		组长签字	
	教师签字		日期			
	评语：					

6. 拆卸轴承盖的评价单

学习情境六	拆检曲轴		学　　时	0.2学时
典型工作过程描述	1. 准备工作—2. 拆卸轴承盖—3. 拆卸曲轴—4. 检测曲轴—5. 安装曲轴—6. 填写检测报告			
评价项目	评 分 维 度	组长对每组评分		教 师 评 价
小组1 **拆卸轴承盖** 的阶段性结果	规范性、时效性、准确性			
小组2 **拆卸轴承盖** 的阶段性结果	完整性、时效性、准确性			
小组3 **拆卸轴承盖** 的阶段性结果	完整性、时效性、准确性			
小组4 **拆卸轴承盖** 的阶段性结果	完整性、时效性、准确性			
评价的评价	班级		第　　组		组长签字	
	教师签字		日期			
	评语：					

140

学习情境六 拆检曲轴

任务三 拆 卸 曲 轴

1. 拆卸曲轴的资讯单

学习情境六	拆检曲轴		学　　时	0.27 学时
典型工作过程描述	1. 准备工作—2. 拆卸轴承盖—**3. 拆卸曲轴**—4. 检测曲轴—5. 安装曲轴—6. 填写检测报告			
收集资讯的方式	1. 查看客户需求单。 2. 查看教师提供的《学习性工作任务单》。			
资讯描述	1. 让学生查看客户需求单，明确车辆的故障现象。 2. 学习"汽车发动机构造与检修"微课，完成曲轴轴承盖拆装和曲轴拆装。 3. 学会正确取下轴承盖至推片，按原位安装好并按顺序摆放，学会将曲轴从气缸体上抬下。 4. 学会将曲轴正确摆放，清洁气缸体轴承内表面及轴承盖内表面。			
对学生的要求	1. 学会查阅维修手册，找到拆卸曲轴的章节：___章___节___页。 2. 学会正确取下轴承盖至推片，按原位安装好并按顺序摆放。 3. 学会将曲轴从气缸体上取下，并正确摆放好曲轴。 4. 清洁气缸体轴承内表面及轴承盖内表面。			
参考资料	1. 客户需求单。 2. 客户提供的故障信息。 3.《汽车发动机构造与检修》网络教学资源。 4. 刘宜，石启军，刘勇兰. 汽车发动机机械构造与维修一体化教程[M]. 北京：机械工业出版社，2021：123-124。			
资讯的评价	班级		第　　组	组长签字	
	教师签字		日期		
	评语：				

2. 拆卸曲轴的计划单

学习情境六	拆检曲轴		学　　时	0.2 学时
典型工作过程描述	1. 准备工作—2. 拆卸轴承盖—**3. 拆卸曲轴**—4. 检测曲轴—5. 安装曲轴—6. 填写检测报告			
计划制订的方式	1. 查看教师提供的教学资料。 2. 通过《学习性工作任务单》拆卸曲轴。			

141

检修汽车发动机机械系统

序 号	具体工作步骤	注 意 事 项
1	查阅维修手册	查询车辆_____、_____、_____
2	取下轴承盖推片	正确取下_____
3	取出曲轴	正确_____
4	摆放曲轴	正确_____
5	清洁部件	清洁_____

计划的评价	班级		第　　组	组长签字	
	教师签字		日期		
	评语：				

3. 拆卸曲轴的决策单

学习情境六	拆检曲轴		学　时	0.2 学时
典型工作过程描述	1．准备工作—2．拆卸轴承盖—3．拆卸曲轴—4．检测曲轴—5．安装曲轴—6．填写检测报告			
计 划 对 比				
序 号	以下哪个是完成"3．拆卸曲轴"这个典型工作环节正确的具体步骤？		正确与否 （正确打√，错误打×）	
1	1．取下轴承盖推片—2．查阅维修手册—3．取出曲轴—4．摆放曲轴—5．清洁部件			
2	1．查阅维修手册—2．取下轴承盖推片—3．取出曲轴—4．摆放曲轴—5．清洁部件			
3	1．取出曲轴—2．查阅维修手册—3．取下轴承盖推片—4．摆放曲轴—5．清洁部件			
4	1．查阅维修手册—2．清洁部件—3．取出曲轴—4．摆放曲轴—5．取下轴承盖推片			
决策的评价	班级		第　　组	组长签字	
	教师签字		日期		
	评语：				

142

学习情境六 拆检曲轴

4. 拆卸曲轴的实施单

学习情境六	拆检曲轴		学　　时	0.6 学时
典型工作过程描述	1．准备工作—2．拆卸轴承盖—3．**拆卸曲轴**—4．检测曲轴—5．安装曲轴—6．填写检测报告			
序　　号	实施的具体步骤	注　意　事　项		自　　评
1		查询车辆型号、规格、页码		
2		正确取下曲轴盖推片		
3		正确抬下曲轴		
4		正确放置曲轴		
5		清洁曲轴轴承盖内表面		
实施说明： 　1．学生在拆装曲轴的过程中要正确取下曲轴，清洁曲轴轴承盖内表面。 　2．学生要认真拆卸曲轴，将轴承盖和垫片按原位装回。				
实施的评价	班级		第　组	组长签字	
	教师签字		日期		
	评语：				

5. 拆卸曲轴的检查单

学习情境六	拆检曲轴		学　　时	0.2 学时
典型工作过程描述	1．准备工作—2．拆卸轴承盖—3．**拆卸曲轴**—4．检测曲轴—5．安装曲轴—6．填写检测报告			
序　　号	检查项目 （具体步骤的检查）	检　查　标　准	小组自查 （检查是否完成以下步骤，完成打√，没完成打×）	小组互查 （检查是否完成以下步骤，完成打√，没完成打×）
1	查阅维修手册	查阅型号、规格、章节正确		
2	取下轴承盖推片	取下轴承盖止推片正确		
3	取出曲轴	取出曲轴正确		
4	正确摆放	曲轴摆放正确		
5	清洁部件	清洁轴承盖内表面正确		
检查的评价	班级		第　组	组长签字	
	教师签字		日期		
	评语：				

143

检修汽车发动机机械系统

6. 拆卸曲轴的评价单

学习情境六	拆检曲轴		学　时	0.2 学时
典型工作过程描述	1. 准备工作—2. 拆卸轴承盖—**3. 拆卸曲轴**—4. 检测曲轴—5. 安装曲轴—6. 填写检测报告			
评价项目	评分维度	组长对每组评分		教师评价
小组 1 **拆卸曲轴** 的阶段性结果	完整性、时效性、准确性			
小组 2 **拆卸曲轴** 的阶段性结果	完整性、时效性、准确性			
小组 3 **拆卸曲轴** 的阶段性结果	完整性、时效性、准确性			
小组 4 **拆卸曲轴** 的阶段性结果	完整性、时效性、准确性			
评价的评价	班级		第　　组	组长签字	
	教师签字		日期		
	评语：				

任务四　检测曲轴

1. 检测曲轴的资讯单

学习情境六	拆检曲轴	学　时	0.27 学时
典型工作过程描述	1. 准备工作—2. 拆卸轴承盖—3. 拆卸曲轴—**4. 检测曲轴**—5. 安装曲轴—6. 填写检测报告		
收集资讯的方式	1. 查看客户需求单。 2. 查看教师提供的《学习性工作任务单》。 3. 查看《汽车发动机构造与检修》网络教学资源。 4. 查看《汽车发动机机械构造与维修一体化教程》。		
资讯描述	1. 让学生查看客户需求单，明确车辆的故障现象。 2. 通过客户提供的故障信息，让学生学习查阅维修手册的方法，选择适当量程的千分尺，完成曲轴连杆轴颈、主轴颈、径向跳动量的测量。 3. 学习正确读取千分尺的测量数据。		

144

学习情境六 拆检曲轴

对学生的要求	1．学会查阅维修手册，找到曲轴轴颈的检测章节：___章___节___页；记录曲轴轴颈的标准值。 2．选择25～50mm量程的外径千分尺并清洁。 3．学会测量曲轴轴颈在两个不同截面的横向、径向方向的磨损，学会测量曲轴径向圆跳动量，并记录数值。
参考资料	1．客户需求单。 2．客户提供的故障信息。 3．《汽车发动机构造与检修》网络教学资源。 4．刘宜，石启军，刘勇兰．汽车发动机机械构造与维修一体化教程[M]．北京：机械工业出版社，2021：123-124。
资讯的评价	班级　　　　　　　第　组　　　组长签字 教师签字　　　　　　　日期 评语：

2．检测曲轴的计划单

学习情境六	拆检曲轴	学　时	0.2学时
典型工作过程描述	1．准备工作—2．拆卸轴承盖—3．拆卸曲轴—**4．检测曲轴**—5．安装曲轴—6．填写检测报告		
计划制订的方式	1．查看教师提供的教学资料。 2．通过任务书进行测量曲轴连杆轴颈。		
序　号	具体工作步骤	注 意 事 项	
1	选择合适的测量工具	选择_____量程的外径千分尺	
2	测量曲轴连杆轴颈	在指定连杆颈上，选取___、___两个位置进行测量	
3	测量曲轴主轴颈	在指定曲轴轴颈上，选取___、___两个位置进行测量	
4	测量曲轴径向跳动量	将百分表触头垂直地抵在中间主轴颈上，慢慢转动曲轴	
5	记录检测数据	正确记录测量数据	
计划的评价	班级　　　　　　　第　组　　　组长签字 教师签字　　　　　　　日期 评语：		

检修汽车发动机机械系统

3. 安装曲轴的决策单

学习情境六	拆检曲轴			学　时	0.2 学时
典型工作过程描述	1．准备工作—2．拆卸轴承盖—3．拆卸曲轴—**4．检测曲轴**—5．安装曲轴—6．填写检测报告				
计 划 对 比					
序　号	以下哪个是完成"4．检测曲轴"这个典型工作环节正确的具体步骤？			正确与否（正确打√，错误打×）	
1	1．记录测量数据—2．测量曲轴连杆轴颈—3．测量曲轴主轴颈—4．测量曲轴径向跳动量—5．选择合适的测量工具				
2	1．选择合适的测量工具—2．记录测量数据—3．测量曲轴连杆轴颈—4．测量曲轴主轴颈—5．测量曲轴径向跳动量				
3	1．记录测量数据—2．测量曲轴连杆轴颈—3．选择合适的测量工具—4．测量曲轴径向跳动量—5．测量曲轴主轴颈				
4	1．记录测量数据—2．测量曲轴连杆轴颈—3．选测量曲轴主轴颈—4．选择合适的测量工具—5．测量曲轴径向跳动量				
决策的评价	班级		第　组	组长签字	
	教师签字		日期		
	评语：				

4. 检测曲轴的实施单

学习情境六	拆检曲轴		学　时	0.6 学时
典型工作过程描述	1．准备工作—2．拆卸轴承盖—3．拆卸曲轴—**4．检测曲轴**—5．安装曲轴—6．填写检测报告			
序　号	实施的具体步骤	注 意 事 项	自　评	
1		选择 25～50mm 量程的外径千分尺		
2		在指定连杆颈上，选取横、纵两个位置进行测量		
3		在指定曲轴颈上，选取横、纵两个位置进行测量		
4		将百分表触头垂直地抵在中间主轴颈上，慢慢转动曲轴		
5		正确记录测量数据		

146

实施的评价	实施说明： 1. 在查阅维修手册时要正确记录曲轴连杆轴颈、主轴颈的标准值，避免记错标准值。 2. 在选用外径千分尺时，根据标准值选择最大量程大于标准值，且标准值在量程内的外径千分尺。 3. 在测量之前必须清洁校准外径千分尺。 4. 测量后的数据要详细记录，按照前横向、前径向、后横向、后径向一一对应记录，便于之后的计算和比对。				
	班级		第 组	组长签字	
	教师签字		日期		
	评语：				

5. 检测曲轴的检查单

学习情境六	拆检曲轴		学　时	0.2学时
典型工作过程描述	1. 准备工作—2. 拆卸轴承盖—3. 拆卸曲轴—4. 检测曲轴—5. 安装曲轴—6. 填写检测报告			
序　号	检查项目 （具体步骤的检查）	检查标准	小组自查 （检查是否完成以下步骤，完成打√，没完成打×）	小组互查 （检查是否完成以下步骤，完成打√，没完成打×）
1	选择合适的测量工具	选择测量工具正确		
2	测量曲轴连杆轴颈	测量连杆轴颈正确		
3	测量曲轴主轴颈	测量曲轴主轴颈正确		
4	测量曲轴径向跳动量	测量曲轴跳动量规范		
5	记录检测数据	正确记录测量数据		
检查的评价	班级		第 组	组长签字	
	教师签字		日期		
	评语：				

检修汽车发动机机械系统

6. 检测曲轴的评价单

学习情境六	拆检曲轴		学　时	0.2学时
典型工作过程描述	1．准备工作—2．拆卸轴承盖—3．拆卸曲轴—**4．检测曲轴**—5．安装曲轴—6．填写检测报告			
评价项目	评分维度	组长对每组评分		教师评价
小组1 **检测曲轴** 的阶段性结果	完整性、时效性、准确性			
小组2 **检测曲轴** 的阶段性结果	完整性、时效性、准确性			
小组3 **检测曲轴** 的阶段性结果	完整性、时效性、准确性			
小组4 **检测曲轴** 的阶段性结果	完整性、时效性、准确性			
	班级		第　组	组长签字	
	教师签字		日期		
评价的评价	评语：			

任务五　安　装　曲　轴

1. 安装曲轴的资讯单

学习情境六	拆检曲轴	学　时	0.27学时
典型工作过程描述	1．准备工作—2．拆卸轴承盖—3．拆卸曲轴—4．检测曲轴—**5．安装曲轴**—6．填写检测报告		
收集资讯的方式	1．查看客户需求单。 2．查看教师提供的《学习性工作任务单》。		
资讯描述	1．让学生查阅维修手册，找到安装曲轴的位置。 2．让学生先清洁气缸缸体，然后安装轴承下轴瓦，再将曲轴放入发动机气缸体中，最后安装曲轴轴向止推片、安装主轴承上轴瓦及主轴承盖。		
对学生的要求	1．学会查阅维修手册，正确找到章节：第___章___节___页。 2．学会清洁气缸缸体，学会安装轴承下轴瓦、曲轴、曲轴轴向止推片、主轴承上轴瓦及主轴承盖。		

学习情境六　拆检曲轴

参考资料	1．客户需求单。 2．客户提供的故障信息。 3．《汽车发动机构造与检修》网络教学资源。 4．刘宜，石启军，刘勇兰．汽车发动机机械构造与维修一体化教程[M]．北京：机械工业出版社，2021：123-124。
资讯的评价	班级　　　　　　　第　组　　　组长签字 教师签字　　　　　　　日期 评语：

2．安装曲轴的计划单

学习情境六	拆检曲轴		学　时	0.2 学时
典型工作过程描述	1．准备工作—2．拆卸轴承盖—3．拆卸曲轴—4．检测曲轴—**5．安装曲轴**—6．填写检测报告			
计划制订的方式	1．查看客户需求单。 2．查看《学习性工作任务单》。			

序　号	具体工作步骤	注意事项
1	查阅维修手册	查阅维修手册，找到曲轴拆装安装章节和页码
2	清洁汽缸缸体	正确使用＿＿＿＿＿
3	安装曲轴	＿＿＿＿＿润滑后安装
4	安装止推垫片	注意区分上、下止推垫片
5	装上各轴承盖	注意主轴承盖螺栓的螺纹和螺栓头下面涂一层薄＿＿＿＿＿

计划的评价	班级　　　　　　　第　组　　　组长签字 教师签字　　　　　　　日期 评语：

3．安装曲轴的决策单

学习情境六	拆检曲轴		学　时	0.2 学时
典型工作过程描述	1．准备工作—2．拆卸轴承盖—3．拆卸曲轴—4．检测曲轴—**5．安装曲轴**—6．填写检测报告			

149

检修汽车发动机机械系统

计 划 对 比		
序　号	以下哪个是完成"5．安装曲轴"这个典型工作环节 正确的具体步骤？	正确与否 （正确打√，错误打×）
1	1．安装曲轴—2．清洁汽缸缸体—3．查阅维修手册—4．安装止推垫片—5．装上各轴承盖	
2	1．查阅维修手册—2．清洁汽缸缸体—3．安装曲轴—4．安装止推垫片—5．装上各轴承盖	
3	1．查阅维修手册—2．清洁汽缸缸体—3．安装止推垫片—4．装上各轴承盖—5．安装曲轴	
4	1．查阅维修手册—2．装上各轴承盖—3．安装止推垫片—4．清洁汽缸缸体—5．安装曲轴	

决策的评价	班级		第　　组		组长签字	
	教师签字		日期			
	评语：					

4．安装曲轴的实施单

学习情境六	拆检曲轴		学　时	0.6 学时
典型工作过程描述	1．准备工作—2．拆卸轴承盖—3．拆卸曲轴—4．检测曲轴—**5．安装曲轴**—6．填写检测报告			
序　号	实施的具体步骤	注 意 事 项	自　评	
1	查阅维修手册	查阅维修手册，找到曲轴拆装安装章节和页码		
2	清洁气缸缸体	正确使用气枪		
3	安装曲轴	用机油润滑后再安装		
4	安装止推垫片	注意区分上、下止推垫片		
5	装上各轴承盖	注意主轴承盖螺栓的螺纹和螺栓头下面涂一层薄机油		

实施说明：

1．清洁缸体上曲轴箱轴承座、曲轴、轴承盖、轴承及螺栓。

2．先安装主轴承下轴瓦、并用机油润滑后安装曲轴。

3．然后安装曲轴轴向止推片。

4．最后安装主轴承上轴瓦，确认曲轴主轴承盖安装方向并安装曲轴主轴承盖1～5。

5．根据维修手册，使用扭力扳手拧紧曲轴轴承螺栓，每拧紧一道主轴承盖，旋转曲轴一圈，检查曲轴运转是否灵活，全部主轴承盖拧紧后，转动曲轴一圈检查有无卡滞。

150

实施的评价	班级		第　组		组长签字	
	教师签字		日期			
	评语：					

5. 安装曲轴的检查单

学习情境六	拆检曲轴			学　时	0.2学时
典型工作过程描述	1．准备工作—2．拆卸轴承盖—3．拆卸曲轴—4．检测曲轴—5．安装曲轴—6．填写检测报告				
序　号	检查项目（具体步骤的检查）	检 查 标 准		小组自查（检查是否完成以下步骤，完成打√，没完成打×）	小组互查（检查是否完成以下步骤，完成打√，没完成打×）
1	查阅维修手册	章节、页码、型号、规格正确			
2	清洁气缸缸体	清洁方法正确			
3	安装曲轴	曲轴安装正确			
4	安装止推垫片	止推片安装正确			
5	装上各轴承盖	轴承安装正确			
检查的评价	班级		第　组		组长签字	
	教师签字		日期			
	评语：					

检修汽车发动机机械系统

6. 安装曲轴的评价单

学习情境六	拆检曲轴		学　时	0.2 学时
典型工作过程描述	1. 准备工作—2. 拆卸轴承盖—3. 拆卸曲轴—4. 检测曲轴—**5. 安装曲轴**—6. 填写检测报告			
评价项目	评分维度	组长对每组评分		教师评价
小组 1 **安装曲轴** 的阶段性结果	效率性、严谨性、正确性			
小组 2 **安装曲轴** 的阶段性结果	效率性、严谨性、正确性			
小组 3 **安装曲轴** 的阶段性结果	效率性、严谨性、正确性			
小组 4 **安装曲轴** 的阶段性结果	效率性、严谨性、正确性			
	班级		第　　组	组长签字
	教师签字		日期	
评价的评价	评语：			

任务六　填写检测报告

1. 填写检测报告的资讯单

学习情境六	拆检曲轴	学　时	0.27 学时
典型工作过程描述	1. 准备工作—2. 拆卸轴承盖—3. 拆卸曲轴—4. 检测曲轴—5. 安装曲轴—**6. 填写检测报告**		
收集资讯的方式	1. 查看客户需求单。 2. 查看客户提供故障信息。 3. 查看《学习性工作任务单》。		
资讯描述	1. 让学生查阅维修手册，从维修手册中找到飞轮的安装步骤，安装飞轮时，要对齐曲轴与飞轮之间的安装标记。 2. 让学生根据维修手册的安装要求，用扳手交叉对角分多次拧紧飞轮螺栓。 3. 让学生正确检查装配是否正确；让学生能够全部安装后，转动曲轴一圈检查有无卡滞。 4. 让学生整理场地、工具，进行 7S 作业。		

152

对学生的要求	1. 学会查阅维修手册，正确找到章节：＿＿章＿＿节＿＿页。 2. 学会安装飞轮，注意对齐曲轴与飞轮之间的安装标记。 3. 学会用扳手交叉对角分多次拧紧飞轮螺栓。
参考资料	1. 客户需求单。 2. 客户提供的故障信息。 3. 《汽车发动机构造与检修》网络教学资源。 4. 刘宜，石启军，刘勇兰. 汽车发动机机械构造与维修一体化教程[M]. 北京：机械工业出版社，2021：123-124。
资讯的评价	班级 第 组 组长签字 教师签字 日期 评语：

2．填写检测报告的计划单

学习情境六	拆检曲轴	学 时	0.2学时
典型工作过程描述	1．准备工作—2．拆卸轴承盖—3．拆卸曲轴—4．检测曲轴—5．安装曲轴—6．填写检测报告			
计划制订的方式	1. 启动车辆，检查故障是否已排除。 2. 确保维修资料和工具设备齐全、完好。 3. 恢复部件，车辆正常运转，做好7S作业。 4. 学会将客户的维修单存档，并做好文档归类，方便查阅。			
序 号	具体工作步骤	注 意 事 项	
1	安装曲轴飞轮	查找章节、页码、规格及型号	
2	安装飞轮螺栓	注意安装力矩，标准力矩＿＿＿＿＿	
3	检查装配标记	正确判断装配标记	
4	检查曲轴运转	检查曲轴运转，有无卡滞	
5	整理场地、工具	做好7S作业	
计划的评价	班级 第 组 组长签字 教师签字 日期 评语：			

检修汽车发动机机械系统

3. 填写检测报告的决策单

学习情境六	拆检曲轴		学　时	0.2 学时
典型工作过程描述	1. 准备工作—2. 拆卸轴承盖—3. 拆卸曲轴—4. 检测曲轴—5. 安装曲轴—**6. 填写检测报告**			
序　号	以下哪个是完成"6. 填写检测报告"这个典型工作环节正确的具体步骤？		正确与否 （正确打√，错误打×）	
1	1. 整理场地、工具—2. 安装曲轴飞轮—3. 安装飞轮螺栓—4. 检查曲轴运转—5. 检查装配标记			
2	1. 安装曲轴飞轮—2. 安装飞轮螺栓—3. 检查装配标记—4. 检查曲轴运转—5. 整理场地、工具			
3	1. 安装曲轴飞轮—2. 检查装配标记—3. 安装飞轮螺栓—4. 检查曲轴运转—5. 整理场地、工具			
4	1. 安装曲轴飞轮—2. 安装飞轮螺栓—3. 检查装配标记—4. 检查曲轴运转—5. 整理场地、工具			
决策的评价	班级		第　　组	组长签字	
	教师签字		日期		
	评语：				

4. 填写检测报告的实施单

学习情境六	拆检曲轴		学　时	0.6 学时
典型工作过程描述	1. 准备工作—2. 拆卸轴承盖—3. 拆卸曲轴—4. 检测曲轴—5. 安装曲轴—**6. 填写检测报告**			
序　号	实施的具体步骤	注 意 事 项	自　评	
1	安装曲轴飞轮	查找章节、页码、规格及型号		
2	安装飞轮螺栓	注意安装标准力矩		
3	检查装配标记	正确判断装配标记		
4	检查曲轴运转	检查曲轴运转，有无卡滞		
5	整理场地工具	做好 7S 作业		

实施说明：

1. 学生要认真查阅维修手册，章节、页码、规格及型号要正确。

2. 学生要注意安装力矩。

3. 学生要正确判断装配标记。

4. 学生要检查曲轴运转是否有卡滞。

5. 拆装后检查维修资料、工具设备是否齐全、完好，做好 7S 作业，培养良好的职业操守。

学习情境六 拆检曲轴

<table>
<tr><td rowspan="3">实施的评价</td><td>班级</td><td></td><td>第　　组</td><td></td><td>组长签字</td><td></td></tr>
<tr><td>教师签字</td><td></td><td>日期</td><td colspan="3"></td></tr>
<tr><td colspan="6">评语：</td></tr>
</table>

5. 填写检测报告的检查单

学习情境六	拆检曲轴		学　时	0.2 学时
典型工作过程描述		1．准备工作—2．拆卸轴承盖—3．拆卸曲轴—4．检测曲轴—5．安装曲轴—6．填写检测报告

序　号	检查项目 （具体步骤的检查）	检查标准	小组自查 （检查是否完成以下步骤，完成打√，没完成打×）	小组互查 （检查是否完成以下步骤，完成打√，没完成打×）
1	安装曲轴飞轮	查找章节、页码、规格及型号正确		
2	安装飞轮螺栓	扭力扳手使用正确		
3	检查装配标记	装配标记判断正确		
4	检查曲轴运转	转动曲轴一圈无卡滞		
5	整理场地工具	做好 7S 作业		

<table>
<tr><td rowspan="3">检查的评价</td><td>班级</td><td></td><td>第　　组</td><td></td><td>组长签字</td><td></td></tr>
<tr><td>教师签字</td><td></td><td>日期</td><td colspan="3"></td></tr>
<tr><td colspan="6">评语：</td></tr>
</table>

检修汽车发动机机械系统

6. 填写检测报告的评价单

学习情境六	拆检曲轴		学 时	0.2学时
典型工作过程描述	1．准备工作—2．拆卸轴承盖—3．拆卸曲轴—4．检测曲轴—5．安装曲轴—6．填写检测报告			
评价项目	评分维度	组长对每组评分		教师评价
小组1 填写检测报告 的阶段性结果	完整性、时效性、正确性			
小组2 填写检测报告 的阶段性结果	完整性、时效性、正确性			
小组3 填写检测报告 的阶段性结果	完整性、时效性、正确性			
小组4 填写检测报告 的阶段性结果	完整性、时效性、正确性			
评价的评价	班级		第 组	组长签字
^	教师签字		日期	
^	评语：			

学习情境七　更换正时皮带

客户需求单

学习背景
1. 一辆大众汽车，客户反映上坡时加不上油，有明显的怠速不稳并且怠速时发动机出现抖动的现象。 2. 维修人员进行排查，发现可能是正时皮带故障，需要更换正时皮带。
素材

检修汽车发动机机械系统

学习性工作任务单

学习情境七	更换正时皮带	学 时	10 学时
典型工作过程描述	1．准备工作—2．检查正时标记—3．脱开正时皮带—4．调整正时标记—5．填写检测报告		

学习目标	1．准备工作
	    1.1　准备基础知识
	    1.2　准备维修资料
	    1.3　准备维修工具
	    1.4　准备维修车辆
	    1.5　实施维修防护
	2．检查正时标记
	    2.1　查阅维修手册
	    2.2　安装专用工具
	    2.3　拆卸附属设备
	    2.4　确定上止点
	    2.5　判断正时相位
	3．脱开正时皮带
	    3.1　查阅维修手册
	    3.2　使用专用工具
	    3.3　拧出齿轮螺栓
	    3.4　松开张紧轮
	    3.5　拆下并检查皮带
	4．调整正时标记
	    4.1　查询维修手册
	    4.2　固定曲轴上止点
	    4.3　安装张紧轮
	    4.4　更换正时皮带
	    4.5　调整正时标记
	5．填写检测报告
	    5.1　查询维修手册
	    5.2　安装护罩
	    5.3　安装附件
	    5.4　提出维修建议
	    5.5　整理场地、工具		

任务描述	**1．准备工作**：第一，收集正时皮带的功用与结构、正时皮带常见损伤类型及正时皮带磨损影响的相关资料；第二，准备维修资料，包括维修手册、电路图、用户使用手册等；第三，准备维修设备、工具（通用和专用），包括拆装工具、正时调整专用工具等；第四，准备维修车辆，登记车辆基本信息，检查车辆基本状况，包括车辆油、水、电的基本检查，分解发动机并清理、清洗各零部件，对各零部件做好标记；第五，对车辆进行防护，包括安装车轮挡块，铺设车内、车外三件套。		

158

学习情境七　更换正时皮带

	2. 检查正时标记：第一，查阅维修手册；第二，安装正时标记检查专用工具；第三，拆卸附属设备（拆卸空气滤清器、拆卸右前轮罩板前部件）；第四，将曲轴转到上止点的位置，用固定支架固定凸轮轴齿形皮带轮并做好运转方向的记号，确定上止点；第五，判断正时相位，大众 Golf A72014（1.6L）轿车的飞轮侧有两个凸轮轴，每个凸轮轴上各有两个不对称的凹槽，对于排气凸轮轴，通过冷却液泵齿形皮带轮上的孔观察凸轮轴的两个不对称的凹槽，对于进气凸轮轴，观察凸轮轴上的凹槽是否在凸轮轴十字虚线上方。如果凸轮轴的位置与上述不符，则继续转动曲轴一圈，再次转到"上止点"处。 **3. 脱开正时皮带**：第一，查阅维修手册；第二，使用拆装专用工具；第三，拧出凸轮轴齿轮螺栓；第四，松开张紧轮，用梅花扳手松开偏心轮使张紧轮松开；第五，正确取下皮带并检查皮带外观。 **4. 调整正时标记**：第一，查阅维修手册；第二，检查凸轮轴和曲轴的上止点位置，并固定曲轴上止点；第三，安装张紧轮、凸缘，箭头必须嵌入汽缸盖体的铸造凹坑中，用梅花扳手沿箭头方向转动张紧轮的偏心轮，直至指针向右偏离 10mm，再沿箭头相反的方向转动偏心轮；第四，更换正时皮带，正时齿形皮带进行安装时，要将曲轴皮带轮和正时齿形皮带轮上的标记（通常以"0"做标记）与凸轮轴的凹槽对齐，以保证配气相位的正确，然后用固定支架固定凸轮轴正时齿形皮带轮，按 50N·m 的力矩拧紧螺栓；第五，调整正时标记，曲轴正时齿形皮带轮上的平面箭头必须与曲轴轴颈的平面对应。 **5. 填写检测报告**：第一，查阅维修手册，从维修手册中找出正时皮带拆卸及检测的步骤，找到标准值；第二，安装护罩；第三，安装附件；第四，检测结果分析并提出维修建议；第五，整理场地、工具，做好 7S 作业。
学时安排	资讯　　　计划　　　决策　　　实施　　　检查　　　评价 2学时　　1学时　　1学时　　4学时　　1学时　　1学时
对学生的要求	**1. 准备工作**：第一，收集正时皮带的功用与结构、正时皮带常见损伤形式及正时皮带磨损影响的相关资料；第二，准备维修资料，包括维修手册、电路图、用户使用手册等；第三，准备维修设备、工具（通用和专用），包括拆装工具、正时调整专用工具等；第四，准备维修车辆，登记车辆基本信息，检查车辆基本状况，包括车辆油、水、电的基本检查，分解发动机并清理、清洗各零部件，对各零部件做好标记；第五，对车辆进行防护，包括安装车轮挡块，铺设车内、车外三件套。 **2. 检查正时标记**：第一，查阅维修手册；第二，安装正时标记检查专用工具；第三，拆卸附属设备；第四，将曲轴转到上止点的位置，用固定支架固定凸轮轴齿形皮带轮并做好运转方向的记号，确定上止点；第五，判断正时相位。 **3. 脱开正时皮带**：第一，查阅维修手册；第二，使用拆装专用工具；第三，拧出凸轮轴齿轮螺栓；第四，松开张紧轮，用梅花扳手松开偏心轮使张紧轮松开；第五，正确取下皮带并检查皮带外观。 **4. 调整正时标记**：第一，查阅维修手册；第二，检查凸轮轴和曲轴的上止点位置，并固定曲轴上止点；第三，安装张紧轮、凸缘，箭头必须嵌入汽缸盖体的铸造凹坑中，用梅花扳手沿箭头方向转动张紧轮的偏心轮，直至指针向右偏离 10mm，再沿箭头相反的方向转动偏心轮；第四，更换正时皮带，正时齿形皮带进行安装时，要将曲轴皮带轮和正时齿形皮带轮上的标记（通常以"0"做标记）与凸轮轴的凹

检修汽车发动机机械系统

	槽对齐，以保证配气相位的正确，然后用固定支架固定凸轮轴正时齿形皮带轮，按 50N·m 的力矩拧紧螺栓；第五，调整正时标记，曲轴正时齿形皮带轮上的平面箭头必须与曲轴轴颈的平面对应。 **5. 填写检测报告：**第一，查阅维修手册，从维修手册中找出正时皮带拆卸及检测的步骤，找到标准值；第二，安装护罩；第三，安装附件；第四，检测结果分析并提出维修建议；第五，整理场地、工具，做好 7S 作业。
参考资料	1. 客户需求单。 2. 客户提供的故障信息。 3. 《汽车发动机构造与检修》网络教学资源。 4. 刘宜，石启军，刘勇兰. 汽车发动机机械构造与维修一体化教程[M]. 北京：机械工业出版社，2021：40-42。
教学和学习方式与流程	典型工作环节 教学和学习的方式 1. 准备工作 资讯 计划 决策 实施 检查 评价 2. 检查正时标记 资讯 计划 决策 实施 检查 评价 3. 脱开正时皮带 资讯 计划 决策 实施 检查 评价 4. 调整正时标记 资讯 计划 决策 实施 检查 评价 5. 填写检测报告 资讯 计划 决策 实施 检查 评价

材料工具清单

学习情境七	更换正时皮带			学　时	10 学时	
典型工作过程描述	1. 准备工作—2. 检查正时标记—3. 脱开正时皮带—4. 调整正时标记—5. 填写检测报告					
典型工作过程	序号	名称	作用	数量	型号	使用量	使用者
1. 准备工作	1	维修手册、维修电路图	参考	各 4 本	Golf A72014（1.6L）	各 4 本	学生
	2	钢笔	填表	4 支		4 支	学生
	3	车辆	检查	4 辆	高尔夫	4 辆	学生
	4	车内三件套	防护	4 套		4 套	车辆
	5	车外三件套	防护	4 套		4 套	车辆
2. 检查正时标记	6	记号笔	检测	4 个		4 个	学生
	7	正时调整专用工具	检测	4 个		4 个	学生
	8	拆装工具	拆装	4 套	世达	4 套	学生
3. 脱开正时皮带	9	专用工具	拆装	4 套		4 套	学生
	10	气枪	清洁	4 把		4 把	学生
4. 调整正时标记	11	新皮带	更换	4 套		4 套	学生
	12	张紧轮	更换	4 套		4 套	学生
5. 填写检测报告	13	工单	存档	每人 1 份		每人 1 份	学生
班级			第　　组		组长签字		
教师签字			日期				

学习情境七　更换正时皮带

任务一　准 备 工 作

1. 准备工作的资讯单

学习情境七	更换正时皮带		学　　时	0.4 学时
典型工作过程描述	**1．准备工作**—2．检查正时标记—3．脱开正时皮带—4．调整正时标记—5．填写检测报告			
收集资讯的方式	1．查看客户需求单。 2．查看教师提供的《学习性工作任务单》。			
资讯描述	1．让学生查看客户需求单，明确车辆的故障现象。 2．通过观看故障现象及客户提供的故障信息，让学生准备基础知识、维修资料、维修工具和维修车辆，并实施维修防护。			
对学生的要求	1．学会收集机油的功用及机油更换的相关资料。 2．学会准备维修手册、维修工具及车辆，能够规范进行安全防护。 3．学会正确检查车辆的油、电、水。			
参考资料	1．客户需求单。 2．客户提供的故障信息。 3．《汽车发动机构造与检修》网络教学资源。 4．刘宜，石启军，刘勇兰．汽车发动机机械构造与维修一体化教程[M]．北京：机械工业出版社，2021：40-42。			
资讯的评价	班级		第　　组	组长签字	
	教师签字		日期		
	评语：				

2. 准备工作的计划单

学习情境七	更换正时皮带		学　　时	0.2 学时
典型工作过程描述	**1．准备工作**—2．检查正时标记—3．脱开正时皮带—4．调整正时标记—5．填写检测报告			
计划制订的方式	1．查看客户需求单。 2．查看《学习性工作任务单》。 3．请教教师。			
序　　号	具体工作步骤	注 意 事 项		
1	准备基础知识	从参考资料中查看_____的相关资料		
2	准备维修资料	_____、_____、_____准备齐全		
3	准备维修工具	_____和_____准备齐全		
4	准备维修车辆	正确检查车辆状况		
5	实施维修防护	正确进行车内、车外防护及安装车轮挡块		

检修汽车发动机机械系统

	班级		第 组	组长签字	
计划的评价	教师签字		日期		
	评语：				

3．准备工作的决策单

学习情境七	更换正时皮带	学 时	0.2 学时
典型工作过程描述	1．准备工作—2．检查正时标记—3．脱开正时皮带—4．调整正时标记—5．填写检测报告		
序 号	以下哪个是完成"1．准备工作"这个典型工作环节正确的具体步骤？	正确与否（正确打√，错误打×）	
1	1．准备基础知识—2．准备维修资料—3．准备维修工具—4．准备维修车辆—5．实施维修防护		
2	1．实施维修防护—2．准备维修工具—3．准备维修车辆—4．准备维修资料—5．准备基础知识		
3	1．准备基础知识—2．准备维修资料—3．准备维修工具—4．实施维修防护—5．准备维修车辆		
4	1．实施维修防护—2．准备维修资料—3．准备维修工具—4．准备维修车辆—5．准备基础知识		
决策的评价	班级		第 组	组长签字	
	教师签字		日期		
	评语：				

学习情境七　更换正时皮带

4. 更换正时皮带的实施单

学习情境七	更换正时皮带		学　　时	0.8 学时
典型工作过程描述	**1．准备工作**—2．检查正时标记—3．脱开正时皮带—4．调整正时标记—5．填写检测报告			
序　号	实施的具体步骤	注　意　事　项		自　　评
1		从参考资料中查看更换正时皮带的相关资料		
2		维修手册、电路图、用户使用手册准备齐全		
3		常用工具和专用工具准备齐全		
4		正确检查车辆状况		
实施说明： 1．学生要认真收集并掌握正时皮带基础知识。 2．学生要认真准备维修手册、电路图及用户手册，并能够正确查阅。 3．学生要认真准备维修工具及量具，并能够正确使用。 4．学生要认真检查车辆状况，保证车辆油、电、水正常。 5．学生要认真完成车内、车外的安全防护。				
实施的评价	班级		第　　组	组长签字	
	教师签字		日期		
	评语：				

5. 准备工作的检查单

学习情境七	更换正时皮带	学　　时	0.2 学时
典型工作过程描述	**1．准备工作**—2．检查正时标记—3．脱开正时皮带—4．调整正时标记—5．填写检测报告			
序　号	检查项目 （具体步骤的检查）	检　查　标　准	小组自查 （检查是否完成以下步骤，完成打√，没完成打×）	小组互查 （检查是否完成以下步骤，完成打√，没完成打×）
1	准备基础知识	正确查找更换正时皮带的相关资料		
2	准备维修资料	维修手册、维修电路图、用户使用手册准备齐全		
3	准备维修工具	常用工具和专用工具准备齐全		
4	准备维修车辆	正确检查车辆状况		
5	实施维修防护	正确进行车内、车外防护		

163

检修汽车发动机机械系统

检查的评价	班级		第 组		组长签字	
	教师签字		日期			
	评语:					

6. 准备工作的评价单

学习情境七	更换正时皮带		学 时	0.2学时
典型工作过程描述	1.准备工作—2.检查正时标记—3.脱开正时皮带—4.调整正时标记—5.填写检测报告			
评价项目	评分维度	组长对每组评分		教师评价
小组1 准备工作 的阶段性结果	完整性、时效性、准确性			
小组2 准备工作 的阶段性结果	完整性、时效性、准确性			
小组3 准备工作 的阶段性结果	完整性、时效性、准确性			
小组4 准备工作 的阶段性结果	完整性、时效性、准确性			
评价的评价	班级		第 组		组长签字	
	教师签字		日期			
	评语:					

任务二　检查正时标记

1. 检查正时标记的资讯单

学习情境七	更换正时皮带	学　时	0.4 学时
典型工作过程描述	1. 准备工作—2. 检查正时标记—3. 脱开正时皮带—4. 调整正时标记—5. 填写检测报告			
收集资讯的方式	1. 查看客户需求单。 2. 查看教师提供的《学习性工作任务单》。			
资讯描述	1. 让学生查看客户需求单，明确车辆的故障现象。 2. 通过查看故障信息，让学生正确查阅维修手册，安装专用工具，拆卸附属设备，确定上止点，判断正时相位。			
对学生的要求	1. 学会正确查阅维修手册、安装专用工具。 2. 学会正确拆卸附属设备及确定上止点。 3. 学会正确判断正时相位。 4. 能够养成 7S 规范作业习惯。 5. 能够培养团队意识、工匠精神、职业精神。			
参考资料	1. 客户需求单。 2. 客户提供的故障信息。 3.《汽车发动机构造与检修》网络教学资源。 4. 刘宜，石启军，刘勇兰. 汽车发动机机械构造与维修一体化教程[M]. 北京：机械工业出版社，2021：40-42。			
资讯的评价	班级 || 第　　组	组长签字	
^^	教师签字 || 日期		
^^	评语：				

2. 检查正时标记的计划单

学习情境七	更换正时皮带	学　时	0.2 学时
典型工作过程描述	1. 准备工作—2. 检查正时标记—3. 脱开正时皮带—4. 调整正时标记—5. 填写检测报告			
计划制订的方式	1. 查看客户需求单。 2. 查看《学习性工作任务单》。 3. 请教教师。			

检修汽车发动机机械系统

序　号	具体工作步骤	注意事项
1	查阅维修手册	正确查阅维修手册，找到检查正时标记章节：＿＿＿章＿＿＿节
2	安装专用工具	正确安装维修工具：＿＿＿＿＿＿＿
3	拆卸附属设备	正确拆卸附属设备：＿＿＿＿＿＿＿
4	确定上止点	转动曲轴
5	判断正时相位	按维修手册标准检查进排气凸轮轴凹槽

计划的评价	班级		第　　组		组长签字	
	教师签字		日期			
	评语：					

3. 检查正时标记的决策单

学习情境七	更换正时皮带	学　时	0.2 学时
典型工作过程描述	1. 准备工作—**2. 检查正时标记**—3. 脱开正时皮带—4. 调整正时标记—5. 填写检测报告		
序　号	以下哪个是完成"2. 检查正时标记"这个典型工作环节正确的具体步骤？		正确与否（正确打√，错误打×）
1	1. 查阅维修手册—2. 安装专用工具—3. 拆卸附属设备—4. 确定上止点—5. 判断正时相位		
2	1. 查阅维修手册—2. 安装专用工具—3. 拆卸附属设备—4. 判断正时相位—5. 确定上止点		
3	1. 查阅维修手册—2. 安装专用工具—3. 确定上止点—4. 拆卸附属设备—5. 判断正时相位		
4	1. 确定上止点—2. 安装专用工具—3. 拆卸附属设备—4. 查阅维修手册—5. 判断正时相位		

决策的评价	班级		第　　组		组长签字	
	教师签字		日期			
	评语：					

166

学习情境七　更换正时皮带

4. 检查正时标记的实施单

学习情境七	更换正时皮带		学　　时	0.8 学时
典型工作过程描述		1. 准备工作—2. 检查正时标记—3. 脱开正时皮带—4. 调整正时标记—5. 填写检测报告
序　号	实施的具体步骤		注 意 事 项	自　　评
1			正确查阅维修手册，找到检查正时标记章节	
2			正确安装维修工具：凸轮轴固定 FT1047N1	
3			正确拆卸附属设备：空滤、右前轮罩板部件	
4			转动曲轴	
5			按维修手册标准检查 Golf A72014（1.6L）进排气凸轮轴凹槽	

实施说明：

1. 学生要认真查阅维修手册，找到检查正时标记的章节：＿＿章＿＿节＿＿页。

2. 学生要认真安装正时标记检查专用工具。

3. 学生要认真拆卸附属设备（拆卸空气滤清器、拆卸右前轮罩版前部件）。

4. 学生要认真转动曲轴，用固定支架固定凸轮轴齿形皮带轮并做好运转方向的记号。

5. 学生要正确判断正时相位，大众 Golf A72014（1.6L）轿车的飞轮侧有两个凸轮轴，每个凸轮轴上各有两个不对称的凹槽，对于排气凸轮轴，通过冷却液泵齿形皮带轮上的孔观察凸轮轴的两个不对称凹槽，对于进气凸轮轴，观察凸轮轴上的凹槽是否在凸轮轴十字虚线上方。如果凸轮轴的位置与上述不符，则接着继续转动曲轴一圈，再次转到"上止点"处。

实施的评价	班级		第　组		组长签字	
	教师签字			日期		
	评语：		

5. 检查正时标记的检查单

学习情境七	更换正时皮带		学　　时	0.2 学时
典型工作过程描述		1. 准备工作—2. 检查正时标记—3. 脱开正时皮带—4. 调整正时标记—5. 填写检测报告
序　　号	检查项目（具体步骤的检查）	检查标准	小组自查（检查是否完成以下步骤，完成打√，没完成打×）	小组互查（检查是否完成以下步骤，完成打√，没完成打×）
1	查阅维修手册	查阅正确		
2	安装专用工具	安装专用工具正确		

检修汽车发动机机械系统

3	拆卸附属设备	拆卸附属设备正确		
4	确定上止点	确定上止点正确		
5	判断正时相位	判断相位正确		
检查的评价	班级		第　组	组长签字	
	教师签字		日期		
	评语：				

6. 检查正时标记的评价单

学习情境七	更换正时皮带		学　　时	0.2学时
典型工作过程描述	1．准备工作—**2．检查正时标记**—3．脱开正时皮带—4．调整正时标记—5．填写检测报告			
评价项目	评分维度	组长对每组评分	教师评价	
小组1 检查正时标记的阶段性结果	完整性、时效性、准确性			
小组2 检查正时标记的阶段性结果	完整性、时效性、准确性			
小组3 检查正时标记的阶段性结果	完整性、时效性、准确性			
小组4 检查正时标记的阶段性结果	完整性、时效性、准确性			
评价的评价	班级		第　组	组长签字	
	教师签字		日期		
	评语：				

学习情境七 更换正时皮带

任务三 脱开正时皮带

1. 脱开正时皮带的资讯单

学习情境七	更换正时皮带		学　时	0.4 学时
典型工作过程描述	1．准备工作—2．检查正时标记—3．脱开正时皮带—4．调整正时标记—5．填写检测报告			
收集资讯的方式	1．查看客户需求单。 2．查看教师提供的《学习性工作任务单》。			
资讯描述	1．让学生查看客户需求单，明确车辆的故障现象。 2．通过查看故障信息，让学生正确查阅维修手册，找到技术标准，正确安装护罩和附件，正确检测结果分析并提出维修建议，整理场地、工具，做好 7S 作业。			
对学生的要求	1．学会查阅维修手册并进行零部件复位。 2．学会正确安装发动机护罩和空气滤清器、点火线圈等。 3．学会正确分析检测结果并提出维修建议。 4．能够养成 7S 规范作业习惯。 5．能够培养团队意识、工匠精神、职业精神。			
参考资料	1．客户需求单。 2．客户提供的故障信息。 3．《汽车发动机构造与检修》网络教学资源。 4．刘宜，石启军，刘勇兰．汽车发动机机械构造与维修一体化教程[M]．北京：机械工业出版社，2021：40-42。			
资讯的评价	班级		第　组	组长签字	
^	教师签字		日期		
^	评语：				

2. 脱开正时皮带的计划单

学习情境七	更换正时皮带		学　时	0.2 学时
典型工作过程描述	1．准备工作—2．检查正时标记—3．脱开正时皮带—4．调整正时标记—5．填写检测报告			
计划制订的方式	1．查看客户需求单。 2．查看《学习性工作任务单》。 3．请教教师。			

检修汽车发动机机械系统

序　号	具体工作步骤	注 意 事 项
1	查阅维修手册	正确查阅＿＿＿＿＿，查找正时皮带正时标记
2	使用专用工具	正确使用凸轮轴正时标记固定专用工具
3	拧下齿轮螺栓	正确使用工具拧下进气凸轮轴齿轮＿＿＿
4	松开张紧轮	正确松开＿＿＿＿＿张紧轮
5	拆下并检查正时皮带	正确取下正时皮带并检查外观

计划的评价	班级		第　　组	组长签字	
	教师签字		日期		
	评语：				

3. 脱开正时皮带的决策单

学习情境七	更换正时皮带		学　　时	0.2 学时
典型工作过程描述	1. 准备工作—2. 检查正时标记—**3. 脱开正时皮带**—4. 调整正时标记—5. 填写检测报告			
序　　号	以下哪个是完成"3. 脱开正时皮带"这个典型工作环节正确的具体步骤？		正确与否（正确打√，错误打×）	
1	1. 查阅维修手册—2. 使用专用工具—3. 拧下齿轮螺栓—4. 松开张紧轮—5. 拆下并检查正时皮带		√	
2	1. 查阅维修手册—2. 拆下并检查正时皮带—3. 拧下齿轮螺栓—4. 松开张紧轮—5. 使用专用工具			
3	1. 查阅维修手册—2. 使用专用工具—3. 拆下并检查正时皮带—4. 松开张紧轮—5. 拧下齿轮螺栓			
4	1. 查阅维修手册—2. 松开张紧轮—3. 拧下齿轮螺栓—4. 使用专用工具—5. 拆下并检查正时皮带			

决策的评价	班级		第　　组	组长签字	
	教师签字		日期		
	评语：				

学习情境七 更换正时皮带

4. 脱开正时皮带的实施单

学习情境七	更换正时皮带		学　时	0.8学时
典型工作过程描述	1．准备工作—2．检查正时标记—3．脱开正时皮带—4．调整正时标记—5．填写检测报告			
序　号	实施的具体步骤	注 意 事 项	自　评	
1		正确查阅维修手册，查找正时皮带正时标记		
2		正确使用凸轮轴正时标记固定专用工具		
3		正确使用工具拧下进气凸轮轴齿轮螺栓		
4		正确松开张紧轮		
5		正确取下正时皮带并检查外观		
实施说明： 1．学生要认真查阅维修手册，找到更换正时皮带的章节：＿＿章＿＿节＿＿页，正确选择拆装专用工具。 2．学生要正确拧下凸轮轴齿轮螺栓。 3．学生要正确松开张紧轮，用梅花扳手松开偏心轮使张紧轮松开。 4．学生要正确取下皮带并检查皮带外观。				
实施的评价	班级		第　　组	组长签字	
^	教师签字		日期		
^	评语：				

5. 脱开正时皮带的检查单

学习情境七	更换正时皮带		学　时	0.2学时
典型工作过程描述	1．准备工作—2．检查正时标记—3．脱开正时皮带—4．调整正时标记—5．填写检测报告			
序　号	检查项目 （具体步骤的检查）	检 查 标 准	小组自查 （检查是否完成以下步骤，完成打√，没完成打×）	小组互查 （检查是否完成以下步骤，完成打√，没完成打×）
1	查阅维修手册	查询正确		
2	使用专用工具	使用工具正确		
3	拧下齿轮螺栓	拧下螺栓规范		
4	松开张紧轮	松开张紧轮规范		
5	拆下并检查正时皮带	拆下及检查规范		

检修汽车发动机机械系统

<table>
<tr><td rowspan="3">检查的评价</td><td>班级</td><td></td><td>第　　组</td><td>组长签字</td><td></td></tr>
<tr><td>教师签字</td><td></td><td>日期</td><td colspan="2"></td></tr>
<tr><td colspan="5">评语：</td></tr>
</table>

6. 脱开正时皮带的评价单

<table>
<tr><td>学习情境七</td><td colspan="2">更换正时皮带</td><td>学　　时</td><td>0.2 学时</td></tr>
<tr><td>典型工作过程描述</td><td colspan="4">1．准备工作—2．检查正时标记—3．脱开正时皮带—4．调整正时标记—5．填写检测报告</td></tr>
<tr><td>评价项目</td><td>评分维度</td><td colspan="2">组长对每组评分</td><td>教师评价</td></tr>
<tr><td>小组 1
脱开正时皮带的阶段性结果</td><td>完整性、时效性、准确性</td><td colspan="2"></td><td></td></tr>
<tr><td>小组 2
脱开正时皮带的阶段性结果</td><td>完整性、时效性、准确性</td><td colspan="2"></td><td></td></tr>
<tr><td>小组 3
脱开正时皮带的阶段性结果</td><td>完整性、时效性、准确性</td><td colspan="2"></td><td></td></tr>
<tr><td>小组 4
脱开正时皮带的阶段性结果</td><td>完整性、时效性、准确性</td><td colspan="2"></td><td></td></tr>
<tr><td rowspan="3">评价的评价</td><td>班级</td><td></td><td>第　　组</td><td>组长签字</td><td></td></tr>
<tr><td>教师签字</td><td></td><td>日期</td><td colspan="2"></td></tr>
<tr><td colspan="5">评语：</td></tr>
</table>

学习情境七　更换正时皮带

任务四　调整正时标记

1. 调整正时标记的资讯单

学习情境七	更换正时皮带		学　　时	0.4 学时
典型工作过程描述	1．准备工作—2．检查正时标记—3．脱开正时皮带—4．调整正时标记—5．填写检测报告			
收集资讯的方式	1．查看客户需求单。 2．查看教师提供的《学习性工作任务单》。			
资讯描述	1．让学生查看客户需求单，明确车辆的故障现象。 2．通过查看故障信息，让学生查阅维修手册，固定曲轴上止点，安装张紧轮，更换正时皮带，调整正时标记。			
对学生的要求	1．学会正确查阅维修手册。 2．学会正确检查凸轮轴和曲轴的上止点位置，并固定曲轴上止点。 3．学会正确安装张紧轮。 4．学会正确更换正时皮带，调整正时标记。			
参考资料	1．客户需求单。 2．客户提供的故障信息。 3．《汽车发动机构造与检修》网络教学资源。 4．刘宜，石启军，刘勇兰．汽车发动机机械构造与维修一体化教程[M]．北京：机械工业出版社，2021：40-42。			
资讯的评价	班级		第　　组	组长签字	
	教师签字		日期		
	评语：				

2. 调整正时标记的计划单

学习情境七	更换正时皮带	学　　时	0.2 学时
典型工作过程描述	1．准备工作—2．检查正时标记—3．脱开正时皮带—4．调整正时标记—5．填写检测报告		
计划制订的方式	1．查看客户需求单。 2．查看《学习性工作任务单》。 3．请教教师。		

173

检修汽车发动机机械系统

序　号	具体工作步骤	注意事项		
1	查阅维修手册	正确查询章节，安装正时皮带的章节：___章___节___页		
2	固定曲轴上止点	使用专用工具_____		
3	安装张紧轮	按维修手册_____		
4	更换正时皮带	正确更换_____		
5	调整正时标记	按维修标准_____		
计划的评价	班级		第　组	组长签字	
^	教师签字		日期		
^	评语：				

3. 调整正时标记的决策单

学习情境七	更换正时皮带	学　时	0.2 学时
典型工作过程描述	1．准备工作—2．检查正时标记—3．脱开正时皮带—4．调整正时标记—5．填写检测报告			
序　号	以下哪个是完成"4．调整正时标记"这个典型工作环节正确的具体步骤？		正确与否（正确打√，错误打×）
1	1．查阅维修手册—2．固定曲轴上止点—3．安装张紧轮—4．更换正时皮带—5．调整正时标记		
2	1．查阅维修手册—2．固定曲轴上止点—3．调整正时标记时—4．更换正时皮带—5．安装张紧轮		
3	1．查阅维修手册—2．调整正时标记—3．安装张紧轮—4．固定曲轴上止点—5．更换正时皮带		
4	1．调整正时标记—2．固定曲轴上止点—3．安装张紧轮—4．更换正时皮带—5．查阅维修手册		
决策的评价	班级		第　组	组长签字	
^	教师签字		日期		
^	评语：				

4. 调整正时标记的实施单

学习情境七	更换正时皮带		学　时	0.8 学时
典型工作过程描述	1．准备工作—2．检查正时标记—3．脱开正时皮带—4．调整正时标记—5．填写检测报告			
序　号	实施的具体步骤	注 意 事 项	自　评	
1		正确查阅章节，安装正时皮带的章节：＿＿章＿＿节＿＿页		
2		使用专用工具固定		
3		按维修手册安装		
4		正确更换新的正时皮带		
5		按维修标准调整正时标记		
实施说明： 　1．学生要认真查阅维修手册，找到调整正时标记的章节：＿＿章＿＿节＿＿页。正确使用专用工具固定曲轴上止点。 　2．学生要认真按维修手册的标准安装张紧轮和更换新的正时皮带。 　3．学生要认真检查并调整正时标记。				
实施的评价	班级		第　　组	组长签字	
^	教师签字		日　　期		
^	评语：				

5. 调整正时标记的检查单

学习情境七	更换正时皮带		学　时	0.2 学时
典型工作过程描述	1．准备工作—2．检查正时标记—3．脱开正时皮带—4．调整正时标记—5．填写检测报告			
序　号	检查项目（具体步骤的检查）	检 查 标 准	小组自查（检查是否完成以下步骤，完成打√，没完成打×）	小组互查（检查是否完成以下步骤，完成打√，没完成打×）
1	查阅维修手册	章节、页码、规格、型号正确		
2	固定曲轴上止点	固定位置正确		
3	安装张紧轮	安装张紧轮规范		
4	更换正时皮带	更换正时皮带规范		
5	调整正时标记	调整正时标记规范		

检修汽车发动机机械系统

班级		第　组		组长签字	
教师签字		日期			
检查的评价	评语：				

6. 调整正时标记的评价单

学习情境七	更换正时皮带		学　时	0.2 学时
典型工作过程描述	1．准备工作—2．检查正时标记—3．脱开正时皮带—**4．调整正时标记**—5．填写检测报告			
评价项目	评分维度	组长对每组评分	教师评价	
小组 1 **调整正时标记** 的阶段性结果	完整性、时效性、准确性			
小组 2 **调整正时标记** 的阶段性结果	完整性、时效性、准确性			
小组 3 **调整正时标记** 的阶段性结果	完整性、时效性、准确性			
小组 4 **调整正时标记** 的阶段性结果	完整性、时效性、准确性			

班级		第　组		组长签字	
教师签字		日期			
评价的评价	评语：				

176

学习情境七　更换正时皮带

任务五　填写检测报告

1. 填写检测报告的资讯单

学习情境七	更换正时皮带		学　时	0.4 学时
典型工作过程描述	1．准备工作—2．检查正时标记—3．脱开正时皮带—4．调整正时标记—**5．填写检测报告**			
收集资讯的方式	1．查看客户需求单。 2．查看教师提供的《学习性工作任务单》。			
资讯描述	1．让学生查看客户需求单，明确车辆的故障现象。 2．通过查看故障信息，让学生正确查阅维修手册，安装护罩和附件，提出维修建议，整理场地、工具。			
对学生的要求	1．学会正确查阅维修手册。 2．学会正确安装正时皮带护罩和附件。 3．提出维修建议，整理场地、工具。 4．能够养成 7S 规范作业习惯。			
参考资料	1．客户需求单。 2．客户提供的故障信息。 3．《汽车发动机构造与检修》网络教学资源。 4．刘宜，石启军，刘勇兰．汽车发动机机械构造与维修一体化教程[M]．北京：机械工业出版社，2021：40-42。			
资讯的评价	班级		第　组	组长签字	
	教师签字		日期		
	评语：			

2. 填写检测报告的计划单

学习情境七	更换正时皮带	学　时	0.2 学时
典型工作过程描述	1．准备工作—2．检查正时标记—3．脱开正时皮带—4．调整正时标记—**5．填写检测报告**		
计划制订的方式	1．查看客户需求单。 2．查看《学习性工作任务单》。 3．请教教师。		

177

检修汽车发动机机械系统

序　号	具体工作步骤	注 意 事 项
1	查阅维修手册	正确查阅章节、页码、规格、型号
2	安装护罩	正确安装
3	安装附件	正确安装附件
4	提出维修建议	对检查结果进行分析并提出维修建议
5	整理场地、工具	正确整理场地、工具
计划的评价	班级　　　　　　　　　第　　组　　组长签字	
	教师签字　　　　　　　日期	
	评语：	

3. 填写检测报告的决策单

学习情境名称	更换正时皮带		学　时	0.2 学时
典型工作过程描述	1．准备工作—2．检查正时标记—3．脱开正时皮带—4．调整正时标记—5．填写检测报告			
序　号	以下哪个是完成"5．填写检测报告"这个典型工作环节正确的具体步骤？		正确与否（正确打√，错误打×）	
1	1．查阅维修手册—2．安装护罩—3．安装附件—4．提出维修建议—5．整理场地、工具			
2	1．查阅维修手册—2．安装护罩—3．安装附件—4．整理场地、工具—5．提出维修建议			
3	1．整理场地、工具—2．安装护罩—3．安装附件—4．提出维修建议—5．查阅维修手册			
4	1．提出维修建议—2．安装护罩—3．安装附件—4．查阅维修手册—5．整理场地、工具			
决策的评价	班级　　　　　　　　　第　　组　　组长签字			
	教师签字　　　　　　　日期			
	评语：			

4. 填写检测报告的实施单

学习情境七	更换正时皮带		学　　时	0.8 学时
典型工作过程描述	1．准备工作—2．检查正时标记—3．脱开正时皮带—4．调整正时标记—**5．填写检测报告**			
序　　号	实施的具体步骤	注　意　事　项		自　　评
1		正确查阅章节、页码、规格、型号		
2		正确安装正时皮带护罩		
3		正确安装附件		
4		对检查结果进行分析并提出维修建议		
5		正确整理场地、工具		
实施说明： 1．学生要正确查阅维修手册。 2．学生要正确安装正时皮带护罩和附件。 3．学生要认真准备维修工具及量具，并能够正确使用。 4．学生要认真分析结果并提出维修建议。 5．学生要认真整理场地、工具。				
实施的评价	班级		第　　组	组长签字	
^	教师签字		日期		
^	评语：				

5. 填写检测报告的检查单

学习情境七	更换正时皮带		学　　时	0.2 学时
典型工作过程描述	1．准备工作—2．检查正时标记—3．脱开正时皮带—4．调整正时标记—**5．填写检测报告**			
序　　号	检查项目 （具体步骤的检查）	检查标准	小组自查 （检查是否完成以下步骤，完成打√，没完成打×）	小组互查 （检查是否完成以下步骤，完成打√，没完成打×）
1	查阅维修手册	查阅正确		
2	安装护罩	正时皮带护罩安装规范		
3	安装附件	安装附件正确		
4	提出维修建议	维修建设合理		
5	整理场地、工具	整理干净、整洁		

检查的评价	班级		第 组		组长签字	
	教师签字		日期			
	评语:					

6. 填写检测报告的评价单

学习情境七	更换正时皮带		学　时	0.2 学时
典型工作过程描述	1. 准备工作—2. 检查正时标记—3. 脱开正时皮带—4. 调整正时标记—**5.** 填写检测报告			
评价项目	评 分 维 度	组长对每组评分		教 师 评 价
小组 1 填写检测报告的阶段性结果	完整性、时效性、准确性			
小组 2 填写检测报告的阶段性结果	完整性、时效性、准确性			
小组 3 填写检测报告的阶段性结果	完整性、时效性、准确性			
小组 4 填写检测报告的阶段性结果	完整性、时效性、准确性			
评价的评价	班级		第 组		组长签字	
	教师签字		日期			
	评语:					

学习情境八　更　换　机　油

客户需求单

学习背景
1. 某客户有一辆 2014 年的一汽-大众高尔夫，已行驶约 16.5 万 km。该车启动后仪表盘显示"请维护保养"。现送厂进行维护保养，并委托维修人员更换机油。 　　2. 维修人员通过与车主沟通判定车辆已达到维护保养里程数，需要对车辆进行二级维护作业，其中包含更换机油项目。
素材

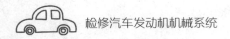

学习性工作任务单

学习情境八	更换机油	学 时	6学时
典型工作过程描述	1．准备工作—2．检查机油—3．排放机油—4．加注机油—5．填写检测报告			
学习目标	1．准备工作 1.1 准备基础知识 1.2 准备维修资料 1.3 准备维修工具 1.4 准备维修车辆 1.5 实施维修防护 2．检查机油 2.1 查阅维修手册 2.2 记录标准值 2.3 检查机油油位 2.4 检查机油质量 2.5 检查机油是否泄漏 3．排放机油 3.1 拆除发动机机油盖 3.2 放置机油回收桶 3.3 松开排油塞螺栓 3.4 排放发动机机油 3.5 清洁油塞油底壳 4．加注机油 4.1 更换机油滤清器 4.2 拧紧放油螺栓 4.3 放下车辆 4.4 加注发动机机油 4.5 检查机油油位 5．填写检测报告 5.1 启动运转检查液位 5.2 举升车辆检查是否漏油 5.3 检测结果分析 5.4 提出维修建议 5.5 整理工具、场地			
任务描述	**1．准备工作**：第一，收集机油的功用及更换机油的相关资料；第二，准备维修资料，包括维修手册、电路图、用户使用手册等；第三，准备维修设备、工具（通用和专用），包括车辆举升机、机油回收桶、新机油、扭力扳手、机油滤清器拆装专用工具等；第四，准备维修车辆，登记车辆的基本信息，检查车辆基本状况，包括车辆油、水、电的基本检查；第五，对车辆进行安全防护，包括安装车轮挡块，铺设车内、			

	车外三件套。 　　**2．检查机油**：第一，车辆必须处于水平位置，预热发动机，润滑油温度高于60℃；第二，查阅维修手册，记录机油加注标准值；第三，发动机熄火后几分钟，拔出机油标尺，读取机油油位，应该在"L"和"F"之间检查机油油位；第四，检查机油质量，取出机油并检查机油是否变质、含水或变稀，如机油质量变差，则应按规定更换机油（用机油尺取一滴发动机内的机油滴在专用滤纸上，油内的污染物便随油向滤纸四周扩散，2～3h后；滤纸上便形成颜色深浅不同的晕环，一般在3个或3个以上，中心沉淀区的色度表示出油的污染程度）；第五，检查机油是否泄漏。 　　**3．排放机油**：第一，拆除发动机机油盖；第二，放置机油回收桶拆下发动机罩盖；第三，松开排油塞螺栓；第四，排放发动机机油；第五，清洁油塞油底壳。 　　**4．加注机油**：第一，更换机油滤清器；第二，拧紧放油螺栓；第三，放下车辆；第四，加注发动机机油；第五，检查机油油位。 　　**5．填写检测报告**：第一，启动车辆，停止运转检查液位；第二，举升车辆检查是否漏油；第三，检测结果分析；第四，提出维修建议；第五，整理工具、场地。
学时安排	资讯　　　计划　　　决策　　　实施　　　检查　　　评价 1学时　　1学时　　1学时　　1学时　　1学时　　1学时
对学生的要求	**1．准备工作**：第一，学会收集机油的功用及更换机油的相关资料；第二，学会准备维修资料，包括维修手册、电路图、用户使用手册等；第三，学会准备维修设备、工具（通用和专用），包括车辆举升机、机油回收桶、新机油、扭力扳手、机油滤清器拆装专用工具等；第四，准备维修车辆，登记车辆的基本信息，检查车辆基本状况，包括车辆油、水、电的基本检查；第五，学会对车辆进行安全防护，包括安装车轮挡块，铺设车内、车外三件套。 　　**2．检查机油**：第一，车辆必须处于水平位置，预热发动机，润滑油温度高于60℃；第二，查阅维修手册，记录机油加注标准值；第三，发动机熄火后几分钟，拔出机油标尺，读取机油油位，应该在"L"和"F"之间检查机油油位；第四，检查机油质量，取出机油并检查机油是否变质、含水或变稀，如机油质量变差，则应按规定更换机油；第五，检查机油是否泄漏。 　　**3．排放机油**：第一，学会拆除发动机机油盖；第二，放置机油回收桶，拆下发动机罩盖；第三，学会松开排油塞螺栓；第四，排放发动机机油；第五，清洁油塞油底壳。 　　**4．加注机油**：第一，更换机油滤清器；第二，拧紧放油螺栓；第三，放下车辆；第四，加注发动机机油；第五，检查机油油位。 　　**5．填写检测报告**：第一，启动车辆，停止运转检查液位；第二，举升车辆检查是否漏油；第三，检测结果分析；第四，提出维修建议；第五，整理工具、场地。
参考资料	1．客户需求单。 2．客户提供的故障信息。 3．《汽车发动机构造与检修》网络教学资源。 4．刘宜，石启军，刘勇兰．汽车发动机机械构造与维修一体化教程[M]．北京：机械工业出版社，2021：143。

检修汽车发动机机械系统

教学和学习方式与流程	典型工作环节	教学和学习的方式					
	1. 准备工作	资讯	计划	决策	实施	检查	评价
	2. 检查机油	资讯	计划	决策	实施	检查	评价
	3. 排放机油	资讯	计划	决策	实施	检查	评价
	4. 加注机油	资讯	计划	决策	实施	检查	评价
	5. 填写检测报告	资讯	计划	决策	实施	检查	评价

材料工具清单

学习情境八		更换机油			学　时		6 学时
典型工作过程描述		1. 准备工作—2. 检查机油—3. 排放机油—4. 加注机油—5. 填写检测报告					
典型工作过程	序号	名称	作用	数量	型号	使用量	使用者
1. 准备工作	1	维修手册、维修电路图	参考	各4本	Golf A72014（1.6L）	各4本	学生
	2	钢笔	填表	4支		4支	学生
	3	车辆	检查	4辆	高尔夫	4辆	学生
	4	车内三件套	防护	4套		4套	车辆
	5	车外三件套	防护	4套		4套	车辆
	6	车轮挡块	防护	4套		4套	车辆
2. 检查机油	7	抹布	清洁	4套		4套	学生
	8	拆装工具	拆装	4套	世达	4套	学生
3. 排放机油	9	车辆举升机	拆装	4套		4套	学生
	10	机油回收桶	拆装	4套		4套	学生
4. 加注机油	11	新机油	更换	4瓶		4把	学生
	12	新机滤	更换	4套		4套	学生
	13	扭力扳手	拆装	4个		4个	学生
	14	机油滤清器拆装专用工具	拆装	4把		4把	学生
5. 填写检测报告	15	工单	存档	每人1份		每人1份	学生
班级			第　　组			组长签字	
教师签字			日期				

184

学习情境八　更换机油

任务一　准备工作

1. 准备工作的资讯单

学习情境八	更换机油		学　时	0.2 学时
典型工作过程描述	**1. 准备工作**—2. 检查机油—3. 排放机油—4. 加注机油—5. 填写检测报告			
收集资讯的方式	1. 查看客户需求单。 2. 查看教师提供的《学习性工作任务单》。			
资讯描述	1. 让学生查看客户需求单，明确车辆的故障现象。 2. 通过查看故障信息，查找基础知识，准备维修资料、维修工具及维修车辆，实施车辆防护任务。			
对学生的要求	1. 学会收集机油的功用及机油更换的相关资料。 2. 学会准备维修手册、维修工具、车辆，能够规范进行安全防护。 3. 学会正确检查车辆油、电、水。			
参考资料	1. 客户需求单。 2. 客户提供的故障现象。 3. 《汽车发动机构造与检修》网络教学资源。 4. 刘丽. 汽车发动机拆装实训[M]. 3 版. 北京：机械工业出版社，2020：97。			
资讯的评价	班级		第　组	组长签字	
	教师签字		日期		
	评语：				

2. 准备工作的计划单

学习情境八	更换机油		学　时	0.2 学时
典型工作过程描述	**1. 准备工作**—2. 检查机油—3. 排放机油—4. 加注机油—5. 填写检测报告			
计划制订的方式	1. 查看客户需求单。 2. 查看《学习性工作任务单》。 3. 咨询教师。			

序　号	具体工作步骤	注意事项
1	准备基础知识	从参考资料中查看_____的相关资料
2	准备维修资料	_____、_____、_____准备齐全
3	准备维修工具	_____和_____准备齐全
4	准备维修车辆	正确检查车辆状况
5	实施维修防护	正确进行车内、车外防护及安装车轮挡块

185

检修汽车发动机机械系统

计划的评价	班级		第 组		组长签字	
	教师签字		日期			
	评语:					

3. 准备工作的决策单

学习情境八	更换机油	学 时	0.2学时
典型工作过程描述	1．准备工作—2．检查机油—3．排放机油—4．加注机油—5．填写检测报告		
序 号	以下哪个是完成"1．准备工作"这个典型工作环节正确的具体步骤？	正确与否（正确打√，错误打×）	
1	1．准备基础知识—2．准备维修资料—3．准备维修工具—4．准备维修车辆—5．实施维修防护		
2	1．实施维修防护—2．准备维修工具—3．准备维修车辆—4．准备维修资料—5．准备基础知识		
3	1．准备基础知识—2．准备维修资料—3．准备维修工具—4．实施维修防护—5．准备维修车辆		
4	1．实施维修防护—2．准备维修工具—3．准备维修资料—4．准备维修车辆—5．准备基础知识		

决策的评价	班级		第 组		组长签字	
	教师签字		日期			
	评语:					

学习情境八　更换机油

4．准备工作的实施单

学习情境八	更换机油		学　　时	0.2学时
典型工作过程描述	1．准备工作—2．检查机油—3．排放机油—4．加注机油—5．填写检测报告			
序　号	实施的具体步骤	注意事项		自　评
1		从参考资料中查看机油更换的相关资料		
2		维修手册、电路图、用户使用手册准备齐全		
3		常用工具和专用工具齐全		
4		正确检查车辆状况		
5		正确进行车内、车外防护及安装车轮挡块		

实施说明：

　　在发动机维护过程中，按生产厂家的规定要求，需要对机油定期进行更换，在使用过程中，如果发现机油质量变差，即使车辆没有达到规定的行驶里程也应及时更换机油。

　　1．学生要认真收集机油的功用、机油更换的相关资料。

　　2．学生要认真准备维修手册、电路图及用户手册，并能够正确查阅。

　　3．学生要认真准备维修工具及量具，并能够正确使用。

　　4．学生要认真检查车辆状况，保证车辆油、电、水正常。

　　5．学生要认真完成车内、车外的安全防护。

实施的评价	班级		第　　组		组长签字	
	教师签字		日期			
	评语：					

5．准备工作的检查单

学习情境八	更换机油		学　　时	0.2学时
典型工作过程描述	1．准备工作—2．检查机油—3．排放机油—4．加注机油—5．填写检测报告			
序　号	检查项目 （具体步骤的检查）	检查标准	小组自查 （检查是否完成以下步骤，完成打√，没完成打×）	小组互查 （检查是否完成以下步骤，完成打√，没完成打×）
1	准备基础知识	准备基础知识全面		
2	准备维修资料	维修手册、电路图、用户使用手册准备齐全		
3	准备维修工具	工具和量具准备齐全		
4	准备维修车辆	正确检查车辆状况		
5	实施维修防护	正确进行车内、车外防护		

187

检修汽车发动机机械系统

检查的评价	班级		第 组		组长签字	
	教师签字		日期			
	评语:					

6. 准备工作的评价单

学习情境八	更换机油		学 时	0.2学时
典型工作过程描述	1．准备工作—2．检查机油—3．排放机油—4．加注机油—5．填写检测报告			
评价项目	评分维度	组长对每组评分	教师评价	
小组1 **准备工作** 的阶段性结果	完整性、时效性、准确性			
小组2 **准备工作** 的阶段性结果	完整性、时效性、准确性			
小组3 **准备工作** 的阶段性结果	完整性、时效性、准确性			
小组4 **准备工作** 的阶段性结果	完整性、时效性、准确性			
评价的评价	班级		第 组	组长签字	
	教师签字		日期		
	评语:				

学习情境八 更换机油

任务二 检查机油

1. 检查机油的资讯单

学习情境八	更换机油		学 时	0.2 学时
典型工作过程描述	1. 准备工作—**2. 检查机油**—3. 排放机油—4. 加注机油—5. 填写检测报告			
收集资讯的方式	1. 查看客户需求单。 2. 查看教师提供的《学习性工作任务单》。			
资讯描述	1. 让学生查看客户需求单,明确车辆的故障现象。 2. 通过查看故障信息,让学生正确查阅维修手册,正确记录标准值,正确检查机油油位,正确检查机油质量,正确检查机油是否泄漏。			
对学生的要求	1. 学会预热发动机,润滑油温度高于60℃。 2. 学会查阅维修手册,记录机油加注标准值。 3. 学会发动机熄火后几分钟,拔出机油标尺,读取机油油位,在"L"和"F"之间检查机油油位。 4. 学会检查机油质量,取出机油检查机油是否变质、含水或变稀,如机油质量变差,则应按规定更换机油。 5. 学会检查机油是否泄漏。			
参考资料	1. 客户需求单。 2. 客户提供的故障信息。 3.《汽车发动机构造与检修》网络教学资源。 4. 刘丽. 汽车发动机拆装实训[M]. 3版. 北京:机械工业出版社,2020:97。			
	班级		第 组	组长签字	
	教师签字		日期		
资讯的评价	评语:				

189

检修汽车发动机机械系统

2. 检查机油的计划单

学习情境八	更换机油		学　时	0.2 学时
典型工作过程描述	1．准备工作—**2．检查机油**—3．排放机油—4．加注机油—5．填写检测报告			
计划制订的方式	1．查看客户需求单。 2．查看《学习性工作任务单》。 3．请教教师。			
序　号	具体工作步骤	注　意　事　项		
1	查阅维修手册	正确查阅章节、页码、规格及型号		
2	记录标准值	机油加注量＿＿＿＿＿		
3	检查机油油位	机油油位：＿＿＿＿＿		
4	检查机油质量	检查机油的颜色，颜色黑，则黏度下降		
5	检查机油是否泄漏	检查是否有机油泄漏		
计划的评价	班级		第　　组	组长签字	
	教师签字		日期		
	评语：			

3. 检查机油的决策单

学习情境八	更换机油	学　时	0.2 学时
典型工作过程描述	1．准备工作—**2．检查机油**—3．排放机油—4．加注机油—5．填写检测报告		
计　划　对　比			
序　号	以下哪个是完成"2．检查机油"这个典型工作环节 正确的具体步骤？	正确与否 （正确打√，错误打×）	
1	1．查阅维修手册—2．记录标准值—3．检查机油油位—4．检查机油质量—5．检查机油是否泄漏		
2	1．检查机油是否泄漏—2．记录标准值—3．检查机油油位—4．检查机油质量—5．查阅维修手册		
3	1．检查机油油位—2．记录标准值—3．查阅维修手册—4．检查机油质量—5．检查机油是否泄漏		
4	1．查阅维修手册—2．记录标准值—3．检查机油是否泄漏—4．检查机油质量—5．检查机油油位		
决策的评价	班级	第　　组	组长签字
	教师签字	日期	
	评语：		

190

学习情境八 更换机油

4. 检查机油的实施单

学习情境八	更换机油		学　时	0.2 学时
典型工作过程描述	1. 准备工作—**2. 检查机油**—3. 排放机油—4. 加注机油—5. 填写检测报告			
序　号	实施的具体步骤	注意事项		自　评
1		正确查阅章节、页码、规格及型号		
2		机油加注量正确		
3		注意观察上限和下限		
4		检查机油的颜色，颜色黑，则黏度下降		
5		检查是否有机油泄漏		

实施说明：

1. 学生要正确预热发动机，润滑油温度高于 60℃。

2. 学生要查阅维修手册，记录机油加注标准值。

3. 学生要发动机熄火后几分钟，拔出机油标尺，读取机油油位，应该在"L"（下限）和"F"（上限）之间。

4. 检查机油质量，取出机油检查机油是否变质、含水或变稀，如机油质量变差，要进行更换机油。

实施的评价	班级		第　组		组长签字	
	教师签字		日期			
	评语：					

5. 检查机油的检查单

学习情境八	更换机油		学　时	0.2 学时
典型工作过程描述	1. 准备工作—**2. 检查机油**—3. 排放机油—4. 加注机油—5. 填写检测报告			
序　号	检查项目 （具体步骤的检查）	检查标准	小组自查 （检查是否完成以下步骤，完成打√，没完成打×）	小组互查 （检查是否完成以下步骤，完成打√，没完成打×）
1	查阅维修手册	查阅章节、页码、规格、型号正确		
2	记录标准值	记录机油加注量正确		
3	检查机油油位	机油油位合理		
4	检查机油质量	判断正确		
5	检查机油是否泄漏	正确检查是否有机油泄漏		

191

检修汽车发动机机械系统

	班级		第 组	组长签字	
检查的评价	教师签字		日期		
	评语:				

6. 检查机油的评价单

学习情境八	更换机油		学 时	0.2学时
典型工作过程描述	1. 准备工作—**2. 检查机油**—3. 排放机油—4. 加注机油—5. 填写检测报告			
评价项目	评分维度	组长对每组评分	教师评价	
小组1 **检查机油** 的阶段性结果	规范性、时效性、准确性			
小组2 **检查机油** 的阶段性结果	完整性、时效性、准确性			
小组3 **检查机油** 的阶段性结果	完整性、时效性、准确性			
小组4 **检查机油** 的阶段性结果	完整性、时效性、准确性			
评价的评价	班级		第 组	组长签字	
	教师签字		日期		
	评语:				

学习情境八 更换机油

任务三 排放机油

1. 排放机油的资讯单

学习情境八	更换机油		学　时	0.2 学时
典型工作过程描述	1．准备工作—2．检查机油—**3．排放机油**—4．加注机油—5．填写检测报告			
收集资讯的方式	1．查看客户需求单。 2．查看教师提供的《学习性工作任务单》。			
资讯描述	1．让学生查看客户需求单，明确车辆的故障现象。 2．通过查看故障信息，让学生正确拆除发动机机油盖。 3．让学生正确放置机油回收桶并拆下发动机罩盖。 4．让学生松开排油塞螺栓，排放发动机机油，清洁油塞油底壳。			
对学生的要求	1．学会正确拆除发动机机油盖。 2．学会正确松开排油塞螺栓，排放机油。			
参考资料	1．客户需求单。 2．客户提供的故障信息。 3．《汽车发动机构造与检修》网络教学资源。 4．刘丽．汽车发动机拆装实训[M]．3 版．北京：机械工业出版社，2020：97。			
资讯的评价	班　级		第　　组	组长签字	
	教师签字		日　期		
	评语：				

2. 排放机油的计划单

学习情境八	更换机油		学　时	0.2 学时
典型工作过程描述	1．准备工作—2．检查机油—**3．排放机油**—4．加注机油—5．填写检测报告			
计划制订的方式	1．查看客户需求单。 2．查看《学习性工作任务单》。 3．请教教师。			
序　号	具体工作步骤		注 意 事 项	
1	拆除发动机机油盖		正确拆除＿＿＿＿＿＿	
2	放置机油回收桶		正确放置＿＿＿＿＿＿	
3	松开排油塞螺栓		正确松开＿＿＿＿＿＿	
4	排放发动机机油		排放发动机＿＿＿＿＿＿	
5	清洁油塞油底壳		使用抹布清洁油底壳	
计划的评价	班　级		第　　组	组长签字	
	教师签字		日　期		
	评语：				

193

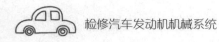

3. 排放机油的决策单

学习情境八	更换机油	学　　时	0.2学时
典型工作过程描述	1．准备工作—2．检查机油—3．排放机油—4．加注机油—5．填写检测报告			

<table>
<tr><td colspan="3" align="center">计 划 对 比</td></tr>
<tr><td>序　号</td><td>以下哪个是完成"3．排放机油"这个典型工作环节
正确的具体步骤？</td><td>正确与否
（正确打√，错误打×）</td></tr>
<tr><td>1</td><td>1．拆除发动机机油盖—2．放置机油回收桶—3．松开排油塞螺栓—4．排放发动机机油—5．清洁油塞油底壳</td><td></td></tr>
<tr><td>2</td><td>1．拆除发动机机油盖—2．放置机油回收桶—3．排放发动机机油—4．松开排油塞螺栓—5．清洁油塞油底壳</td><td></td></tr>
<tr><td>3</td><td>1．放置机油回收桶—2．拆除发动机机油盖—3．松开排油塞螺栓—4．排放发动机机油—5．清洁油塞油底壳</td><td></td></tr>
<tr><td>4</td><td>1．清洁油塞油底壳—2．放置机油回收桶—3．松开排油塞螺栓—4．排放发动机机油—5．拆除发动机机油盖</td><td></td></tr>
<tr><td rowspan="3">决策的评价</td><td>班级</td><td>第　　组</td><td>组长签字</td></tr>
<tr><td>教师签字</td><td colspan="2">日期</td></tr>
<tr><td colspan="3">评语：</td></tr>
</table>

4. 排放机油的实施单

学习情境八	更换机油	学　　时	0.2学时
典型工作过程描述	1．准备工作—2．检查机油—3．排放机油—4．加注机油—5．填写检测报告			

序　　号	实施的具体步骤	注 意 事 项	自　评
1		正确拆除机油盖	
2		正确放置机油回收桶	
3		正确松开排油塞螺栓	
4		排放发动机机油	
5		使用抹布清洁油底壳	

实施说明：

　　1．学生正确找到排放机油的章节：＿＿＿章＿＿＿节＿＿＿页；在排放机油的过程中，注意正确使用机油回收桶收集机油，使用常用工具松开排油塞螺栓，排放完后，注意要更换新的垫片，用规定的力矩拧紧。

　　2．学生要正确、规范地排放发动机机油。

　　3．学生要及时清洁油底壳溢出的机油。

<table>
<tr><td rowspan="3">实施的评价</td><td>班级</td><td>第　　组</td><td>组长签字</td></tr>
<tr><td>教师签字</td><td colspan="2">日期</td></tr>
<tr><td colspan="3">评语：</td></tr>
</table>

学习情境八 更换机油

5. 排放机油的检查单

学习情境八	更换机油		学　时	0.2 学时
典型工作过程描述	1.准备工作—2.检查机油—**3.排放机油**—4.加注机油—5.填写检测报告			
序　号	检查项目 （具体步骤的检查）	检查标准	小组自查 （检查是否完成 以下步骤，完成 打√，没完成打×）	小组互查 （检查是否完成 以下步骤，完成 √，没完成打×）
1	拆除发动机机油盖	拆卸机油盖正确		
2	放置机油回收桶	回收桶放置正确		
3	松开排油塞螺栓	松开螺栓正确		
4	排放发动机机油	排放规范		
5	清洁油塞油底壳	清洁彻底		
检查的评价	班级		第　组	组长签字	
	教师签字		日期		
	评语：				

6. 排放机油的评价单

学习情境八	更换机油		学　时	0.2 学时
典型工作过程描述	1.准备工作—2.检查机油—**3.排放机油**—4.加注机油—5.填写检测报告			
评价项目	评分维度	组长对每组评分	教师评价
小组 1 **排放机油** 的阶段性结果	完整性、时效性、准确性		
小组 2 **排放机油** 的阶段性结果	完整性、时效性、准确性		
小组 3 **排放机油** 的阶段性结果	完整性、时效性、准确性		
小组 4 **排放机油** 的阶段性结果	完整性、时效性、准确性		
评价的评价	班级		第　组	组长签字	
	教师签字		日期		
	评语：				

检修汽车发动机机械系统

任务四　加　注　机　油

1．加注机油的资讯单

学习情境八	更换机油	学　时	0.2 学时
典型工作过程描述	1．准备工作—2．检查机油—3．排放机油—**4．加注机油**—5．填写检测报告		
收集资讯的方式	1．查看客户需求单。 2．查看教师提供的《学习性工作任务单》。		
资讯描述	1．让学生查看客户需求单，明确车辆的故障现象。 2．通过查看故障信息，让学生更换机油滤清器。 3．让学生拧紧放油螺栓，放下车辆，加注发动机机油并检查机油油位。		
对学生的要求	1．学会正确更换机油滤清器。 2．学会规范地加注机油。 3．能够按规范进行场地工位恢复，检查维修资料、工具设备是否齐全、完好，做好 7S 作业，培养良好的职业操守。		
参考资料	1．查看客户需求单。 2．客户提供的故障信息。 3．《汽车发动机构造与检修》网络教学资源。 4．刘丽．汽车发动机拆装实训[M]．3 版．北京：机械工业出版社，2020：97。		
资讯的评价	班级		第　组	组长签字	
	教师签字		日期		
	评语：				

2．加注机油的计划单

学习情境八	更换机油	学　时	0.2 学时
典型工作过程描述	1．准备工作—2．检查机油—3．排放机油—**4．加注机油**—5．填写检测报告		
计划制订的方式	1．查看客户需求单。 2．查看《学习性工作任务单》。 3．请教教师。		

序　号	具体工作步骤	注 意 事 项
1	更换机油滤清器	使用机油滤清器拆装_____
2	拧紧放油螺栓	使用_____拧紧
3	放下车辆	使用举升机放下车辆
4	加注发动机机油	按维修标准加注规定的机油，标准：____
5	检查机油油位	检查机油油位

196

计划的评价	班级		第 组		组长签字	
	教师签字		日期			
	评语：					

3. 加注机油的决策单

学习情境八	更换机油	学 时	0.2 学时
典型工作过程描述	1．准备工作—2．检查机油—3．排放机油—**4．加注机油**—5．填写检测报告			
序 号	以下哪个是完成"4．加注机油"这个典型工作环节正确的具体步骤？	正确与否（正确打√，错误打×）	
1	1．更换机油滤清器—2．拧紧放油螺栓—3．放下车辆—4．加注发动机机油—5．检查机油油位		
2	1．更换机油滤清器—2．拧紧放油螺栓—3．放下车辆—4．检查机油油位—5．加注发动机机油		
3	1．拧紧放油螺栓—2．检查机油油位—3．放下车辆—4．加注发动机机油—5．更换机油滤清器		
4	1．检查机油油位—2．拧紧放油螺栓—3．放下车辆—4．加注发动机机油—5．更换机油滤清器		
决策的评价	班级		第 组	组长签字	
	教师签字		日期		
	评语：				

4. 加注机油的实施单

学习情境八	更换机油		学　时	0.2 学时
典型工作过程描述	1．准备工作—2．检查机油—3．排放机油—**4．加注机油**—5．填写检测报告			
序　号	实施的具体步骤	注　意　事　项		自　评
1		使用机油滤清器拆装专用工具		
2		使用扭力扳手拧紧		
3		使用举升机放下车辆		
4		按维修标准加注规定的机油		
5		检查机油油位		

实施说明：

1．学生要正确操作举升机，找到加注机油的章节：___章___节___页；将车辆平稳降落到地面上，举升机的托垫和车辆的支撑点不要接触，车辆靠自重停驻在地面上。

2．更换机油滤清器时，要将密封圈涂抹少许机油，并按规定力矩紧固。

3．学生要正确加注机油：

（1）清洁机油加注口。

（2）旋下机油桶盖，然后一手握住桶上的手柄，一手托住桶底，对正发动机的加油口，稍稍倾斜机油桶，可以使用漏斗，缓缓地将机油倒入发动机内。

（3）当加注量接近油桶容量（4L）的 3/4 时，停止加注。

（4）2～3min 后，拔出机油尺，擦净刻度尺处的油液，将其插入机油尺套管内，按压机油标尺，再次拔出机油尺检查油面的高度，应位于上下刻度线中间偏上的位置。若油量不足，进行添加，不允许液面高于上刻度线。

4．更换完后，应检查维修资料、工具设备是否齐全、完好，做好 7S 作业，培养良好的职业操守。

	班级		第　　组		组长签字	
	教师签字		日期			
实施的评价	评语：					

5. 加注机油的检查单

学习情境八	更换机油		学　时	0.2 学时
典型工作过程描述	1．准备工作—2．检查机油—3．排放机油—**4．加注机油**—5．填写检测报告			

学习情境八　更换机油

序　号	检查项目 （具体步骤的检查）	检查标准	小组自查 （检查是否完成以下步骤，完成打√，没完成打×）	小组互查 （检查是否完成以下步骤，完成打√，没完成打×）
1	更换机油滤清器	安装正确		
2	拧紧放油螺栓	拧紧力矩标准		
3	放下车辆	放下车辆正确		
4	加注发动机机油	加注机油准确		
5	检查机油油位	检查机油油位正确		
检查的评价	班级		第　　组	组长签字
	教师签字		日期	
	评语：			

6. 加注机油的评价单

学习情境八	更换机油		学　时	0.2 学时
典型工作过程描述	1．准备工作—2．检查机油—3．排放机油—4．加注机油—5．填写检测报告			
评价项目	评分维度	组长对每组评分		教师评价
小组 1 加注机油 的阶段性结果	完整性、时效性、正确性			
小组 2 加注机油 的阶段性结果	完整性、时效性、正确性			
小组 3 加注机油 的阶段性结果	完整性、时效性、正确性			
小组 4 加注机油 的阶段性结果	完整性、时效性、正确性			
评价的评价	班级		第　　组	组长签字
	教师签字		日期	
	评语：			

任务五 填写检测报告

1. 填写检测报告的资讯单

学习情境八	更换机油		学 时	0.2 学时
典型工作过程描述	1. 准备工作—2. 检查机油—3. 排放机油—4. 加注机油—**5. 填写检测报告**			
收集资讯的方式	1. 查看维修手册。 2. 查看教师提供的视频资源。			
资讯描述	1. 让学生查看客户需求单，明确车辆的故障现象。 2. 通过查看故障信息，让学生举升车辆检查漏油。 3. 让学生进行检测结果分析，提出维修建议并整理工具、场地。			
对学生的要求	1. 学会车辆启动，停止运转后检查油位。 2. 学会举升车辆检查是否漏油。 3. 学会对比分析，判断结果，按规范填写作业单，提出合理的维修建议。 4. 更换机油后，检查维修资料、工具设备是否齐全、完好，及时恢复工位，做好7S作业，培养良好的职业操守。			
参考资料	1. 客户需求单。 2. 客户提供的故障信息。 3.《汽车发动机构造与检修》网络教学资源。 4. 刘丽. 汽车发动机拆装实训[M]. 3版. 北京：机械工业出版社，2020：97。			
资讯的评价	班级		第 组	组长签字	
	教师签字		日期		
	评语：				

2. 填写检测报告的计划单

学习情境八	更换机油		学 时	0.2 学时
典型工作过程描述	1. 准备工作—2. 检查机油—3. 排放机油—4. 加注机油—**5. 填写检测报告**			
计划制订的方式	1. 查看客户需求单。 2. 查看《学习性工作任务单》。 3. 请教教师。			

序 号	具体工作步骤	注 意 事 项
1	启动运转检查液位	注意检查条件
2	举升车辆检查是否漏油	举升车辆检查
3	检测结果分析	实测与标准对比，正确判断_____
4	提出维修建议	提出合理维修_____
5	整理场地、工具	正确恢复工位，做好7S作业

学习情境八 更换机油

计划的评价	班级		第 组		组长签字	
	教师签字		日期			
	评语：					

3. 填写检测报告的决策单

学习情境八	更换机油	学 时	0.2 学时
典型工作过程描述	1．准备工作—2．检查机油—3．排放机油—4．加注机油—5．填写检测报告		
序 号	以下哪个是完成"5．填写检测报告"这个典型工作环节正确的具体步骤？	正确与否（正确打√，错误打×）	
1	1．启动运转检查液位—2．举升车辆检查是否漏油—3．检测结果分析—4．提出维修建议—5．整理工具、场地		
2	1．整理工具、场地—2．举升车辆检查是否漏油—3．检测结果分析—4．提出维修建议—5．启动运转检查液位		
3	1．提出维修建议—2．举升车辆检查是否漏油—3．检测结果分析—4．启动运转检查液位—5．整理工具、场地		
4	1．检测结果分析—2．举升车辆检查是否漏油—3．启动运转检查液位—4．提出维修建议—5．整理工具、场地		
决策的评价	班级		第 组		组长签字	
	教师签字		日期			
	评语：					

4. 填写检测报告的实施单

学习情境八	更换机油		学 时	0.2 学时
典型工作过程描述	1．准备工作—2．检查机油—3．排放机油—4．加注机油—5．填写检测报告			
序 号	实施的具体步骤	注 意 事 项	自 评	
1		注意检查条件		
2		举升车辆检查		
3		实测与标准对比，正确判断结果		
4		提出合理维修建议		
5		正确恢复工位，做好 7S 作业		

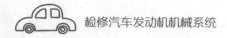

实施说明：

    1. 学生要认真检查车辆停止运转后的机油液位。

    2. 学生要正确举升车辆检查是否漏油。

    3. 学生要认真对比分析，判断结果。

    4. 学生要按规范填写作业单，提出合理的维修建议。

    5. 学生在更换完机油后，检查维修资料、工具设备是否齐全、完好，做好 7S 作业，培养良好的职业操守。

实施的评价	班级		第 组	组长签字	
	教师签字		日期		
	评语：				

5. 填写检测报告的检查单

学习情境八	更换机油		学 时	0.2 学时
典型工作过程描述	1. 准备工作—2. 检查机油—3. 排放机油—4. 加注机油—**5. 填写检测报告**			

序 号	检查项目 （具体步骤的检查）	检查标准	小组自查 （检查是否完成以下步骤，完成打√，没完成打×）	小组互查 （检查是否完成以下步骤，完成打√，没完成打×）
1	启动运转检查液位	运转后检查油位正确		
2	举升车辆检查漏油	举升车辆后检查漏油		
3	检测结果分析	做对比后正确判断		
4	提出维修建议	提出维修建议合理		
5	整理场地、工具	做好 7S 作业		

检查的评价	班级		第 组	组长签字	
	教师签字		日期		
	评语：				

6. 填写检测报告的评价单

学习情境八	更换机油		学　　时	0.2 学时
典型工作过程描述	1．准备工作—2．检查机油—3．排放机油—4．加注机油—**5．填写检测报告**			
评价项目	评分维度	组长对每组评分		教师评价
小组 1 **填写检测报告** 的阶段性结果	完整性、时效性、正确性			
小组 2 **填写检测报告** 的阶段性结果	完整性、时效性、正确性			
小组 3 **填写检测报告** 的阶段性结果	完整性、时效性、正确性			
小组 4 **填写检测报告** 的阶段性结果	完整性、时效性、正确性			
评价的评价	班级		第　　组	组长签字	
	教师签字		日期		
	评语：				

学习情境九　更换冷却液

客户需求单

学习背景
1．有一辆故障车，车主反映启动发动机比较困难，并且一启动发动机就会发现尾气冒白烟，怠速运行不稳。现送厂进行维修，并委托维修人员进行故障排除，恢复车辆正常运行。 　　2．经维修人员初步检查，发现可能是冷却系统故障，需要检查并更换冷却液。
素材

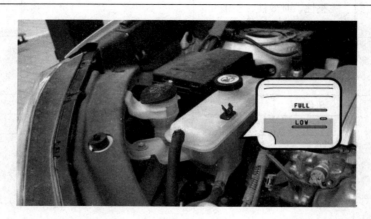

学习情境九　更换冷却液

学习性工作任务单

学习情境九	更换冷却液		学　　时	6学时
典型工作过程描述		1．准备工作—2．检查冷却液—3．排放冷却液—4．加注冷却液—5．填写检测报告
学习目标		1．准备工作 　　1.1　准备基础知识 　　1.2　准备维修资料 　　1.3　准备维修工具 　　1.4　准备维修车辆 　　1.5　实施维修防护 2．检查冷却液 　　2.1　查阅维修手册 　　2.2　记录标准值 　　2.3　检测冷却液液位 　　2.4　选择检测工具 　　2.5　检测冷却液冰点 3．排放冷却液 　　3.1　选择专用工具 　　3.2　举升车辆 　　3.3　打开排放塞 　　3.4　排放冷却液 　　3.5　拧紧排放塞 4．加注冷却液 　　4.1　查阅维修手册 　　4.2　打开冷却加注口 　　4.3　加注冷却液 　　4.4　加注至上限位置 　　4.5　启动车辆复检 5．填写检测报告 　　5.1　记录检查数据 　　5.2　分析检查结果 　　5.3　提出维修建议 　　5.4　恢复车辆工位 　　5.5　整理场地、工具
任务描述		**1．准备工作**：第一，收集冷却液的功用、组成、冷却液检查的相关资料；第二，准备维修资料，包括维修手册、电路图、用户使用手册等；第三，准备维修设备、工具（通用和专用），包括冷却液冰点测试仪、手套、回收容器、新冷却液、抹布、十字螺钉旋具、举升机等；第四，准备维修车辆，登记车辆基本信息，检查车辆基本状况，包括车辆油、水、电的基本检查；第五，对车辆进行防护，包括安装车轮挡块，

205

铺设车内、车外三件套。

2. 检查冷却液：第一，查阅维修手册；第二，记录标准值；第三，从发动机舱检查冷却液液位；第四，选择检测工具（冷却液冰点测试仪）；第五，检测冷却液冰点，用柔软的绒布擦净棱镜和盖板，使用吸管吸取少量冷却液，滴在冰点测试仪棱镜上，合上盖板并轻轻按压，将棱镜对向明亮处旋转目镜，使视内刻度清晰，读出明暗分界线上相应的刻度并报告冰点数值（−45℃正常）。

3. 排放冷却液：第一，选择专用工具；第二，举升车辆；第三，找到并打开排放塞；第四，排放并收集冷却液；第五，排放完后拧紧排放塞。

4. 加注冷却液：第一，查阅维修手册；第二，打开冷却加注口；第三，加注新冷却液；第四，加注冷却液至上限位置；第五，启动车辆，将车辆运行一段时间后，再次检查冷却液液面，如果冷却液液面不在标准值之内，再次添加直至液面处于标准液面之间。

5. 填写检测报告：第一，检查管路连接处是否有泄漏；第二，分析检查结果；第三，提出维修建议；第四，恢复车辆工位；第五，整理场地、工具。

学时安排	资讯 1 学时	计划 1 学时	决策 1 学时	实施 2 学时	检查 0.5 学时	评价 0.5 学时

对学生的要求	**1. 准备工作**：第一，学会收集冷却液的功用、组成、冷却液检查的相关资料；第二，准备维修资料，包括维修手册、电路图、用户使用手册等；第三，准备维修设备、工具（通用和专用），包括冷却液冰点测试仪、手套、回收容器、新冷却液、抹布、十字螺钉旋具、举升机等；第四，准备维修车辆，登记车辆基本信息，检查车辆基本状况，包括车辆油、水、电的基本检查；第五，对车辆进行防护，包括安装车轮挡块，铺设车内、车外三件套。 **2. 检查冷却液**：第一，学会查阅维修手册；第二，学会记录标准值；第三，从发动机舱检查冷却液液面；第四，学会选择检测工具（冷却液冰点测试仪）；第五，学会检测冷却液冰点。 **3. 排放冷却液**：第一，学会选择专用工具；第二，学会举升车辆；第三，学会找到并打开排放塞；第四，学会排放并收集冷却液；第五，学会排放完拧紧排放塞。 **4. 加注冷却液**：第一，学会查阅维修手册；第二，学会打开冷却加注口；第三，学会加注新冷却液；第四，学会加注冷却液至上限位置；第五，学会启动车辆，将车辆运行一段时间后，再次检查冷却液液面，如果冷却液液面不在标准值之内，再次添加直至液面处于标准液面之间。 **5. 填写检测报告**：第一，学会检查管路连接处是否有泄漏；第二，学会分析检查结果；第三，学会提出维修建议；第四，学会恢复车辆工位；第五，整理场地、工具。

参考资料	1. 客户需求单。 2. 客户提供的故障信息。 3.《汽车发动机构造与检修》网络教学资源。 4. 刘宜，石启军，刘勇兰. 汽车发动机机械构造与维修一体化教程[M]. 北京：机械工业出版社，2021：57-69。

学习情境九　更换冷却液

教学和学习方式与流程	典型工作环节	教学和学习的方式					
	1．准备工作	资讯	计划	决策	实施	检查	评价
	2．检查冷却液	资讯	计划	决策	实施	检查	评价
	3．排放冷却液	资讯	计划	决策	实施	检查	评价
	4．加注冷却液	资讯	计划	决策	实施	检查	评价
	5．填写检测报告	资讯	计划	决策	实施	检查	评价

材料工具清单

学习情境九	更换冷却液			学　　时	6学时	
典型工作过程描述	1．准备工作—2．检查冷却液—3．排放冷却液—4．加注冷却液—5．填写检测报告					
典型工作过程	序号	名称	作用	数量	型号	使用量	使用者
1．准备工作	1	维修手册、维修电路图	参考	各4本	Golf A72014（1.6L）	各4本	学生
	2	钢笔	填表	4支		4支	学生
	3	车辆	检查	4辆	高尔夫	4辆	学生
	4	车内三件套	防护	4套		4套	车辆
	5	车外三件套	防护	4套		4套	车辆
2．检查冷却液	6	冷却液冰点测试仪	检查	4个		4个	学生
3．排放冷却液	7	举升机	排放	4个		4个	学生
	8	十字螺钉旋具	排放	4把		4把	学生
	9	手套	排放	4双		4双	学生
	10	回收容器	排放	4个		4个	学生
4．加注冷却液	11	抹布	清洁	4块		4块	学生
	12	新冷却液	加注	4瓶		4瓶	学生
5．填写检测报告	13	工单	存档	每人1份		每人1份	学生
班级		第　　组		组长签字			
教师签字		日期					

任务一　准　备　工　作

1．准备工作的资讯单

学习情境九	更换冷却液	学　　时	0.2学时
典型工作过程描述	1．准备工作—2．检查冷却液—3．排放冷却液—4．加注冷却液—5．填写检测报告		
收集资讯的方式	1．查看客户需求单。 2．查看教师提供的《学习性工作任务单》。		

207

检修汽车发动机机械系统

资讯描述	1. 让学生查看客户需求单，明确车辆的故障现象。 2. 通过查看故障信息，查找更换冷却液操作步骤的相关资料，准备维修资料、维修工具、维修车辆，并进行车辆防护。
对学生的要求	1. 掌握冷却液的功用及冷却液更换的相关资料。 2. 能够准备维修手册、维修工具、维修车辆，能够按规范进行安全防护。 3. 能够正确检查车辆油、电、水。
参考资料	1. 查看客户需求单。 2. 客户提供的故障信息。 3.《汽车发动机构造与检修》网络教学资源。 4. 刘宜，石启军，刘勇兰. 汽车发动机机械构造与维修一体化教程[M]. 北京：机械工业出版社，2021：104-105。

资讯的评价	班级		第　　组	组长签字	
	教师签字		日期		
	评语：				

2. 准备工作的计划单

学习情境九	更换冷却液		学　　时	0.2 学时
典型工作过程描述	**1. 准备工作—2. 检查冷却液—3. 排放冷却液—4. 加注冷却液—5. 填写检测报告**			
计划制订的方式	1. 查看客户任务单。 2. 查看《学习性工作任务单》。 3. 请教教师。			

序　　号	具体工作步骤	注　意　事　项
1	准备基础知识	从参考资料中查看＿＿＿、＿＿＿的相关资料
2	准备维修资料	＿＿＿、＿＿＿、＿＿＿准备齐全
3	准备维修工具	＿＿＿和＿＿＿准备齐全
4	准备维修车辆	正确检查车辆状况
5	实施维修防护	正确进行车内、车外防护

计划的评价	班级		第　　组	组长签字	
	教师签字		日期		
	评语：				

208

学习情境九 更换冷却液

3. 准备工作的决策单

学习情境九	更换冷却液		学　　时	0.2 学时
典型工作过程描述	1. 准备工作—2. 检查冷却液—3. 排放冷却液—4. 加注冷却液—5. 填写检测报告			
序　　号	以下哪个是完成"1. 准备工作"这个典型工作环节 正确的具体步骤？		正确与否 （正确打√，错误打×）	
1	1. 准备基础知识—2. 准备维修资料—3. 准备维修工具—4. 准备维修车辆—5. 实施维修防护			
2	1. 实施维修防护—2. 准备维修资料—3. 准备维修工具—4. 准备维修车辆—5. 准备基础知识			
3	1. 准备基础知识—2. 实施维修防护—3. 准备维修工具—4. 准备维修车辆—5. 准备维修资料			
4	1. 准备基础知识—2. 准备维修资料—3. 准备维修工具—4. 实施维修防护—5. 准备维修车辆			
决策的评价	班级		第　　组	组长签字	
	教师签字		日期		
	评语：				

4. 准备工作的实施单

学习情境九	更换冷却液		学　　时	0.4 学时
典型工作过程描述	1. 准备工作—2. 检查冷却液—3. 排放冷却液—4. 加注冷却液—5. 填写检测报告			
序　　号	实施的具体步骤	注　意　事　项	自　　评	
1		从参考资料中查看冷却液功用、更换冷却液的相关资料		
2		维修手册、电路图、用户使用手册准备齐全		
3		常用工具和专用工具准备齐全		
4		正确检查车辆状况		
5		正确进行车内、车外防护		

209

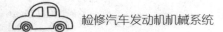

实施说明：
1. 学生要认真收集冷却液检查及更换的基础知识。
2. 学生要认真准备维修手册、电路图及用户使用手册，并能够正确查阅。
3. 学生要认真准备维修工具及量具，并能够正确使用。
4. 学生要认真检查车辆状况，保证车辆油、电、水正常。
5. 学生要认真完成车内、车外的安全防护。

实施的评价	班级		第 组	组长签字	
	教师签字		日期		
	评语：				

5. 准备工作的检查单

学习情境九	更换冷却液	学 时	0.1 学时
典型工作过程描述	1. 准备工作—2. 检查冷却液—3. 排放冷却液—4. 加注冷却液—5. 填写检测报告			

序 号	检查项目 （具体步骤的检查）	检查标准	小组自查 （检查是否完成以下步骤，完成打√，没完成打×）	小组互查 （检查是否完成以下步骤，完成打√，没完成打×）
1	准备基础知识	查找资料齐全		
2	准备维修资料	维修手册、电路图、用户使用手册准备齐全		
3	准备维修工具	常用工具和专用工具准备齐全		
4	准备维修车辆	正确检查车辆状况		
5	实施维修防护	正确进行车内、车外防护		

检查的评价	班级		第 组	组长签字	
	教师签字		日期		
	评语：				

学习情境九　更换冷却液

6．准备工作的评价单

学习情境九	更换冷却液		学　　时	0.1 学时
典型工作过程描述	1．准备工作—2．检查冷却液—3．排放冷却液—4．加注冷却液—5．填写检测报告			
评价项目	评分维度	组长对每组评分		教师评价
小组 1 **准备工作** 的阶段性结果	完整性、时效性、准确性			
小组 2 **准备工作** 的阶段性结果	完整性、时效性、准确性			
小组 3 **准备工作** 的阶段性结果	完整性、时效性、准确性			
小组 4 **准备工作** 的阶段性结果	完整性、时效性、准确性			
评价的评价	班级		第　　组	组长签字	
	教师签字		日期		
	评语：				

任务二　检查冷却液

1．检查冷却液的资讯单

学习情境九	更换冷却液	学　　时	0.2 学时
典型工作过程描述	1．准备工作—**2．检查冷却液**—3．排放冷却液—4．加注冷却液—5．填写检测报告		
收集资讯的方式	1．查看客户需求单。 2．查看教师提供的《学习性工作任务单》。		
资讯描述	1．让学生查看客户需求单，明确车辆的故障现象。 2．通过查看故障信息，查阅维修手册，记录标准值，从发动机舱检查冷却液液位，选择检测工具（冷却液冰点测试仪），检测冷却液冰点。		

211

对学生的要求	1. 能够正确检查冷却液液位。 2. 能够正确使用冰点测试仪。 3. 能够正确测试冷却液冰点。			
参考资料	1. 客户需求单。 2. 客户提供的故障信息。 3.《汽车发动机构造与检修》网络教学资源。 4. 刘宜，石启军，刘勇兰. 汽车发动机机械构造与维修一体化教程[M]. 北京：机械工业出版社，2021：104-105。			
资讯的评价	班级		第　组	组长签字	
	教师签字		日期		
	评语：				

2. 检查冷却液的计划单

学习情境九	更换冷却液		学　时	0.2 学时
典型工作过程描述	1. 准备工作—**2. 检查冷却液**—3. 排放冷却液—4. 加注冷却液—5. 填写检测报告			
计划制订的方式	1. 查看客户任务单。 2. 查看《学习性工作任务单》。 3. 请教教师。			
序　号	具体工作步骤	注 意 事 项		
1	查阅维修手册	正确查找章节、页码、规格及型号		
2	记录标准值	记录冷却液冰点标准值		
3	检测冷却液液位	检查液位是否在 min 与 max		
4	选择检测工具	正确选用检测仪器：_____		
5	检测冷却液冰点	用吸管抽取冷却液滴在冰点仪上，观察冰点值：_____		
计划的评价	班级		第　组	组长签字	
	教师签字		日期		
	评语：				

3. 检查冷却液的决策单

学习情境九	更换冷却液		学　　时	0.2学时
典型工作过程描述	1．准备工作—**2．检查冷却液**—3．排放冷却液—4．加注冷却液—5．填写检测报告			
计　划　对　比				
序　　号	以下哪个是完成"2．检查冷却液"这个典型工作环节正确的具体步骤？		正确与否（正确打√，错误打×）	
1	1．查阅维修手册—2．检测冷却液液位—3．记录标准值—4．检测冷却液冰点—5．选择检测工具			
2	1．查阅维修手册—2．记录标准值—3．检测冷却液液位—4．选择检测工具—5．检测冷却液冰点			
3	1．查阅维修手册—2．记录标准值—3．检测冷却液冰点—4．选择检测工具—5．检测冷却液液位			
4	1．检测冷却液冰点—2．记录标准值—3．检测冷却液液位—4．选择检测工具—5．查阅维修手册			
决策的评价	班级		第　　组	组长签字	
^	教师签字		日期		
^	评语：				

4. 检查冷却液的实施单

学习情境九	更换冷却液		学　　时	0.4学时
典型工作过程描述	1．准备工作—**2．检查冷却液**—3．排放冷却液—4．加注冷却液—5．填写检测报告			
序　　号	实施的具体步骤	注　意　事　项	自　　评	
1		正确查找章节、页码、规格及型号		
2		记录冷却液冰点标准值		
3		检查液位是否在min与max		
4		正确选用检测仪器		
5		用吸管抽取冷却液滴在冰点仪上，观察冰点值		

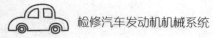

实施的评价	实施说明： 1. 学生在检查冷却液液位时，要正确观察冷却液液位，正确检测冷却液冰点。 2. 学生要正确使用冰点测试仪。 3. 学生要正确读取冰点值。					
	班级		第 组		组长签字	
	教师签字		日期			
	评语：					

5. 检查冷却液的检查单

学习情境九	更换冷却液			学 时	0.1学时
典型工作过程描述	1. 准备工作—2. 检查冷却液—3. 排放冷却液—4. 加注冷却液—5. 填写检测报告				
序 号	检查项目（具体步骤的检查）		检查标准	小组自查（检查是否完成以下步骤，完成打√，没完成打×）	小组互查（检查是否完成以下步骤，完成打√，没完成打×）
1	查阅维修手册		查询正确		
2	记录标准值		记录正确		
3	检测冷却液位		检测正确		
4	选择检测工具		选用仪器正确		
5	检测冷却液冰点		操作规范		
检查的评价	班级		第 组		组长签字
	教师签字		日期		
	评语：				

6. 检查冷却液的评价单

学习情境九	更换冷却液		学　时	0.1 学时
典型工作过程描述	1．准备工作—2．检查冷却液—3．排放冷却液—4．加注冷却液—5．填写检测报告			
评 价 项 目	评 分 维 度		组长对每组评分	教 师 评 价
小组 1 检查冷却液 的阶段性结果	规范性、时效性、准确性			
小组 2 检查冷却液 的阶段性结果	完整性、时效性、准确性			
小组 3 检查冷却液 的阶段性结果	完整性、时效性、准确性			
小组 4 检查冷却液 的阶段性结果	完整性、时效性、准确性			
评价的评价	班级		第　　　组	组长签字
^	教师签字		日期	
^	评语：			

任务三　排放冷却液

1. 排放冷却液的资讯单

学习情境九	更换冷却液	学　时	0.2 学时
典型工作过程描述	1．准备工作—2．检查冷却液—3．排放冷却液—4．加注冷却液—5．填写检测报告		
收集资讯的方式	1．查看客户需求单。 2．查看教师提供的《学习性工作任务单》。		
资讯描述	1．让学生查看客户需求单，明确车辆的故障现象。 2．学习"汽车发动机构造与检修"微课，完成选择专用工具、举升车辆、打开排放塞、排放冷却液、拧紧排放塞等任务。		

检修汽车发动机机械系统

对学生的要求	1. 能够正确举升车辆。 2. 能够正确排放并收集冷却液，然后拧紧排放塞。				
参考资料	1. 客户需求单。 2. 客户提供的故障信息。 3. 《汽车发动机构造与检修》网络教学资源。 4. 刘宜，石启军，刘勇兰. 汽车发动机机械构造与维修一体化教程[M]. 北京：机械工业出版社，2021：104-105。				
资讯的评价	班级		第　组	组长签字	
^	教师签字		日期		
^	评语：				

2. 排放冷却液的计划单

学习情境九	更换冷却液	学　时	0.2 学时
典型工作过程描述	1. 准备工作—2. 检查冷却液—3. 排放冷却液—4. 加注冷却液—5. 填写检测报告		
计划制订的方式	1. 查看客户需求单。 2. 查看《学习性工作任务单》。 3. 请教教师。		

序　号	具体工作步骤	注 意 事 项
1	选择专用工具	正确选用工具
2	举升车辆	正确举升车辆
3	打开排放塞	正确打开_____
4	排放冷却液	排放并用回收容器收集冷却液
5	拧紧排放塞	拧紧排放塞

计划的评价	班级		第　组	组长签字	
^	教师签字		日期		
^	评语：				

216

学习情境九　更换冷却液

3. 排放冷却液的决策单

学习情境九	更换冷却液		学　时	0.2 学时
典型工作过程描述	1. 准备工作—2. 检查冷却液—**3. 排放冷却液**—4. 加注冷却液—5. 填写检测报告			
计 划 对 比				
序　号	以下哪个是完成"3. 排放冷却液"这个典型工作环节正确的具体步骤？		正确与否（正确打√，错误打×）	
1	1. 选择专用工具—2. 举升车辆—3. 打开排放塞—4. 排放冷却液—5. 拧紧排放塞			
2	1. 拧紧排放塞—2. 举升车辆—3. 打开排放塞—4. 排放冷却液—5. 选择专用工具			
3	1. 选择专用工具—2. 打开排放塞—3. 举升车辆—4. 拧紧排放塞—5. 排放冷却液			
4	1. 选择专用工具—2. 举升车辆—3. 排放冷却液—4. 拧紧排放塞—5. 打开排放塞			
决策的评价	班级		第　　组	组长签字	
	教师签字		日期		
	评语：				

4. 排放冷却液的实施单

学习情境九	更换冷却液		学　时	0.4 学时
典型工作过程描述	1. 准备工作—2. 检查冷却液—**3. 排放冷却液**—4. 加注冷却液—5. 填写检测报告			
序　号	实施的具体步骤	注 意 事 项	自　评	
1		正确选用工具		
2		正确举升车辆		
3		正确打开排放塞		
4		排放并用回收容器收集冷却液		
5		拧紧排放塞		

217

实施说明：

   1. 学生在排放冷却液之前，正确找到排放冷却液的章节：＿＿章＿＿节＿＿页；在排放冷却液过程中要佩戴手套，使用冷却液回收容器收集冷却液，排放完后，拧紧排放塞。

   2. 学生要正确、规范地排放冷却液。

   3. 在举升车辆时，注意安全操作。

实施的评价	班级		第 组		组长签字	
	教师签字		日期			
	评语：					

5. 排放冷却液的检查单

学习情境九	更换冷却液		学　时	0.1 学时
典型工作过程描述	1. 准备工作—2. 检查冷却液—3. 排放冷却液—4. 加注冷却液—5. 填写检测报告			
序　号	检查项目 （具体步骤的检查）	检查标准	小组自查 （检查是否完成以下步骤，完成打√，没完成打×）	小组互查 （检查是否完成以下步骤，完成打√，没完成打×）
1	选择专用工具	选用工具正确		
2	举升车辆	举升车辆规范		
3	打开排放塞	打开排放塞正确		
4	排放冷却液	排放规范		
5	拧紧排放塞	拧紧排放塞规范		

检查的评价	班级		第 组		组长签字	
	教师签字		日期			
	评语：					

学习情境九　更换冷却液

6.　排放冷却液的评价单

学习情境九	更换冷却液		学　　时	0.1 学时
典型工作过程描述	1．准备工作—2．检查冷却液—**3．排放冷却液**—4．加注冷却液—5．填写检测报告			
评 价 项 目	评 分 维 度	组长对每组评分		教 师 评 价
小组 1 **排放冷却液** 的阶段性结果	完整性、时效性、准确性			
小组 2 **排放冷却液** 的阶段性结果	完整性、时效性、准确性			
小组 3 **排放冷却液** 的阶段性结果	完整性、时效性、准确性			
小组 4 **排放冷却液** 的阶段性结果	完整性、时效性、准确性			
评价的评价	班级		第　　组	组长签字	
	教师签字		日期		
	评语：				

任务四　加注冷却液

1.　加注冷却液的资讯单

学习情境九	更换冷却液	学　　时	0.2 学时
典型工作过程描述	1．准备工作—2．检查冷却液—3．排放冷却液—**4．加注冷却液**—5．填写检测报告		
收集资讯的方式	1．查看客户需求单。 2．查看教师提供的《学习性工作任务单》。		
资讯描述	1．让学生查看客户需求单，明确车辆的故障现象。 2．学习"汽车发动机构造与检修"微课，完成查阅维修手册、打开冷却加注口、加注新冷却液、启动车辆复检等任务。		

219

检修汽车发动机机械系统

对学生的要求	1. 能够正确打开冷却液加注口，添加冷却液。 2. 能够正确启动车辆复检。
参考资料	1. 客户需求单。 2. 客户提供的故障信息。 3.《汽车发动机构造与检修》网络教学资源。 4. 刘宜，石启军，刘勇兰．汽车发动机机械构造与维修一体化教程[M]．北京：机械工业出版社，2021：104-105。
资讯的评价	班级　　　　　　　　　第　组　　　组长签字 教师签字　　　　　　　日期 评语：

2. 加注冷却液的计划单

学习情境九	更换冷却液		学　时	0.2 学时
典型工作过程描述	1. 准备工作—2. 检查冷却液—3. 排放冷却液—4. 加注冷却液—5. 填写检测报告			
计划制订的方式	1. 查看客户任务单。 2. 查看《学习性工作任务单》。 3. 请教教师。			
序　号	具体工作步骤		注 意 事 项	
1	查阅维修手册		正确查找章节、页码、规格及型号	
2	打开冷却液加注口		正确打开＿＿＿＿＿＿	
3	加注冷却液		正确加注冷却液	
4	加注至上限位置		正确加注至＿＿＿＿＿＿位置	
5	启动车辆复检		正确启动车辆复检	
计划的评价	班级　　　　　　　　　第　组　　　组长签字 教师签字　　　　　　　日期 评语：			

学习情境九　更换冷却液

3. 加注冷却液的决策单

学习情境九	更换冷却液	学　　时	0.2学时
典型工作过程描述	1．准备工作—2．检查冷却液—3．排放冷却液—**4．加注冷却液**—5．填写检测报告		

计 划 对 比			
序　　号	以下哪个是完成"4．加注冷却液"这个典型工作环节正确的具体步骤？		正确与否 （正确打√，错误打×）
1	1．查阅维修手册—2．打开冷却液加注口—3．加注冷却液—4．启动车辆复检—5．加注至上限位置		
2	1．查阅维修手册—2．打开冷却液加注口—3．加注冷却液—4．加注至上限位置—5．启动车辆复检		
3	1．启动车辆复检—2．打开冷却液加注口—3．加注冷却液—4．加注至上限位置—5．查阅维修手册		
4	1．查阅维修手册—2．启动车辆复检—3．加注冷却液—4．加注至上限位置—5．打开冷却液加注口		
决策的评价	班级		第　　组	组长签字	
	教师签字		日期		
	评语：				

4. 加注冷却液的实施单

学习情境九	更换冷却液	学　　时	0.4学时
典型工作过程描述	1．准备工作—2．检查冷却液—3．排放冷却液—**4．加注冷却液**—5．填写检测报告		
序　　号	实施的具体步骤	注 意 事 项	自　　评
1		正确查找章节、页码、规格及型号	
2		正确打开冷却液加注口盖	
3		正确加注冷却液	
4		正确加注至上限位置	
5		正确启动车辆复检	

221

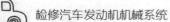

实施说明：

  1．在加注冷却液时，应先查阅维修手册，找到加注冷却液的章节：＿＿＿章＿＿节＿＿页；切勿混用不同牌号的冷却液，然后打开冷却液加注口，加注新的冷却液，加注时应加注至冷却液储液罐上限位置。

  2．加注后，启动发动机，使发动机运行 5～7min，再次检查冷却液液面高度，必要时加注冷却液到上限位置。

实施的评价	班级		第　组		组长签字	
	教师签字		日期			
	评语：					

  5．加注冷却液的检查单

学习情境九	更换冷却液		学　时	0.1学时
典型工作过程描述	1．准备工作—2．检查冷却液—3．排放冷却液—4．加注冷却液—5．填写检测报告			
序　号	检查项目（具体步骤的检查）	检 查 标 准	小组自查（检查是否完成以下步骤，完成打√，没完成打×）	小组互查（检查是否完成以下步骤，完成打√，没完成打×）
1	查阅维修手册	章节、页码、规格及型号正确		
2	打开冷却液加注口盖	打开冷却液加注口盖正确		
3	加注冷却液	加注正确		
4	加注至上限位置	加注至上限位置		
5	启动车辆复检	启动车辆复检正确		
检查的评价	班级		第　组		组长签字	
	教师签字		日期			
	评语：					

学习情境九　更换冷却液

6. 加注冷却液的评价单

学习情境九	更换冷却液		学　时	0.1 学时
典型工作过程描述	1．准备工作—2．检查冷却液—3．排放冷却液—**4．加注冷却液**—5．填写检测报告			
评价项目	评分维度	组长对每组评分		教师评价
小组 1 **加注冷却液** 的阶段性结果	效率性、严谨性、正确性			
小组 2 **加注冷却液** 的阶段性结果	效率性、严谨性、正确性			
小组 3 **加注冷却液** 的阶段性结果	效率性、严谨性、正确性			
小组 4 **加注冷却液** 的阶段性结果	效率性、严谨性、正确性			
评价的评价	班级		第　　组	组长签字	
	教师签字		日期		
	评语：				

任务五　填写检测报告

1. 填写检测报告的资讯单

学习情境九	更换冷却液	学　时	0.2 学时
典型工作过程描述	1．准备工作—2．检查冷却液—3．排放冷却液—4．加注冷却液—**5．填写检测报告**		
收集资讯的方式	1．查看维修手册。 2．查看教师提供的视频资源。		
资讯描述	1．让学生查看企业客户需求单，明确客户需求。 2．让学生查阅维修手册，记录气门杆直径和长度、气门头部直径和圆柱面厚度、气门密封、气门弹簧自由度标准值。 3．让学生分析检测结果，将实测值与标准值对比，判断结果并提出维修建议。 4．让学生能够整理场地和工具设备。		

223

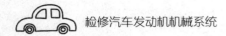

对学生的要求	1. 学会查阅维修手册。 2. 学会查阅标准值和记录实测值。 3. 学会对比分析，判断结果。 4. 学会按规范填写作业单，提出合理的维修建议。 5. 能够启动车辆，检查故障是否已排除，检查维修资料、工具设备是否齐全、完好，做好 7S 作业，培养良好的职业操守。				
参考资料	1. 客户需求单。 2. 客户提供的故障信息。 3.《汽车发动机构造与检修》网络教学资源。 4. 刘宜，石启军，刘勇兰. 汽车发动机机械构造与维修一体化教程[M]. 北京：机械工业出版社，2021：104-105。				
资讯的评价	班级		第　　组	组长签字	
	教师签字		日期		
	评语：				

2. 填写检测报告的计划单

学习情境九	更换冷却液		学　时	0.2 学时
典型工作过程描述	1. 准备工作—2. 检查冷却液—3. 排放冷却液—4. 加注冷却液—5. 填写检测报告			
计划制订的方式	1. 查看客户需求单。 2. 查看《学习性工作任务单》。 3. 咨询教师。			
序　号	具体工作步骤		注 意 事 项	
1	记录检查数据		记录_____、_____检测结果	
2	分析检查结果		根据检测结果进行分析	
3	提出维修建议		根据液位、冰点提出合理的维修建议	
4	恢复车辆工位		恢复车辆工位	
5	整理场地、工具		整理场地、工具，做好 7S 作业	
计划的评价	班级		第　　组	组长签字	
	教师签字		日期		
	评语：				

学习情境九　更换冷却液

3. 填写检测报告的决策单

学习情境九	更换冷却液			学　　时	0.2 学时
典型工作过程描述	1．准备工作—2．检查冷却液—3．排放冷却液—4．加注冷却液—5．填写检测报告					
序　号	以下哪个是完成"5．填写检测报告"这个典型工作环节 正确的具体步骤？				正确与否 （正确打√，错误打×）	
1	1．整理场地、工具—2．分析检查结果—3．提出维修建议—4．恢复车辆工位—5．记录检查数据					
2	1．整理场地、工具—2．提出维修建议—3．分析检查结果—4．恢复车辆工位—5．记录检查数据					
3	1．记录检查数据—2．分析检查结果—3．提出维修建议—4．恢复车辆工位—5．整理场地、工具					√
4	1．分析检查结果—2．记录检查数据—3．提出维修建议—4．恢复车辆工位—5．整理场地、工具					
决策的评价	班级		第　　组		组长签字	
^	教师签字		日期			
^	评语：					

4. 填写检测报告的实施单

学习情境九	更换冷却液		学　　时	0.4 学时
典型工作过程描述	1．准备工作—2．检查冷却液—3．排放冷却液—4．加注冷却液—5．填写检测报告			
序　号	实施的具体步骤	注　意　事　项		自　　评
1		记录液位、冰点检测结果		
2		根据检测结果进行分析		
3		根据液位、冰点提出合理的维修建议		
4		恢复车辆工位		
5		整理场地、工具，做好 7S 作业		

225

实施的评价	实施说明： 1. 学生要认真记录检测数据。 2. 学生要认真填写标准值及实测值。 3. 学生要认真对比分析，判断液位是否正常，冰点是否正常。 4. 学生要按规范填写作业单，提出维修建议。 5. 在更换冷却液之后，恢复车辆工位，检查维修资料、工具设备是否齐全、完好，做好7S作业，培养良好的职业操守。				
	班级		第　　组	组长签字	
	教师签字		日期		
	评语：				

5. 填写检测报告的检查单

学习情境九	更换冷却液		学　时	0.1学时
典型工作过程描述	1. 准备工作—2. 检查冷却液—3. 排放冷却液—4. 加注冷却液—5. 填写检测报告			

序　号	检查项目 （具体步骤的检查）	检 查 标 准	小组自查 （检查是否完成以下步骤，完成打√，没完成打×）	小组互查 （检查是否完成以下步骤，完成打√，没完成打×）
1	记录检查数据	记录正确		
2	分析检查结果	分析准确		
3	提出维修建议	提出建议合理		
4	恢复车辆工位	车辆工位恢复完毕		
5	整理场地、工具	场地干净、整齐		

检查的评价	班级		第　　组	组长签字	
	教师签字		日期		
	评语：				

学习情境九 更换冷却液

6. 填写检测报告的评价单

学习情境九	更换冷却液		学 时	0.1 学时
典型工作过程描述	1．准备工作—2．检查冷却液—3．排放冷却液—4．加注冷却液—**5．填写检测报告**			
评 价 项 目	评 分 维 度	组长对每组评分		教 师 评 价
小组 1 **填写检测报告** 的阶段性结果	完整性、时效性、正确性			
小组 2 **填写检测报告** 的阶段性结果	完整性、时效性、正确性			
小组 3 **填写检测报告** 的阶段性结果	完整性、时效性、正确性			
小组 4 **填写检测报告** 的阶段性结果	完整性、时效性、正确性			
评价的评价	班级		第 组	组长签字	
	教师签字		日 期		
	评语：				

227

学习情境十　更换燃油滤清器

客户需求单

学习背景
1. 有一辆故障车，车主反映在行驶过程中出现油耗增大的现象，现送厂进行维修，并委托维修人员排除故障，恢复车辆。 　　2. 经维修人员初步检查，怀疑是燃油系统的燃油滤清器故障，需要拆卸燃油泵和燃油滤清器进行检查。
素材

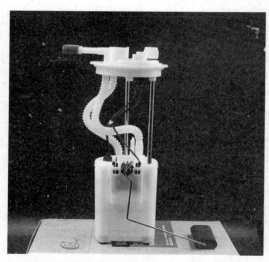

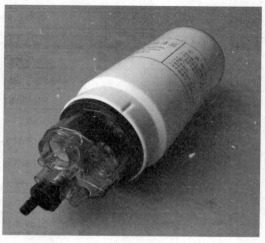

学习情境十 更换燃油滤清器

学习性工作任务单

学习情境十	更换燃油滤清器	学　时	6学时
典型工作过程描述	1. 准备工作—2. 释放燃油压力—3. 拆卸旧燃油滤清器—4. 更换新燃油滤清器—5. 车辆恢复			
学习目标	1. 准备工作 　　1.1　准备基础知识 　　1.2　准备维修资料 　　1.3　准备维修工具 　　1.4　准备维修车辆 　　1.5　实施安全防护 2. 释放燃油压力 　　2.1　查阅维修手册 　　2.2　分析控制电路 　　2.3　切断油泵供电 　　2.4　释放燃油压力 　　2.5　关闭点火开关 3. 拆卸旧燃油滤清器 　　3.1　断开蓄电池负极 　　3.2　断开油泵线路插头 　　3.3　撬下油泵总成外盖 　　3.4　拆下燃油泵总成 　　3.5　拆下旧燃油滤清器 4. 更换新燃油滤清器 　　4.1　查阅维修手册 　　4.2　安装燃油滤清器 　　4.3　安装燃油泵 　　4.4　安装燃油管 　　4.5　检查泄漏情况 5. 车辆恢复 　　5.1　插上熔丝或继电器 　　5.2　连接蓄电池负极 　　5.3　打开点火开关运行油泵 　　5.4　提出维修建议 　　5.5　整理工具及场地			
任务描述	**1. 准备工作**：第一，收集燃油滤清器的功用、结构，以及更换燃油滤清器的相关资料；第二，准备维修资料，包括维修手册、用户使用手册等；第三，准备维修设备、工具（通用和专用），包括专用套筒等；第四，准备维修车辆和台架，登记车辆和台架基本信息，检查车辆和台架的基本状况，分解发动机并清理、清洗各零部件，对各零部件做好标记；第五，对车辆和台架进行安全防护，包括安装车轮挡块，铺设			

车内、车外三件套，对台架进行固定。

2. 释放燃油压力：第一，正确查阅维修电路；第二，正确分析油泵控制电路；第三，启动车辆，断开油泵供电；第四，直至车辆熄火，说明燃油压力已释放；第五，关闭点火开关。

3. 拆卸旧燃油滤清器：第一，断开蓄电池负极；第二，断开油泵线路插头；第三，撬下油泵总成外盖；第四，拆下燃油泵总成；第五，找到燃油滤清器，拆下旧燃油滤清器。

4. 更换新燃油滤清器：第一，查阅维修手册；第二，安装燃油滤清器，注意安装方向，通常滤清器上有方向指示标记；第三，安装燃油泵；第四，安装燃油管；第五，检查泄漏情况。

5. 车辆恢复：第一，插上油泵熔丝或继电器；第二，连接蓄电池负极；第三，打开点火开关运行油泵，检查燃油是否有泄漏情况；第四，提出维修建议；第五，整理工具及场地。

学时安排	资讯	计划	决策	实施	检查	评价
	1 学时	1 学时	1 学时	2 学时	0.5 学时	0.5 学时

对学生的要求

1. 准备工作：第一，收集燃油滤清器的功用、结构，以及更换燃油滤清器的相关资料；第二，准备维修资料，包括维修手册、用户使用手册等；第三，准备维修设备、工具（通用和专用），包括专用套筒等；第四，准备维修车辆和台架，登记车辆和台架基本信息，检查车辆和台架的基本状况，分解发动机并清理、清洗各零部件，对各零部件做好标记；第五，对车辆和台架进行安全防护，包括安装车轮挡块，铺设车内、车外三件套，对台架进行固定。

2. 释放燃油压力：第一，会正确查阅维修电路；第二，正确分析油泵控制电路；第三，拔下油泵继电器或电动燃油泵导线接线；第四，启动发动机，维持怠速运转，直到发动机熄火，使发动机启动 2～3 次即可完全释放燃油系统的压力；第五，关闭点火开关。

3. 拆卸旧燃油滤清器：第一，断开蓄电池负极；第二，会断开油泵线路插头；第三，会撬下油泵总成外盖；第四，会拆下燃油泵总成；第五，能找到燃油滤清器，拆下旧燃油滤清器。

4. 更换新燃油滤清器：第一，查阅维修手册；第二，会安装燃油滤清器，注意安装方向，通常滤清器上有方向指示标记；第三，会安装燃油泵；第四，安装燃油管；第五，安装完燃油滤清器后，启动发动机观察有无漏油现象，检查重点是油管接头处。

5. 车辆恢复：第一，插上油泵保险或继电器；第二，连接蓄电池负极；第三，打开点火开关运行油泵，检查燃油是否有泄漏情况；第四，提出维修建议；第五，整理工具及场地。

参考资料

1. 客户需求单。

2. 客户提供的故障信息。

3.《汽车发动机构造与检修》网络教学资源。

4. 刘宜，石启军，刘勇兰. 汽车发动机机械构造与维修一体化教程[M]. 北京：机械工业出版社，2021：57-69。

学习情境十　更换燃油滤清器

教学和学习方式与流程	典型工作环节	教学和学习的方式					
	1．准备工作	资讯	计划	决策	实施	检查	评价
	2．释放燃油压力	资讯	计划	决策	实施	检查	评价
	3．拆卸旧燃油滤清器	资讯	计划	决策	实施	检查	评价
	4．更换新燃油滤清器	资讯	计划	决策	实施	检查	评价
	5．车辆恢复	资讯	计划	决策	实施	检查	评价

材料工具清单

学习情境十	更换燃油滤清器			学　时	6学时	
典型工作过程描述	1．准备工作—2．释放燃油压力—3．拆卸旧燃油滤清器—4．更换新燃油滤清器—5．车辆恢复					
典型工作过程	序号	名称	作用	数量	型号	使用量	使用者
1．准备工作	1	维修手册、维修电路图	参考	各4本	Golf A72014（1.6L）	各4本	学生
	2	钢笔	填表	4支		4支	学生
	3	车辆	检查	4辆	高尔夫	4辆	学生
	4	车内三件套	防护	4套		4套	车辆
	5	车外三件套	防护	4套		4套	车辆
2．释放燃油压力	6	常用拆装工具	拆装	4套	世达	4套	学生
3．拆卸旧燃油滤清器	7	抹布	清洁	4块		4块	学生
4．更换新燃油滤清器	8	新燃油滤清器	替换	4套		4套	学生
5．车辆恢复	9						
班级			第　　组		组长签字		
教师签字			日期				

任务一　准　备　工　作

1．准备工作的资讯单

学习情境十	更换燃油滤清器	学　时	0.2学时
典型工作过程描述	1．准备工作—2．释放燃油压力—3．拆卸旧燃油滤清器—4．更换新燃油滤清器—5．车辆恢复		
收集资讯的方式	1．查看客户需求单。 2．查看教师提供的《学习性工作任务单》。		
资讯描述	1．让学生查看客户需求单，明确车辆的故障现象。 2．通过观察故障指示灯及客户提供的故障信息，让学生准备维修资料、维修工具、维修车辆并进行车辆防护。		

231

检修汽车发动机机械系统

对学生的要求	1. 掌握燃油滤清器的功用、结构及更换燃油滤清器的相关资料。 2. 能够准备维修手册、维修工具、维修车辆，能够按规范进行安全防护。 3. 能够正确进行车辆油、电、液的检查和台架的固定。			
参考资料	1. 客户需求单。 2. 客户提供的故障信息。 3.《汽车发动机构造与检修》网络教学资源。 4. 刘宜，石启军，刘勇兰. 汽车发动机机械构造与维修一体化教程[M]. 北京：机械工业出版社，2021：138-143。			
资讯的评价	班级		第 组	组长签字	
	教师签字		日期		
	评语：				

2. 准备工作的计划单

学习情境十	更换燃油滤清器		学 时	0.2 学时
典型工作过程描述	**1. 准备工作—2. 释放燃油压力—3. 拆卸旧燃油滤清器—4. 更换新燃油滤清器—5. 车辆恢复**			
计划制订的方式	1. 查看客户需求单。 2. 查看《学习性工作任务单》。 3. 请教教师。			
序 号	具体工作步骤	注 意 事 项		
1	准备基础知识	从参考资料中查看_____、_____的相关资料		
2	准备维修资料	_____、_____、_____准备齐全		
3	准备维修工具	_____和_____准备齐全		
4	准备维修车辆	正确检查车辆和台架牢固状况		
5	实施安全防护	正确放置车轮挡块和固定台架		
计划的评价	班级		第 组	组长签字	
	教师签字		日期		
	评语：				

学习情境十 更换燃油滤清器

3. 准备工作的决策单

学习情境十	更换燃油滤清器		学 时	0.2学时
典型工作过程描述	**1. 准备工作**—2. 释放燃油压力—3. 拆卸旧燃油滤清器—4. 更换新燃油滤清器—5. 车辆恢复			
序 号	以下哪个是完成"1. 准备工作"这个典型工作环节 正确的具体步骤?		正确与否 （正确打√，错误打×）	
1	1. 准备基础知识—2. 准备维修资料—3. 准备维修工具—4. 准备维修车辆—5. 实施安全防护			
2	1. 准备基础知识—2. 实施安全防护—3. 准备维修工具—4. 准备维修车辆—5. 准备维修资料			
3	1. 准备基础知识—2. 准备维修资料—3. 准备维修工具—4. 实施安全防护—5. 准备维修车辆			
4	1. 准备基础知识—2. 准备维修资料—3. 实施安全防护—4. 准备维修车辆—5. 准备维修工具			
决策的评价	班级		第 组	组长签字	
	教师签字		日期		
	评语：				

4. 准备工作的实施单

学习情境十	更换燃油滤清器		学 时	0.4学时
典型工作过程描述	**1. 准备工作**—2. 释放燃油压力—3. 拆卸旧燃油滤清器—4. 更换新燃油滤清器—5. 车辆恢复			
序 号	实施的具体步骤	注 意 事 项		自 评
1		从参考资料中查看_____、_____的相关资料		
2		_____、_____、_____准备齐全		
3		_____和_____准备齐全		
4		正确检查车辆和台架_____状况		
5		正确放置车轮挡块和固定台架		

检修汽车发动机机械系统

实施的评价	实施说明: 1. 学生要认真收集燃油滤清器基础知识,掌握更换燃油滤清器的方法。 2. 学生要认真准备维修手册、电路图及用户使用手册,并能够正确查阅。 3. 学生要认真准备维修工具及量具,并能够正确使用。 4. 学生要认真检查车辆状况,保证车辆油、电、水正常及台架牢固。 5. 学生要认真放置车辆车轮挡块,固定台架。					
	班级		第 组	组长签字	
	教师签字		日期		
	评语:				

5. 准备工作的检查单

学习情境十	更换燃油滤清器			学　时	0.1 学时
典型工作过程描述	1. 准备工作—2. 释放燃油压力—3. 拆卸旧燃油滤清器—4. 更换新燃油滤清器—5. 车辆恢复				
序　号	检查项目 (具体步骤的检查)	检 查 标 准		小组自查 (检查是否完成以下步骤,完成打√,没完成打×)	小组互查 (检查是否完成以下步骤,完成打√,没完成打×)
1	准备基础知识	能从参考资料中查看燃油滤清器功用及更换_____的相关资料			
2	准备维修资料	维修手册、电路图、用户使用手册准备齐全			
3	准备维修工具	常用工具和专用工具齐全			
4	准备维修车辆	正确检查车辆和台架牢固状况			
5	实施安全防护	正确放置车轮挡块和固定台架			
检查的评价	班级		第 组	组长签字	
	教师签字		日期		
	评语:				

学习情境十　更换燃油滤清器

6. 准备工作的评价单

学习情境十	更换燃油滤清器		学　时	0.1 学时
典型工作过程描述		**1．准备工作**—2．释放燃油压力—3．拆卸旧燃油滤清器—4．更换新燃油滤清器—5．车辆恢复		
评价项目	评分维度	组长对每组评分		教师评价
小组 1 准备工作 的阶段性结果	完整性、时效性、准确性			
小组 2 准备工作 的阶段性结果	完整性、时效性、准确性			
小组 3 准备工作 的阶段性结果	完整性、时效性、准确性			
小组 4 准备工作 的阶段性结果	完整性、时效性、准确性			
评价的评价	班级 || 第　　组	组长签字	
^	教师签字 || 日期		
^	评语：			

任务二　释放燃油压力

1. 释放燃油压力的资讯单

学习情境十	更换燃油滤清器	学　时	0.2 学时
典型工作过程描述		1．准备工作—**2．释放燃油压力**—3．拆卸旧燃油滤清器—4．更换新燃油滤清器—5．车辆恢复		
收集资讯的方式		1．查看客户需求单。 2．查看教师提供的《学习性工作任务单》。		
资讯描述		1．让学生正确查阅维修电路。 2．让学生正确分析油泵控制电路。 3．让学生正确启动车辆，断开油泵供电。 4．让学生正确运行车辆直至车辆熄火，说明燃油压力已卸除。 5．让学生正确检查燃油是否有泄漏情况。		

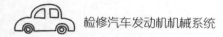

对学生的要求	1. 学会正确使用工具拆卸油泵继电器或熔丝。 2. 学会正确释放燃油压力。				
参考资料	1. 客户需求单。 2. 客户提供的故障信息。 3. 《汽车发动机构造与检修》网络教学资源。 4. 刘宜，石启军，刘勇兰. 汽车发动机机械构造与维修一体化教程[M]. 北京：机械工业出版社，2021：138-143。				
资讯的评价	班级		第　　组	组长签字	
^	教师签字		日期		
^	评语：				

2. 释放燃油压力的计划单

学习情境十	更换燃油滤清器		学　　时	0.2学时
典型工作过程描述	1. 准备工作—2. 释放燃油压力—3. 拆卸旧燃油滤清器—4. 更换新燃油滤清器—5. 车辆恢复			
计划制订的方式	1. 请教教师。 2. 查找相关教学视频。			
序　　号	具体工作步骤	注　意　事　项		
1	查阅维修电路	正确查阅_____		
2	分析控制电路	正确分析_____		
3	切断油泵供电	拔下_____		
4	释放燃油压力	启动发动机2～3次		
5	关闭点火开关	关闭点火开关，装上油泵继电器		
计划的评价	班级		第　　组	组长签字	
^	教师签字		日期		
^	评语：				

3. 释放燃油压力的决策单

学习情境十	更换燃油滤清器		学 时	0.2学时
典型工作过程描述	1.准备工作—**2.释放燃油压力**—3.拆卸旧燃油滤清器—4.更换新燃油滤清器—5.车辆恢复			
计 划 对 比				
序 号	以下哪个是完成"2.拆卸进排气门"这个典型工作环节正确的具体步骤?			正确与否（正确打√，错误打×）
1	1.查阅维修电路—2 释放燃油压力.—3.切断油泵供电—4.分析控制电路—5.关闭点火开关			
2	1.查阅维修电路—2.分析控制电路—3.切断油泵供电—4.释放燃油压力—5.关闭点火开关			
3	1.查阅维修电路—2.分析控制电路—3.关闭点火开关—4.释放燃油压力—5.切断油泵供电			
4	1.释放燃油压力—2.分析控制电路—3.切断油泵供电—4.查阅维修电路—5.关闭点火开关			
决策的评价	班级		第 组	组长签字	
^	教师签字		日期		
^	评语:				

4. 释放燃油压力的实施单

学习情境十	更换燃油滤清器		学 时	0.4学时
典型工作过程描述	1.准备工作—**2.释放燃油压力**—3.拆卸旧燃油滤清器—4.更换新燃油滤清器—5.车辆恢复			
序 号	实施的具体步骤	注 意 事 项		自 评
1		正确查询维修电路		
2		正确分析油泵控制电路		
3		拔下油泵继电器		
4		启动发动机2~3次		
5		关闭点火开关,装上油泵继电器或熔丝		

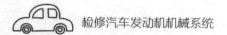

实施说明：

  1. 学生在卸除燃油压力时，要注意正确拔下燃油泵熔丝或继电器，对燃油系统泄压，若不泄压，燃油喷出时，可能会造成人身伤害或火灾。

  2. 启动发动机，直到发动机自动熄火，这是为了消耗燃油管路中的燃油，对燃油系统泄压，若燃油系统不泄压，燃油喷出时，可能会造成人身伤害或火灾。

实施的评价	班级		第 组	组长签字	
	教师签字		日期		
	评语：				

5. 释放燃油压力的检查单

学习情境十	更换燃油滤清器		学 时	0.1 学时
典型工作过程描述	1. 准备工作—**2. 释放燃油压力**—3. 拆卸旧燃油滤清器—4. 更换新燃油滤清器—5. 车辆恢复			
序 号	检查项目（具体步骤的检查）	检查标准	小组自查（检查是否完成以下步骤，完成打√，没完成打×）	小组互查（检查是否完成以下步骤，完成打√，没完成打×）
1	查阅维修电路	查阅资料正确		
2	分析控制电路	分析控制电路正确		
3	切断油泵供电	切断油泵供电正确		
4	释放燃油压力	释放燃油压力正确		
5	关闭点火开关	关闭点火开关,装上油泵继电器或熔丝		

检查的评价	班级		第 组	组长签字	
	教师签字		日期		
	评语：				

学习情境十 更换燃油滤清器

6. 释放燃油压力的评价单

学习情境十	更换燃油滤清器		学　时	0.1学时
典型工作过程描述	\multicolumn{4}{l}{1．准备工作—**2．释放燃油压力**—3．拆卸旧燃油滤清器—4．更换新燃油滤清器—5．车辆恢复}
评价项目	评分维度	组长对每组评分		教师评价
小组1 **释放燃油压力** 的阶段性结果	规范性、时效性、准确性			
小组2 **释放燃油压力** 的阶段性结果	完整性、时效性、准确性			
小组3 **释放燃油压力** 的阶段性结果	完整性、时效性、准确性			
小组4 **释放燃油压力** 的阶段性结果	完整性、时效性、准确性			
评价的评价	班级		第　组	组长签字	
	教师签字		日期		
	评语：				

任务三　拆卸旧燃油滤清器

1. 拆卸旧燃油滤清器的资讯单

学习情境十	更换燃油滤清器	学　时	0.2学时
典型工作过程描述	\multicolumn{3}{l}{1．准备工作—2．释放燃油压力—**3．拆卸旧燃油滤清器**—4．更换新燃油滤清器—5．车辆恢复}
收集资讯的方式	\multicolumn{3}{l}{1．查看客户需求单。 2．查看教师提供的《学习性工作任务单》。}
资讯描述	\multicolumn{3}{l}{1．让学生查看客户需求单，明确车辆的故障现象。 2．学习"汽车发动机构造与检修"微课，让学生断开蓄电池负极；断开油泵线路接头；撬下油泵总成外盖；拆下燃油泵总成；找到燃油滤清器，拆下旧燃油滤清器。}

239

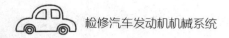

对学生的要求	1．学会断开蓄电池负极，拔下燃油泵电源插头、油管，使用专用工具拆卸燃油泵。 2．学会把燃油泵从油箱里取出来，拆下燃油滤清器。
参考资料	1．客户需求单。 2．客户提供的故障信息。 3．《汽车发动机构造与检修》网络教学资源。 4．刘宜，石启军，刘勇兰．汽车发动机机械构造与维修一体化教程[M]．北京：机械工业出版社，2021：138-143。
资讯的评价	班级　　　　　　　第　组　　　组长签字 教师签字　　　　　日期 评语：

2．拆卸旧燃油滤清器的计划单

学习情境十	更换燃油滤清器		学　时	0.2 学时
典型工作过程描述	1．准备工作—2．释放燃油压力—3．拆卸旧燃油滤清器—4．更换新燃油滤清器—5．车辆恢复			
计划制订的方式	1．查看教师提供的教学资料。 2．通过《学习性工作任务单》更换燃油滤清器。			
序　号	具体工作步骤		注　意　事　项	
1	断开蓄电池负极		正确断开＿＿＿＿＿＿	
2	断开油泵线路插头		正确找到并断开＿＿＿＿＿＿	
3	撬下油泵总成外盖		正确使用工具撬下油泵总成外盖	
4	拆下燃油泵总成		正确将＿＿＿＿＿＿从油箱里取出来	
5	拆下旧燃油滤清器		正确拆下旧燃油滤清器	
计划的评价	班级　　　　　　　第　组　　　组长签字 教师签字　　　　　日期 评语：			

学习情境十 更换燃油滤清器

3. 拆卸旧燃油滤清器的决策单

学习情境十	更换燃油滤清器		学　　时	0.2学时
典型工作过程描述	1.准备工作—2.释放燃油压力—3.拆卸旧燃油滤清器—4.更换新燃油滤清器—5.车辆恢复			
计 划 对 比				
序　号	以下哪个是完成"3.拆卸旧燃油滤清器"这个典型工作环节 正确的具体步骤？			正确与否 （正确打√，错误打×）	
1	1.断开油泵线路插头—2.断开蓄电池负极—3.撬下油泵总成外盖—4.拆下燃油泵总成—5.拆下旧燃油滤清器			
2	1.断开蓄电池负极—2.断开油泵线路插头—3.撬下油泵总成外盖—4.拆下燃油泵总成—5.拆下旧燃油滤清器			
3	1.拆下燃油泵总成—2.断开油泵线路插头—3.撬下油泵总成外盖—4.断开蓄电池负极—5.拆下旧燃油滤清器			
4	1.断开蓄电池负极—2.断开油泵线路插头—3.拆下旧燃油滤清器—4.拆下燃油泵总成—5.撬下油泵总成外盖			
决策的评价	班级		第　　组	组长签字	
	教师签字		日期		
	评语：				

4. 拆卸旧燃油滤清器的实施单

学习情境十	更换燃油滤清器		学　　时	0.4学时
典型工作过程描述	1.准备工作—2.释放燃油压力—3.拆卸旧燃油滤清器—4.更换新燃油滤清器—5.车辆恢复			
序　号	实施的具体步骤	注 意 事 项		自　　评
1		正确断开蓄电池负极		
2		正确找到并断开油泵线路接头		
3		正确使用工具撬下油泵总成外盖		
4		正确将燃油泵从油箱里取出来		
5		拆下并检查燃油滤清器		

检修汽车发动机机械系统

	实施说明：
	1. 学生要正确找到燃油滤清器的安装位置。
	2. 学生要认真查阅维修资料，找到更换燃油滤清器的流程。
	3. 学生要正确拆卸油泵总成。
	4. 学生要检查燃油滤清器外观。

	班级		第　　组	组长签字	
	教师签字		日期		
实施的评价	评语：				

5. 拆卸旧燃油滤清器的检查单

学习情境十	更换燃油滤清器		学　　时	0.1 学时
典型工作过程描述	1. 准备工作—2. 释放燃油压力—3. 拆卸旧燃油滤清器—4. 更换新燃油滤清器—5. 车辆恢复			

序　号	检查项目（具体步骤的检查）	检 查 标 准	小组自查（检查是否完成以下步骤，完成打√，没完成打×）	小组互查（检查是否完成以下步骤，完成打√，没完成打×）
1	断开蓄电池负极	断开负极正确		
2	断开油泵线路插头	断开插头正确		
3	撬下油泵总成外盖	拆卸油泵外盖正确		
4	拆下燃油泵总成	拆卸油泵总成正确		
5	拆卸旧燃油滤清器	拆下旧燃油滤清器		

	班级		第　　组	组长签字	
	教师签字		日期		
检查的评价	评语：				

242

学习情境十 更换燃油滤清器

6. 拆卸旧燃油滤清器的评价单

学习情境十	更换燃油滤清器		学　时	0.1 学时
典型工作过程描述	1．准备工作—2．释放燃油压力—3．拆卸旧燃油滤清器—4．更换新燃油滤清器—5．车辆恢复			
评价项目	评分维度	组长对每组评分		教师评价
小组 1 拆卸旧燃油滤清器的阶段性结果	完整性、时效性、准确性			
小组 2 拆卸旧燃油滤清器的阶段性结果	完整性、时效性、准确性			
小组 3 拆卸旧燃油滤清器的阶段性结果	完整性、时效性、准确性			
小组 4 拆卸旧燃油滤清器的阶段性结果	完整性、时效性、准确性			
评价的评价	班级		第　组	组长签字	
	教师签字		日期		
	评语：				

任务四　更换新燃油滤清器

1. 更换新燃油滤清器的资讯单

学习情境十	更换燃油滤清器	学　时	0.2 学时
典型工作过程描述	1．准备工作—2．释放燃油压力—3．拆卸旧燃油滤清器—**4．更换新燃油滤清器**—5．车辆恢复		
收集资讯的方式	1．查看客户需求单。 2．查看教师提供的《学习性工作任务单》。		
资讯描述	1．让学生正确查阅维修手册。 2．让学生正确安装燃油滤清器，在安装滤清器时注意安装方向，通常滤清器上有方向指示标记。 3．让学生正确安装燃油泵、燃油管。 4．让学生正确检查燃油是否泄漏。		

检修汽车发动机机械系统

对学生的要求	1. 学会查阅维修手册，找到更换燃油滤清器的章节、页码。 2. 学会更换燃油滤清器的方法，注意滤清器的安装方向。 3. 学会正确使用常用工具。		
参考资料	1. 客户需求单。 2. 客户提供的故障信息。 3.《汽车发动机构造与检修》网络教学资源。 4. 刘宜，石启军，刘勇兰. 汽车发动机机械构造与维修一体化教程[M]. 北京：机械工业出版社，2021：138-143。		
	班级		第　组	组长签字	
	教师签字		日期		
资讯的评价	评语：				

2. 更换新燃油滤清器的计划单

学习情境十	更换燃油滤清器		学　时	0.2 学时
典型工作过程描述	1. 准备工作—2. 释放燃油压力—3. 拆卸旧燃油滤清器—**4. 更换新燃油滤清器**—5. 车辆恢复			
计划制订的方式	1. 查看客户需求单。 2. 查看《学习性工作任务单》。			
序　号	具体工作步骤		注 意 事 项	
1	查阅维修手册		查阅维修手册，找到_____的安装步骤	
2	安装燃油滤清器		正确安装_____	
3	安装燃油泵		正确安装_____	
4	安装燃油管		正确安装_____	
5	检查泄漏情况		安装后检查燃油是否泄漏	
	班级		第　组	组长签字	
	教师签字		日期		
计划的评价	评语：				

244

学习情境十 更换燃油滤清器

3. 更换新燃油滤清器的决策单

学习情境十	更换燃油滤清器		学 时	0.2学时
典型工作过程描述	1.准备工作—2.释放燃油压力—3.拆卸旧燃油滤清器—**4.更换新燃油滤清器**—5.车辆恢复			
计 划 对 比				
序 号	以下哪个是完成"4.更换新燃油滤清器"这个典型工作环节正确的具体步骤?		正确与否 (正确打√,错误打×)	
1	1.安装燃油泵—2.安装燃油滤清器—3.查阅维修手册—4.安装燃油管—5.检查泄漏情况			
2	1.查阅维修手册—2.安装燃油滤清器—3.安装燃油泵—4.安装燃油管—5.检查泄漏情况			
3	1.安装燃油管—2.安装燃油滤清器—3.查阅维修手册—4.安装燃油泵—5.检查泄漏情况			
4	1.检查泄漏情况—2.安装燃油滤清器—3.查阅维修手册—4.安装燃油管—5.安装燃油泵			
决策的评价	班级		第 组	组长签字
	教师签字		日期	
	评语:			

4. 更换新燃油滤清器的实施单

学习情境十	更换燃油滤清器		学 时	0.4学时
典型工作过程描述	1.准备工作—2.释放燃油压力—3.拆卸旧燃油滤清器—**4.更换新燃油滤清器**—5.车辆恢复			
序 号	实施的具体步骤	注 意 事 项		自 评
1		查阅维修手册,找到更换燃油滤清器的安装步骤		
2		正确安装燃油滤清器		
3		正确安装燃油泵		
4		正确安装燃油管		
5		安装后检查燃油是否泄漏		

245

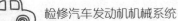

实施的评价	实施说明： 　　1. 在安装新的燃油滤清器时，学生要注意安装方向，通常滤清器上有方向指示标记，在安装完成后，启动发动机观察和手摸有无漏油现象，重点检查油管接头处。 　　2. 要根据维修手册的安装要求，分别安装燃油泵、燃油管等，在安装完燃油泵后插接电源接头，注意正负极，然后接通蓄电池电源，检查燃油泵工作情况，查看有无漏油情况。				
	班级		第　　组	组长签字	
	教师签字		日期		
	评语：				

5. 更换新燃油滤清器的检查单

学习情境十	更换燃油滤清器		学　　时	0.1 学时
典型工作过程描述	1. 准备工作—2. 释放燃油压力—3. 拆卸旧燃油滤清器—4. 更换新燃油滤清器—5. 车辆恢复			
序　号	检查项目 （具体步骤的检查）	检查标准	小组自查 （检查是否完成以下步骤，完成打√，没完成打×）	小组互查 （检查是否完成以下步骤，完成打√，没完成打×）
1	查阅维修手册	查看维修手册正确		
2	安装燃油滤清器	安装燃油滤清器正确		
3	安装燃油泵	安装燃油泵正确		
4	安装燃油管	安装燃油管正确		
5	检查泄漏情况	检查正确		
检查的评价	班级		第　　组	组长签字	
	教师签字		日期		
	评语：				

学习情境十　更换燃油滤清器

6. 更换新燃油滤清器的评价单

学习情境十	更换燃油滤清器		学　　时	0.1学时
典型工作过程描述	1．准备工作—2．释放燃油压力—3．拆卸旧燃油滤清器—4．更换新燃油滤清器—5．车辆恢复			
评价项目	评分维度	组长对每组评分		教师评价
小组1 更换新燃油滤清器 的阶段性结果	效率性、严谨性、正确性			
小组2 更换新燃油滤清器 的阶段性结果	效率性、严谨性、正确性			
小组3 更换新燃油滤清器 的阶段性结果	效率性、严谨性、正确性			
小组4 更换新燃油滤清器 的阶段性结果	效率性、严谨性、正确性			
评价的评价	班级		第　　组	组长签字
^	教师签字		日期	
^	评语：			

任务五　车辆恢复

1. 车辆恢复的资讯单

学习情境十	更换燃油滤清器	学　　时	0.2学时
典型工作过程描述	1．准备工作—2．释放燃油压力—3．拆卸旧燃油滤清器—4．更换新燃油滤清器—**5．车辆恢复**		
收集资讯的方式	1．查看维修手册。 2．查看教师提供的视频资源。		
资讯描述	1．让学生查看客户需求单，明确客户的要求。 2．正确插上油泵熔丝或继电器。 3．正确连接蓄电池负极，打开点火开关运行油泵，检查燃油是否有泄漏情况。 4．能够正确整理场地、工具。		

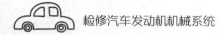

对学生的要求	1. 学会查阅维修手册。 2. 学会安装熔丝或继电器。 3. 学会启动车辆，观察油泵运行状况并检查燃油有无泄漏。 4. 做好 7S 作业，培养良好的职业操守。				
参考资料	1. 客户需求单。 2. 客户提供的故障信息。 3. 《汽车发动机构造与检修》网络教学资源。 4. 刘宜，石启军，刘勇兰. 汽车发动机机械构造与维修一体化教程[M]. 北京：机械工业出版社，2021：138-143。				
资讯的评价	班级		第　　组	组长签字	
^	教师签字		日期		
^	评语：				

2. 车辆恢复的计划单

学习情境十	更换燃油滤清器		学　　时	0.2 学时
典型工作过程描述	1. 准备工作—2. 释放燃油压力—3. 拆卸旧燃油滤清器—4. 更换新燃油滤清器— 5. 车辆恢复			
计划制订的方式	1. 启动车辆，检查是否已排除故障。 2. 确保维修资料、工具设备齐全、完好。 3. 恢复部件，车辆正常运转，做好 7S 作业。 4. 学会将客户的维修单存档，并做好文档归类，方便查阅。			
序　　号	具体工作步骤		注意事项	
1	插上熔丝或继电器		查找章节、页码、规格、型号	
2	连接蓄电池负极		正确连接	
3	打开点火开关运行油泵		正确观察运转情况	
4	提出维修建议		根据检查结果，提出维修建议	
5	整理工具及场地		做好 7S 作业	
计划的评价	班级		第　　组	组长签字
^	教师签字		日期	
^	评语：			

学习情境十 更换燃油滤清器

3. 车辆恢复的决策单

学习情境十	更换燃油滤清器		学　时	0.2 学时
典型工作过程描述	\multicolumn{4}{l}{1．准备工作—2．释放燃油压力—3．拆卸旧燃油滤清器—4．更换新燃油滤清器—5．车辆恢复}
序　号	\multicolumn{3}{l}{以下哪个是完成"5．车辆恢复"这个典型工作环节正确的具体步骤？}	正确与否（正确打√，错误打×）
1	\multicolumn{3}{l}{1．整理工具及场地—2．连接蓄电池负极—3．打开点火开关运行油泵—4．提出维修建议—5．插上熔丝或继电器}	
2	\multicolumn{3}{l}{1．打开点火开关运行油泵—2．连接蓄电池负极—3．插上熔丝或继电器—4．提出维修建议—5．整理工具及场地}	
3	\multicolumn{3}{l}{1．插上熔丝或继电器—2．连接蓄电池负极—3．打开点火开关运行油泵—4．提出维修建议—5．整理工具及场地}	
4	\multicolumn{3}{l}{1．插上熔丝或继电器—2．打开点火开关运行油泵—3．连接蓄电池负极—4．提出维修建议—5．整理工具及场地}	
决策的评价	班级		第　组	组长签字	
	教师签字		日期		
	评语：				

4. 车辆恢复的实施单

学习情境十	更换燃油滤清器		学　时	0.4 学时
典型工作过程描述	\multicolumn{4}{l}{1．准备工作—2．释放燃油压力—3．拆卸旧燃油滤清器—4．更换新燃油滤清器—5．车辆恢复}
序　号	实施的具体步骤	注意事项		自评
1	插上保险丝或继电器	查找章节、页码、规格、型号		
2	连接蓄电池负极	正确连接蓄电池负极		
3	打开点火开关运行油泵	正确观察运转情况		
4	提出维修建议	根据检查结果，提出维修建议		
5	整理工具及场地	做好 7S 作业		
实施说明： 　　学生要认真恢复工位、整理场地，检查维修资料、工具设备是否齐全，做好 7S 作业，培养良好的职业操守。

检修汽车发动机机械系统

实施的评价	班级		第　　组	组长签字	
	教师签字		日期		
	评语：				

5. 车辆恢复的检查单

学习情境十	更换燃油滤清器		学　　时	0.1 学时	
典型工作过程描述	1.准备工作—2.释放燃油压力—3.拆卸旧燃油滤清器—4.更换新燃油滤清器—5.车辆恢复				

序　　号	检查项目 （具体步骤的检查）	检查标准	小组自查 （检查是否完成以下步骤，完成打√，没完成打×）	小组互查 （检查是否完成以下步骤，完成打√，没完成打×）
1	插上熔丝或继电器	查找章节、页码、规格、型号正确		
2	连接蓄电池负极	连接负极正确		
3	打开点火开关运行油泵	判断油泵正常运行		
4	提出维修建议	提出维修建议合理		
5	整理工具及场地	做好 7S 作业		

检查的评价	班级		第　　组	组长签字	
	教师签字		日期		
	评语：				

6. 车辆恢复的评价单

学习情境十	更换燃油滤清器		学　　时	0.1 学时
典型工作过程描述	1．准备工作—2．释放燃油压力—3．拆卸旧燃油滤清器—4．更换新燃油滤清器—**5．车辆恢复**			
评 价 项 目	评 分 维 度	组长对每组评分		教 师 评 价
小组 1 **车辆恢复** 的阶段性结果	完整性、时效性、正确性			
小组 2 **车辆恢复** 的阶段性结果	完整性、时效性、正确性			
小组 3 **车辆恢复** 的阶段性结果	完整性、时效性、正确性			
小组 4 **车辆恢复** 的阶段性结果	完整性、时效性、正确性			
评价的评价	班级		第　　　　组	组长签字	
	教师签字		日期		
	评语：				

学习情境十一　　清洗喷油器

客户需求单

学习背景
1．有一辆故障车，车主反映在行驶过程中出现动力不足、仪表盘发动机故障灯亮的情况。现送厂进行维修，并委托维修人员排除故障，恢复车辆。 　　2．经维修人员初步检查，发现可能是燃油系统故障，需要拆卸并清洗喷油器。
素材

学习情境十一　清洗喷油器

学习性工作任务单

学习情境十一	清洗喷油器	学　时	4 学时
典型工作过程描述	1．准备工作—2．检查喷油器外观—3．清洗喷油器—4．检查喷油器喷油量—5．检查喷油器雾化情况			
学习目标	1．准备工作 　　1.1　准备基础知识 　　1.2　准备维修资料 　　1.3　准备维修工具 　　1.4　准备维修车辆 　　1.5　实施维修防护 2．检查喷油器外观 　　2.1　查阅维修手册 　　2.2　选择合适的工具 　　2.3　拆卸喷油器 　　2.4　检查喷油器滤网 　　2.5　检查喷油器密封圈 3．清洗喷油器 　　3.1　接通清洗机电源 　　3.2　倒入清洗液 　　3.3　做好清洗设定 　　3.4　超声波清洗 　　3.5　分析清洗结果 4．检查喷油器喷油量 　　4.1　安装喷油器 　　4.2　接通电源 　　4.3　检测喷油量 　　4.4　检测密封性 　　4.5　分析检测结果 5．检查喷油器雾化情况 　　5.1　接通仪器电源 　　5.2　观察雾化情况 　　5.3　分析检测结果 　　5.4　提出维修建议 　　5.5　整理场地、工具			

任务描述	\multicolumn{6}{l	}{**1．准备工作**：第一，收集喷油器的功用、结构及常见故障类型的相关资料；第二，准备维修资料，包括维修手册、电路图、用户使用手册等；第三，准备维修设备、工具（通用和专用），包括常用拆装工具、抹布、喷油器检测仪、清洗剂等；第四，准备维修车辆，登记车辆基本信息，检查车辆基本状况，包括车辆油、水、电的基本检查；第五，对车辆进行防护，包括安装车轮挡块，铺设车内、车外三件套。 **2．检查喷油器外观**：第一，正确查阅维修手册；第二，选择常用工具（扳手、套筒、一字螺栓）；第三，拆卸喷油器；第四，检查喷油器滤网；第五，检查喷油器密封圈。 **3．清洗喷油器**：第一，接通清洗机电源；第二，倒入清洗液；第三，做好清洗设定；第四，进行超声波清洗，然后清洗喷油器内孔；第五，分析清洗结果。 **4．检查喷油器喷油量**：第一，安装喷油器；第二，接通电源，连接喷油器测试插头；第三，选用喷射模式，检查杯中喷油量是否符合要求（常喷 15s 喷油量一般为 50～70mL，而且各缸喷油量相差不超过 10%）；第四，关闭喷油器测试仪，对喷油器施加压力，然后检测喷油器密封性（滴油情况 1min 内不允许超过 1 滴）；第五，分析检测结果。 **5．检查喷油器雾化情况**：第一，接通仪器电源；第二，选择相应程序并按下测试按钮，观察喷射效果（均匀、一定锥角）；第三，分析检测结果；第四，提出维修建议；第五，整理场地、工具。}
学时安排	资讯 1 学时	计划 0.5 学时	决策 0.5 学时	实施 1 学时	检查 0.5 学时	评价 0.5 学时
对学生的要求	\multicolumn{6}{l	}{**1．准备工作**：第一，学会收集喷油器的功用、结构及常见故障类型的相关资料；第二，准备维修资料，包括维修手册、电路图、用户使用手册等；第三，准备维修设备、工具（通用和专用），包括常用拆装工具、抹布、喷油器检测仪、清洗剂等；第四，准备维修车辆，登记车辆基本信息，检查车辆基本状况，包括车辆油、水、电的基本检查；第五，对车辆进行防护，包括安装车轮挡块，铺设车内、车外三件套。 **2．检查喷油器外观**：第一，正确查阅维修手册；第二，选择常用工具（扳手、套筒、一字螺栓）；第三，拆卸喷油器；第四，检查喷油器滤网；第五，检查喷油器密封圈。 **3．清洗喷油器**：第一，接通清洗机电源；第二，倒入清洗液；第三，做好清洗设定；第四，超声波清洗，然后清洗喷油器内孔；第五，分析清洗结果。 **4．检查喷油器喷油量**：第一，安装喷油器；第二，接通电源，连接喷油器测试插头；第三，选用喷射模式，检查杯中喷油量是否符合要求（常喷 15s 喷油量一般为 50～70mL，而且各缸喷油量相差不超过 10%）；第四，关闭喷油器测试仪，对喷油器施加压力，然后检测喷油器密封性（滴油情况 1min 内不允许超过 1 滴）；第五，分析检测结果。 **5．检查喷油器雾化情况**：第一，接通仪器电源；第二，选择相应程序并按下测试按钮，观察喷射效果（均匀、一定锥角）；第三，分析检测结果；第四，提出维修建议；第五，整理场地、工具。}

学习情境十一 清洗喷油器

参考资料	1．客户需求单。 2．客户提供的故障信息。 3．《汽车发动机构造与检修》网络教学资源。 4．刘宜，石启军，刘勇兰．汽车发动机机械构造与维修一体化教程[M]．北京：机械工业出版社，2021：57-69。					
教学和学习方式与流程	典型工作环节	教学和学习的方式				
^	1．准备工作	资讯	计划	决策	实施	检查	评价
^	2．检查喷油器外观	资讯	计划	决策	实施	检查	评价
^	3．清洗喷油器	资讯	计划	决策	实施	检查	评价
^	4．检查喷油器喷油量	资讯	计划	决策	实施	检查	评价
^	5．检查喷油器雾化情况	资讯	计划	决策	实施	检查	评价

材料工具清单

学习情境十一	清洗喷油器					学　时	4学时
典型工作过程描述	1．准备工作—2．检查喷油器外观—3．清洗喷油器—4．检查喷油器喷油量—5．检查喷油器雾化情况						
典型工作过程	序号	名称	作用	数量	型号	使用量	使用者
1．准备工作	1	维修手册、维修电路图	参考	各4本	Golf A72014（1.6L）	各4本	学生
^	2	钢笔	填表	4支		4支	学生
^	3	车辆	检查	4辆	高尔夫	4辆	学生
^	4	车内三件套	防护	4套		4套	车辆
^	5	车外三件套	防护	4套		4套	车辆
^	6	车轮挡块	防护	4套		4套	车辆
2．检查喷油器外观	7	一字螺钉旋具	拆装	4个	世达	4个	学生
^	8	拆装工具	拆装	4套		4套	学生
3．清洗喷油器	9	喷油器清洗仪	清洁	4把		4把	学生
4．检查喷油器喷油量	10	清洗剂	清洁	4套		4套	学生
5．检查喷油雾化情况	11	工单	存档	每人1份		每人1份	学生
班级			第　　组			组长签字	
教师签字			日期				

检修汽车发动机机械系统

任务一　准备工作

1．准备工作的资讯单

学习情境十一	清洗喷油器		学　时	0.2 学时
典型工作过程描述	**1．准备工作**—2．检查喷油器外观—3．清洗喷油器—4．检查喷油器喷油量—5．检查喷油器雾化情况			
收集资讯的方式	1．查看客户需求单。 2．查看教师提供的《学习性工作任务单》。			
资讯描述	1．让学生查看客户需求单，明确车辆的故障现象。 2．通过观察故障指示灯及客户提供的故障信息，让学生准备维修资料、维修工具及维修车辆，并进行车辆防护。			
对学生的要求	1．掌握喷油器的功用、结构、喷油器常见故障类型的相关资料。 2．能够准备维修手册、维修工具、维修车辆，能够按规范进行安全防护。 3．能够正确检查车辆油、电、水。			
参考资料	1．客户需求单。 2．客户提供的故障信息。 3．《汽车发动机构造与检修》网络教学资源。 4．刘宜，石启军，刘勇兰．汽车发动机机械构造与维修一体化教程[M]．北京：机械工业出版社，2021：140-143。			
资讯的评价	班级		第　　组	组长签字	
	教师签字		日期		
	评语：				

2．准备工作的计划单

学习情境十一	清洗喷油器		学　时	0.1 学时
典型工作过程描述	**1．准备工作**—2．检查喷油器外观—3．清洗喷油器—4．检查喷油器喷油量—5．检查喷油器雾化情况			
计划制订的方式	1．查看客户需求单。 2．查看《学习性工作任务单》。 3．请教教师。			

序　　号	具体工作步骤	注 意 事 项
1	准备基础知识	从参考资料中查看_____、_____相关资料
2	准备维修资料	_____、_____、_____准备齐全
3	准备维修工具	_____和_____准备齐全
4	准备维修车辆	正确检查车辆状况
5	实施维修防护	正确进行车内、车外防护

学习情境十一 清洗喷油器

计划的评价	班级		第　　组		组长签字	
	教师签字		日期			
	评语：					

3. 准备工作的决策单

学习情境十一	清洗喷油器	学　　时	0.1学时
典型工作过程描述	**1. 准备工作**—2. 检查喷油器外观—3. 清洗喷油器—4. 检查喷油器喷油量—5. 检查喷油器雾化情况		
序　号	以下哪个是完成"1. 准备工作"这个典型工作环节正确的具体步骤？	正确与否 （正确打√，错误打×）	
1	1. 准备基础知识—2. 准备维修资料—3. 准备维修工具—4. 准备维修车辆—5. 实施维修防护		
2	1. 实施维修防护—2. 准备维修资料—3. 准备维修工具—4. 准备维修车辆—5. 准备基础知识		
3	1. 准备基础知识—2. 准备维修资料—3. 准备维修工具—4. 实施维修防护—5. 准备维修车辆		
4	1. 准备基础知识—2. 实施维修防护—3. 准备维修工具—4. 准备维修车辆—5. 准备维修资料		
决策的评价	班级		第　　组		组长签字	
	教师签字		日期			
	评语：					

检修汽车发动机机械系统

4. 准备工作的实施单

学习情境十一	清洗喷油器		学　时	0.2 学时
典型工作过程描述	**1. 准备工作—2. 检查喷油器外观—3. 清洗喷油器—4. 检查喷油器喷油量—5. 检查喷油器雾化情况**			
序　号	实施的具体步骤	注意事项		自　评
1		从参考资料中查看喷油器结构、喷油器故障类型的相关资料		
2		维修手册、电路图、用户使用手册准备齐全		
3		常用工具和专用工具准备齐全		
4		正确检查车辆状况		
5		正确进行车内、车外防护		

实施说明：

1. 学生要认真收集喷油器功用、结构、故障类型及检修的相关资料。

2. 学生要认真准备维修手册、电路图及用户使用手册，并能够正确查阅。

3. 学生要认真准备维修工具及量具，并能够正确使用。

4. 学生要认真检查车辆状况，保证车辆油、电、水正常。

5. 学生要认真完成车内、车外的安全防护。

	班级		第　　组	组长签字	
	教师签字		日期		
实施的评价	评语：				

5. 准备工作的检查单

学习情境十一	清洗喷油器		学　时	0.1 学时
典型工作过程描述	**1. 准备工作—2. 检查喷油器外观—3. 清洗喷油器—4. 检查喷油器喷油量—5. 检查喷油器雾化情况**			

序　号	检查项目 （具体步骤的检查）	检查标准	小组自查 （检查是否完成以下步骤，完成打√，没完成打×）	小组互查 （检查是否完成以下步骤，完成打√，没完成打×）
1	准备基础知识	查看资料完整		
2	准备维修资料	维修手册、电路图、用户使用手册准备齐全		
3	准备维修工具	常用工具和专用工具准备齐全		
4	准备维修车辆	正确检查车辆状况		
5	实施维修防护	正确进行车内、车外防护		

学习情境十一　清洗喷油器

检查的评价	班级		第　　组		组长签字	
	教师签字		日期			
	评语：					

6. 准备工作的评价单

学习情境十一	清洗喷油器		学　时	0.1 学时
典型工作过程描述	1. 准备工作—2. 检查喷油器外观—3. 清洗喷油器—4. 检查喷油器喷油量—5. 检查喷油器雾化情况			
评价项目	评分维度	组长对每组评分		教师评价
小组 1 **准备工作** 的阶段性结果	完整性、时效性、准确性			
小组 2 **准备工作** 的阶段性结果	完整性、时效性、准确性			
小组 3 **准备工作** 的阶段性结果	完整性、时效性、准确性			
小组 4 **准备工作** 的阶段性结果	完整性、时效性、准确性			
评价的评价	班级		第　　组		组长签字	
	教师签字		日期			
	评语：					

259

检修汽车发动机机械系统

任务二　检查喷油器外观

1. 检查喷油器外观的资讯单

学习情境十一	清洗喷油器		学　时	0.2 学时
典型工作过程描述	1. 准备工作—**2. 检查喷油器外观**—3. 清洗喷油器—4. 检查喷油器喷油量—5. 检查喷油器雾化情况			
收集资讯的方式	1. 查看客户需求单。 2. 查看教师提供的《学习性工作任务单》。			
资讯描述	1. 让学生查看客户需求单，明确车辆的故障现象。 2. 通过观察故障指示灯及客户提供的故障信息，让学生正确查阅维修手册，选择合适的工具拆卸喷油器，正确检查喷油器外观，正确检查喷油器插头。			
对学生的要求	1. 能够选用合适的工具拆卸喷油器。 2. 能够正确检查喷油器外观及喷油器插头。			
参考资料	1. 客户需求单。 2. 客户提供的故障信息。 3.《汽车发动机构造与检修》网络教学资源。 4. 刘宜，石启军，刘勇兰. 汽车发动机机械构造与维修一体化教程[M]. 北京：机械工业出版社，2021：140-143。			
资讯的评价	班级		第　组	组长签字	
	教师签字		日期		
	评语：				

2. 检查喷油器外观的计划单

学习情境十一	清洗喷油器	学　时	0.1 学时
典型工作过程描述	1. 准备工作—**2. 检查喷油器外观**—3. 清洗喷油器—4. 检查喷油器喷油量—5. 检查喷油器雾化情况		
计划制订的方式	1. 查看客户需求单。 2. 查看《学习性工作任务单》。 3. 请教教师。		

序　号	具体工作步骤	注意事项
1	查阅维修手册	章节、页码、规格、型号
2	选择合适的工具	选用常用扳手
3	拆卸喷油器	正确拆卸＿＿＿＿＿＿＿
4	检查喷油器滤网	检查喷油器滤网是否干净、无杂物
5	检查喷油器密封圈	检查喷油器密封圈是否完好、无破损

260

学习情境十一 清洗喷油器

计划的评价	班级		第 组		组长签字	
	教师签字		日期			
	评语:					

3. 检查喷油器外观的决策单

学习情境十一	清洗喷油器	学 时	0.1学时
典型工作过程描述	1．准备工作—**2．检查喷油器外观**—3．清洗喷油器—4．检查喷油器喷油量—5．检查喷油器雾化情况		
计 划 对 比			
序 号	以下哪个是完成"2．检查喷油器外观"这个典型工作环节正确的具体步骤？	正确与否 （正确打√，错误打×）	
1	1．查阅维修手册—2．选择合适的工具—3．检查喷油器密封圈—4．检查喷油器滤网—5．拆卸喷油器		
2	1．查阅维修手册—2．选择合适的工具—3．拆卸喷油器—4．检查喷油器密封圈—5．检查喷油器滤网		
3	1．查阅维修手册—2．选择合适的工具—3．拆卸喷油器—4．检查喷油器滤网—5．检查喷油器密封圈		
4	1．检查喷油器密封圈—2．选择合适的工具—3．拆卸喷油器—4．检查喷油器滤网—5．查阅维修手册		
决策的评价	班级		第 组		组长签字	
	教师签字		日期			
	评语:					

261

检修汽车发动机机械系统

4. 检查喷油器外观的实施单

学习情境十一	清洗喷油器		学　时	0.2 学时
典型工作过程 描述	1. 准备工作—**2. 检查喷油器外观**—3. 清洗喷油器—4. 检查喷油器喷油量—5. 检查喷油器雾化情况			
序　号	实施的具体步骤	注 意 事 项		自　评
1		章节、页码、规格、型号		
2		选用常用工具		
3		正确拆卸喷油器		
4		滤网是否有杂物		
5		密封圈是否完好、无破损		

实施说明：

　　1. 学生在拆卸喷油器之前，为防止燃油飞溅出来，必须先进行泄压操作，泄压后燃油供给系统中还会有残留燃油，在拆卸喷油器时需注意可能有燃油溢出，可预先在接头下方垫上一块毛巾以吸收溢出的燃油。

　　2. 拆卸喷油器之前，先拆卸外围部件（进油管和喷油器），再从较难拆卸的部位开始取下喷油器卡簧，旋动取下喷油器。

　　3. 在拆卸喷油器时正确使用工具。

	班级		第　组		组长签字	
实施的评价	教师签字		日期			
	评语：					

5. 检查喷油器外观的检查单

学习情境十一	清洗喷油器		学　时	0.1 学时
典型工作过程 描述	1. 准备工作—**2. 检查喷油器外观**—3. 清洗喷油器—4. 检查喷油器喷油量—5. 检查喷油器雾化情况			
序　号	检查项目 （具体步骤的检查）	检 查 标 准	小组自查 （检查是否完成以下步骤，完成打√，没完成打×）	小组互查 （检查是否完成以下步骤，完成打√，没完成打×）
1	查阅维修手册	章节、页码、规格、型号查询正确		
2	选择合适的工具	选用常用扳手正确		
3	拆卸喷油器	拆卸喷油器规范		
4	检查喷油器滤网	检查全面		
5	检查喷油器密封圈	检查规范		

检查的评价	班级		第 组		组长签字	
	教师签字		日期			
	评语:					

6. 检查喷油器外观的评价单

学习情境十一	清洗喷油器	学 时	0.1学时
典型工作过程描述	1.准备工作—**2.检查喷油器外观**—3.清洗喷油器—4.检查喷油器喷油量—5.检查喷油器雾化情况		
评价项目	评 分 维 度	组长对每组评分	教 师 评 价
小组1 **检查喷油器外观** 的阶段性结果	规范性、时效性、准确性		
小组2 **检查喷油器外观** 的阶段性结果	完整性、时效性、准确性		
小组3 **检查喷油器外观** 的阶段性结果	完整性、时效性、准确性		
小组4 **检查喷油器外观** 的阶段性结果	完整性、时效性、准确性		
评价的评价	班级		第 组		组长签字	
	教师签字		日期			
	评语:					

检修汽车发动机机械系统

任务三 清洗喷油器

1. 清洗喷油器的资讯单

学习情境十一	清洗喷油器		学　时	0.2 学时
典型工作过程 描述	1. 准备工作—2. 检查喷油器外观—3. 清洗喷油器—4. 检查喷油器喷油量—5. 检查喷油器雾化情况			
收集资讯的方式	1. 查看客户需求单。 2. 查看教师提供的《学习性工作任务单》。			
资讯描述	1. 让学生查看客户需求单，明确车辆的故障现象。 2. 学习"汽车发动机构造与检修"微课，正确进行喷油器超声波清洗。			
对学生的要求	1. 学会超声波清洗机的使用方法。 2. 学会用喷油器检测仪清洗喷油器。			
参考资料	1. 客户需求单。 2. 客户提供的故障信息。 3.《汽车发动机构造与检修》网络教学资源。 4. 刘宜，石启军，刘勇兰. 汽车发动机机械构造与维修一体化教程[M]. 北京：机械工业出版社，2021：140-143。			
资讯的评价	班级		第　组	组长签字	
	教师签字		日期		
	评语：				

2. 清洗喷油器的计划单

学习情境十一	清洗喷油器		学　时	0.1 学时
典型工作过程 描述	1. 准备工作—2. 检查喷油器外观—3. 清洗喷油器—4. 检查喷油器喷油量—5. 检查喷油器雾化情况			
计划制订的方式	1. 查看客户需求单。 2. 查看《学习性工作任务单》。 3. 请教教师。			
序　号	具体工作步骤	注 意 事 项		
1	接通清洗机电源	正确接通_____		
2	倒入清洗液	正确倒入_____		
3	做好清洗设定	选择相应按钮做好清洗设定		
4	超声波清洗	将喷油器放入超声波清洗机中		
5	分析清洗结果	清洗后，查看清洗情况		

264

学习情境十一 清洗喷油器

计划的评价	班级		第 组		组长签字	
	教师签字		日期			
	评语:					

3. 清洗喷油器的决策单

学习情境十一	清洗喷油器	学 时	0.1学时
典型工作过程描述	1．准备工作—2．检查喷油器外观—**3．清洗喷油器**—4．检查喷油器喷油量—5．检查喷油器雾化情况		

计 划 对 比		
序 号	以下哪个是完成"3．清洗喷油器"这个典型工作环节正确的具体步骤?	正确与否（正确打√，错误打×）
1	1．接通清洗机电源—2．分析清洗结果—3．做好清洗设定—4．超声波清洗—5．倒入清洗液	
2	1．接通清洗机电源—2．倒入清洗液—3．做好清洗设定—4．超声波清洗—5．分析清洗结果	
3	1．倒入清洗液—2．超声波清洗—3．做好清洗设定—4．分析清洗结果—5．接通清洗机电源	
4	1．倒入清洗液—2．超声波清洗—3．分析清洗结果—4．做好清洗设定—5．接通清洗机电源	

决策的评价	班级		第 组		组长签字	
	教师签字		日期			
	评语:					

4. 清洗喷油器的实施单

学习情境十一	清洗喷油器		学　时	0.2 学时
典型工作过程描述	1. 准备工作—2. 检查喷油器外观—**3. 清洗喷油器**—4. 检查喷油器喷油量—5. 检查喷油器雾化情况			
序　号	实施的具体步骤	注　意　事　项		自　评
1		正确接通清洗机		
2		正确倒入清洗液		
3		选择相应按钮做好清洗设定		
4		将喷油器放入超声波清洗机中		
5		清洗后，查看清洗情况		

实施说明：

1. 学生在清洗喷油器前正确接通清洗机，并正确倒入清洗液。

2. 学生要认真操作超声波清洗机。

3. 学生要认真查看清洗情况。

实施的评价	班级		第　　组	组长签字	
	教师签字		日期		
	评语：				

5. 清洗喷油器的检查单

学习情境十一	清洗喷油器		学　时	0.1 学时
典型工作过程描述	1. 准备工作—2. 检查喷油器外观—**3. 清洗喷油器**—4. 检查喷油器喷油量—5. 检查喷油器雾化情况			
序　号	检查项目（具体步骤的检查）	检查标准	小组自查（检查是否完成以下步骤，完成打√，没完成打×）	小组互查（检查是否完成以下步骤，完成打√，没完成打×）
1	接通清洗机电源	接通正确		
2	倒入清洗液	倒入清洗剂正确		
3	做好清洗设定	设定正确		
4	超声波清洗	清洗正确		
5	分析清洗结果	分析正确		

检查的评价	班级		第 组		组长签字	
	教师签字		日期			
	评语:					

6. 清洗喷油器的评价单

学习情境十一	清洗喷油器		学 时	0.1学时
典型工作过程描述	1.准备工作—2.检查喷油器外观—**3.清洗喷油器**—4.检查喷油器喷油量—5.检查喷油器雾化情况			
评价项目	评分维度	组长对每组评分		教师评价
小组1 **清洗喷油器** 的阶段性结果	完整性、时效性、准确性			
小组2 **清洗喷油器** 的阶段性结果	完整性、时效性、准确性			
小组3 **清洗喷油器** 的阶段性结果	完整性、时效性、准确性			
小组4 **清洗喷油器** 的阶段性结果	完整性、时效性、准确性			
评价的评价	班级		第 组		组长签字
	教师签字		日期		
	评语:				

检修汽车发动机机械系统

任务四　检查喷油器喷油量

1. 检查喷油器喷油量的资讯单

学习情境十一	清洗喷油器	学　　时	0.2 学时
典型工作过程描述	1. 准备工作—2. 检查喷油器外观—3. 清洗喷油器—**4. 检查喷油器喷油量**—5. 检查喷油器雾化情况		
收集资讯的方式	1. 查看客户需求单。 2. 查看教师提供的《学习性工作任务单》。		
资讯描述	1. 让学生正确安装喷油器。 2. 让学生正确接通电源，连接喷油器测试插头。 3. 让学生正确选用喷射模式，检查杯中喷油量是否符合要求（常喷 15s 喷油量一般为 50～70mL，而且各缸喷油量相差不超过 10%）。 4. 加压检测密封性（滴油情况 1min 内不允许超过 1 滴），正确分析检测结果。		
对学生的要求	1. 学会安装喷油器和接通电源，连接喷油器测试插头。 2. 学会选用喷射模式，检查杯中喷油量是否符合要求（常喷 15s 喷油量一般为 50～70mL，而且各缸喷油量相差不超过 10%）。 3. 学会加压检测密封性（滴油情况 1min 内不允许超过 1 滴），会分析检测结果。		
参考资料	1. 客户需求单。 2. 客户提供的故障信息。 3.《汽车发动机构造与检修》网络教学资源。 4. 刘宜，石启军，刘勇兰. 汽车发动机机械构造与维修一体化教程[M]. 北京：机械工业出版社，2021：140-143。		
资讯的评价	<table><tr><td>班级</td><td></td><td>第　　组</td><td>组长签字</td><td></td></tr><tr><td>教师签字</td><td></td><td>日期</td><td colspan="2"></td></tr><tr><td colspan="5">评语：</td></tr></table>		

2. 检查喷油器喷油量的计划单

学习情境十一	清洗喷油器	学　　时	0.1 学时
典型工作过程描述	1. 准备工作—2. 检查喷油器外观—3. 清洗喷油器—**4. 检查喷油器喷油量**—5. 检查喷油器雾化情况		
计划制订的方式	1. 查看客户需求单。 2. 查看《学习性工作任务单》。 3. 请教教师。		

268

学习情境十一　清洗喷油器

序　号	具体工作步骤	注 意 事 项
1	安装喷油器	正确安装喷油器到喷油器检测仪上
2	接通电源	正确接通_____
3	检测喷油量	选择喷油模式，检查_____
4	检测密封性	选择喷油器滴油情况，检查_____
5	分析检测结果	正确分析检测结果
计划的评价	班级　　　　　　　　　　第　　组　　　　组长签字	
	教师签字　　　　　　　　日期	
	评语：	

3. 检查喷油器喷油量的决策单

学习情境十一	清洗喷油器	学　时	0.1 学时
典型工作过程描述	1．准备工作—2．检查喷油器外观—3．清洗喷油器—**4．检查喷油器喷油量**—5．检查喷油器雾化情况		
计 划 对 比			
序　号	以下哪个是完成"4．检查喷油器喷油量"这个典型工作环节正确的具体步骤？	正确与否（正确打√，错误打×）	
1	1．安装喷油器—2．接通电源—3．检测喷油量—4．检测密封性—5．分析检测结果		
2	1．安装喷油器—2．分析检测结果—3．检测喷油量—4．检测密封性—5．接通电源		
3	1．安装喷油器—2．接通电源—3．分析检测结果—4．检测密封性—5．检测喷油量		
4	1．分析检测结果—2．接通电源—3．检测喷油量—4．检测密封性—5．安装喷油器		
决策的评价	班级　　　　　　　　　　第　　组　　　　组长签字		
	教师签字　　　　　　　　日期		
	评语：		

检修汽车发动机机械系统

4. 检查喷油器喷油量的实施单

学习情境十一	清洗喷油器		学　时	0.2 学时
典型工作过程描述	1．准备工作—2．检查喷油器外观—3．清洗喷油器—4．**检查喷油器喷油量**—5．检查喷油器雾化情况			

序　号	实施的具体步骤	注　意　事　项	自　评
1		正确安装喷油器到喷油器检测仪上	
2		正确接通喷油器检测仪	
3		选择喷油模式，检查喷油量	
4		选择喷油器滴油情况，检查密封性	
5		正确分析检测结果	

实施说明：

1．安装喷油器后，接通电源，连接喷油器测试插头。

2．学生正确选用喷射模式，检查杯中喷油量是否符合要求（常喷 15s 喷油量一般为 50～70mL，而且各缸喷油量相差不超过 10%）。

3．学生正确关闭喷油器测试仪，对喷油器施加压力，然后检测喷油器密封性（滴油情况 1min 内不允许超过 1 滴），分析检测结果。

	班　级		第　　组		组长签字	
	教师签字		日　期			
实施的评价	评语：					

5. 检查喷油器喷油量的检查单

学习情境十一	清洗喷油器		学　时	0.1 学时
典型工作过程描述	1．准备工作—2．检查喷油器外观—3．清洗喷油器—4．**检查喷油器喷油量**—5．检查喷油器雾化情况			

序　号	检查项目 （具体步骤的检查）	检查标准	小组自查 （检查是否完成以下步骤，完成打√，没完成打×）	小组互查 （检查是否完成以下步骤，完成打√，没完成打×）
1	安装喷油器	安装正确		
2	接通电源	接头电源操作规范		
3	检测喷油量	检测喷油量正确		
4	检测密封性	检测密封性正确		
5	分析检测结果	分析检测结果精确		

学习情境十一　清洗喷油器

检查的评价	班级			第　　组		组长签字	
	教师签字			日期			
	评语：						

6. 检查喷油器喷油量的评价单

学习情境十一	清洗喷油器	学　时	0.1学时
典型工作过程描述	1. 准备工作—2. 检查喷油器外观—3. 清洗喷油器—4. 检查喷油器喷油量—5. 检查喷油器雾化情况		
评价项目	评分维度	组长对每组评分	教师评价
小组1 检查喷油器喷油量 的阶段性结果	效率性、严谨性、正确性		
小组2 检查喷油器喷油量 的阶段性结果	效率性、严谨性、正确性		
小组3 检查喷油器喷油量 的阶段性结果	效率性、严谨性、正确性		
小组4 检查喷油器喷油量 的阶段性结果	效率性、严谨性、正确性		
评价的评价	班级		第　　组	组长签字	
	教师签字		日期		
	评语：				

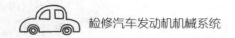

任务五 检查喷油器雾化情况

1. 检查喷油器雾化情况的资讯单

学习情境十一	清洗喷油器	学　时	0.2 学时
典型工作过程描述	1．准备工作—2．检查喷油器外观—3．清洗喷油器—4．检查喷油器喷油量—**5．检查喷油器雾化情况**		
收集资讯的方式	1．查看维修手册。 2．查看教师提供的视频资源。		
资讯描述	1．让学生查看客户需求单,明确客户的要求。 2．让学生正确接通电源。 3．让学生正确选择相应程序并按下测试按钮,观察喷射效果(均匀、有一定锥角),分析检测结果,提出维修建议,整理场地、工具。		
对学生的要求	1．学会正确操作测试仪器。 2．学会正确观察喷油器雾化情况。 3．学会对比分析,判断结果。 4．学会按规范填写作业单,提出维修建议。 5．检测后,能够正确组装部件,并检查维修资料和工具设备是否齐全、完好,做好 7S 作业,培养良好的职业操守。		
参考资料	1．客户需求单。 2．客户提供的故障信息。 3．《汽车发动机构造与检修》网络教学资源。 4．刘宜,石启军,刘勇兰．汽车发动机机械构造与维修一体化教程[M]．北京：机械工业出版社,2021：140-143。		
资讯的评价	班级		第　组	组长签字
	教师签字		日期	
	评语：			

2. 检查喷油器雾化情况的计划单

学习情境十一	清洗喷油器	学　时	0.1 学时
典型工作过程描述	1．准备工作—2．检查喷油器外观—3．清洗喷油器—4．检查喷油器喷油量—**5．检查喷油器雾化情况**		
计划制订的方式	1．查看客户需求单。 2．查看《学习性工作任务单》。 3．请教教师。		

学习情境十一　清洗喷油器

序　号	具体工作步骤	注 意 事 项
1	接通仪器电源	正确接通电源
2	观察雾化情况	观察喷油器_____情况
3	分析检测结果	将实测结果与标准值对比，正确判断_____
4	提出维修建议	提出合理的维修_____
5	整理场地、工具	组装部件，整理场地、工具，做好7S作业

计划的评价	班级		第　　组		组长签字	
	教师签字		日期			
	评语：					

3. 检查喷油器雾化情况的决策单

学习情境十一	清洗喷油器	学　时	0.1学时
典型工作过程描述	1. 准备工作—2. 检查喷油器外观—3. 清洗喷油器—4. 检查喷油器喷油量—**5. 检查喷油器雾化情况**		
序　号	以下哪个是完成"5. 检查喷油器雾化情况"这个典型工作环节正确的具体步骤？	正确与否（正确打√,错误打×）	
1	1. 接通仪器电源—2. 观察雾化情况—3. 分析检测结果—4. 整理场地、工具—5. 提出维修建议		
2	1. 整理场地、工具—2. 观察雾化情况—3. 分析检测结果—4. 提出维修建议—5. 接通仪器电源		
3	1. 接通仪器电源—2. 观察雾化情况—3. 分析检测结果—4. 提出维修建议—5. 整理场地、工具		
4	1. 接通仪器电源—2. 分析检测结果—3. 观察雾化情况—4. 提出维修建议—5. 整理场地、工具		
决策的评价	班级		第　　组		组长签字	
	教师签字		日期			
	评语：					

检修汽车发动机机械系统

4. 检查喷油器雾化情况的实施单

学习情境十一	清洗喷油器		学　时	0.2 学时
典型工作过程描述	1. 准备工作—2. 检查喷油器外观—3. 清洗喷油器—4. 检查喷油器喷油量—5. 检查喷油器雾化情况			
序　号	实施的具体步骤	注　意　事　项		自　评
1		正确接通电源		
2		仔细观察喷油器雾化情况		
3		将实测结果与标准值对比，正确判断_____		
4		提出合理的维修_____		
5		组装部件，整理场地、工具，做好 7S 作业		

实施说明：

1. 学生要正确接通仪器电源。

2. 学生要正确选择相应程序并按下测试按钮。

3. 学生要认真观察喷射效果（均匀、有一定锥角）。

4. 学生要按规范填写作业单，提出维修建议。

5. 学生在检测之后，及时整理场地、工具，检查维修资料和工具设备是否齐全、完好，做好 7S 作业，培养良好的职业操守。

实施的评价	班级		第　　组		组长签字	
	教师签字			日　期		
	评语：					

5. 检查喷油器雾化情况的检查单

学习情境十一	清洗喷油器		学　时	0.1 学时
典型工作过程描述	1. 准备工作—2. 检查喷油器外观—3. 清洗喷油器—4. 检查喷油器喷油量—5. 检查喷油器雾化情况			
序　号	检查项目 （具体步骤的检查）	检查标准	小组自查 （检查是否完成以下步骤，完成打√，没完成打×）	小组互查 （检查是否完成以下步骤，完成打√，没完成打×）
1	接通仪器电源	接通仪器正确		
2	观察雾化情况	观察雾化情况正确		
3	分析检测结果	分析检测结果正确		
4	提出维修建议	提出合理的维修建议		
5	整理场地、工具	做好 7S 作业		

学习情境十一 清洗喷油器

检查的评价	班级			第 组	组长签字	
	教师签字			日期		
	评语：					

6. 检查喷油器雾化情况的评价单

学习情境十一	清洗喷油器	学　时	0.1学时
典型工作过程描述	1．准备工作—2．检查喷油器外观—3．清洗喷油器—4．检查喷油器喷油量— 5．检查喷油器雾化情况		
评价项目	评 分 维 度	组长对每组评分	教 师 评 价
小组1 检查喷油器雾化情况 的阶段性结果	完整性、时效性、正确性		
小组2 检查喷油器雾化情况 的阶段性结果	完整性、时效性、正确性		
小组3 检查喷油器雾化情况 的阶段性结果	完整性、时效性、正确性		
小组4 检查喷油器雾化情况 的阶段性结果	完整性、时效性、正确性		
评价的评价	班级			第 组	组长签字	
	教师签字			日期		
	评语：					

学习情境十二　检测进气真空度

客户需求单

学习背景
1. 有一辆故障车，车主反映在行驶过程中出现加速不良且仪表盘发动机故障灯亮的情况。现送厂进行维修，并委托维修人员排除故障，恢复车辆。 2. 经维修人员初步检查，发现可能是进气不足，需要检测进气真空度。
素材

学习性工作任务单

学习情境十二	检测进气真空度	学　时	6 学时
典型工作过程描述	1. 准备工作—2. 预热发动机—3. 连接真空表—4. 检测真空度—5. 填写检测报告		
学习目标	1. 准备工作 　1.1　准备基础知识 　1.2　准备维修资料 　1.3　准备维修工具 　1.4　准备维修车辆 　1.5　实施维修防护 2. 预热发动机 　2.1　查阅维修手册 　2.2　变速器置于 P 挡 　2.3　预热至工作温度 　2.4　保证蓄电池电压充足 　2.5　保证冷却水温度正常		

学习情境十二 检测进气真空度

	3. 连接真空表 　　3.1 查阅维修手册 　　3.2 选择合适的工具 　　3.3 拆卸进气软管 　　3.4 选择合适的接头 　　3.5 连接真空表 4. 检测真空度 　　4.1 查阅维修手册 　　4.2 记录标准值 　　4.3 怠速工况检测 　　4.4 加速工况检测 　　4.5 记录检测数据 5. 填写检测报告 　　5.1 拆卸真空表 　　5.2 恢复车辆部件 　　5.3 检测结果分析 　　5.4 提出维修建议 　　5.5 整理场地、工具
任务描述	**1. 准备工作**：第一，收集检测进气真空度的目的及步骤的相关资料；第二，准备维修资料，包括维修手册、电路图、用户使用手册等；第三，准备维修设备、工具（通用和专用），包括真空表、常用工具；第四，准备维修车辆，登记车辆基本信息，检查车辆基本状况，包括车辆油、水、电的基本检查，分解发动机并清理、清洗各零部件，对各零部件做好标记；第五，对车辆进行防护，包括安装车轮挡块，铺设车内、车外三件套。 **2. 预热发动机**：第一，正确查阅维修手册；第二，将变速器置于 P 挡；第三，启动发动机，预热至正常工作温度；第四，保证蓄电池电压充足（12V）；第五，保证冷却液温度正常（75~95℃）。 **3. 连接真空表**：第一，正确查阅维修手册；第二，正确组装进气真空表；第三，选用合适的工具，拆卸进气软管；第四，选择合适的接头；第五，连接真空表。 **4. 检测真空度**：第一，正确查阅维修手册；第二，正确查阅标准值；第三，在怠速工况下检测进气真空度；第四，在加速工况下检测进气真空度；第五，记录检测数据。 **5. 填写检测报告**：第一，拆卸真空表；第二，正确恢复车辆部件；第三，正确分析检测结果；第四，提出维修建议；第五，整理场地、工具。
学时安排	资讯　　　　计划　　　　决策　　　　实施　　　　检查　　　　评价 1 学时　　　1 学时　　　1 学时　　　2 学时　　　0.5 学时　　0.5 学时
对学生的要求	**1. 准备工作**：第一，收集检测进气真空度的目的及步骤的相关资料；第二，准备维修资料，包括维修手册、电路图、用户使用手册等；第三，准备维修设备、工具（通用和专用），包括真空表、常用工具等；第四，准备维修车辆，登记车辆基本信息，检查车辆基本状况，包括车辆油、水、电的基本检查，分解发动机并清理、清洗各零部件，

277

检修汽车发动机机械系统

	对各零部件做好标记；第五，对车辆进行防护，包括安装车轮挡块，铺设车内、车外三件套。 **2．预热发动机**：第一，正确查阅维修手册；第二，将变速器置于 P 挡；第三，启动发动机，预热至正常工作温度；第四，保证蓄电池电压充足（12V）；第五，保证冷却液温度正常（75~95℃）。 **3．连接真空表**：第一，正确查阅维修手册；第二，学会选用合适的工具；第三，拆卸进气软管；第四，选择合适的接头；第五，连接真空表。 **4．检测真空度**：第一，正确查阅维修手册；第二，拉紧驻车制动；第三，将变速器置于空挡；第四，在怠速、加速工况下检测进气真空度；第五，记录检测数据。 **5．填写检测报告**：第一，拆卸真空表；第二，正确恢复车辆部件；第三，正确分析检测结果；第四，提出维修建议；第五，整理场地、工具。
参考资料	1．客户需求单。 2．客户提供的故障信息。 3．《汽车发动机构造与检修》网络教学资源。 4．刘宜，石启军，刘勇兰．汽车发动机机械构造与维修一体化教程[M]．北京：机械工业出版社，2021：57-69。

教学和学习方式与流程	典型工作环节	教学和学习的方式					
	1．准备工作	资讯	计划	决策	实施	检查	评价
	2．预热发动机	资讯	计划	决策	实施	检查	评价
	3．连接真空表	资讯	计划	决策	实施	检查	评价
	4．检测真空度	资讯	计划	决策	实施	检查	评价
	5．填写检测报告	资讯	计划	决策	实施	检查	评价

材料工具清单

学习情境十二	检测进气真空度			学　时	6 学时	
典型工作过程描述	1．准备工作—2．预热发动机—3．连接真空表—4．检测真空度—5．填写检测报告					
典型工作过程	序号	名称	作用	数量	型号	使用量	使用者
1．准备工作	1	维修手册、维修电路图	参考	各4本	Golf A72014（1.6L）	各4本	学生
	2	钢笔	填表	4支		4支	学生
	3	车辆	检查	4辆	高尔夫	4辆	学生
2．预热发动机	4	车内三件套	防护	4套		4套	车辆
3．连接真空表	5	车外三件套	防护	4套		4套	车辆
4．检测真空度	6	真空表	检测	4把		4把	学生
5．填写检测报告	8	工单	存档	每人1份		每人1份	学生
班级			第　　组	组长签字		
教师签字			日期			

学习情境十二　检测进气真空度

任务一　准 备 工 作

1. 准备工作的资讯单

学习情境十二	检测进气真空度		学　　时	0.2 学时
典型工作过程描述	**1. 准备工作**—2. 预热发动机—3. 连接真空表—4. 检测真空度—5. 填写检测报告			
收集资讯的方式	1. 查看客户需求单。 2. 查看教师提供的《学习性工作任务单》。			
资讯描述	1. 让学生查看客户需求单，明确车辆的故障现象。 2. 通过观察故障指示灯及客户提供的故障信息，让学生准备维修资料、维修工具、维修车辆，并进行维修防护。			
对学生的要求	1. 掌握进气真空度检测的意义及检测步骤的相关资料。 2. 能够准备维修手册、维修工具、维修车辆，按规范进行维修防护。 3. 能够正确检查车辆油、电、水，并固定发动机台架。			
参考资料	1. 客户需求单。 2. 客户提供的故障信息。 3.《汽车发动机构造与检修》网络教学资源。 4. 刘宜，石启军，刘勇兰. 汽车发动机机械构造与维修一体化教程[M]. 北京：机械工业出版社，2021：212-213。			
资讯的评价	班级		第　　组	组长签字	
^	教师签字		日期		
^	评语：				

2. 准备工作的计划单

学习情境十二	检测进气真空度		学　　时	0.2 学时
典型工作过程描述	**1. 准备工作**—2. 预热发动机—3. 连接真空表—4. 检测真空度—5. 填写检测报告			
计划制订的方式	1. 查看客户需求单。 2. 查看《学习性工作任务单》。 3. 请教教师。			

序　　号	具体工作步骤	注意事项
1	准备基础知识	从参考资料中查看＿＿＿、＿＿＿的相关资料
2	准备维修资料	＿＿＿、＿＿＿准备齐全
3	准备维修工具	＿＿＿和＿＿＿准备齐全
4	准备维修车辆	正确检查车辆的工作状况
5	实施维修防护	正确安装＿＿＿及进行台架固定

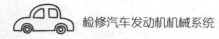

	班级		第　　组	组长签字	
计划的评价	教师签字		日期		
	评语：				

3. 准备工作的决策单

学习情境十二	检测进气真空度	学　　时	0.2学时
典型工作过程描述	1．准备工作—2．预热发动机—3．连接真空表—4．检测真空度—5．填写检测报告		
序　　号	以下哪个是完成"1．准备工作"这个典型工作环节正确的具体步骤？		正确与否（正确打√，错误打×）
1	1．准备基础知识—2．准备维修资料—3．准备维修工具—4．准备维修车辆—5．实施维修防护		
2	1．实施维修防护—2．准备维修资料—3．准备维修工具—4．准备维修车辆—5．准备基础知识		
3	1．实施维修防护—2．准备维修资料—3．准备维修工具—4．准备基础知识—5．准备维修车辆		
4	1．实施维修防护—2．准备维修工具—3．准备维修资料—4．准备基础知识—5．准备维修车辆		
决策的评价	班级		第　　组	组长签字	
	教师签字		日期		
	评语：				

学习情境十二　检测进气真空度

4. 准备工作的实施单

学习情境十二	检测进气真空度		学　时	0.4学时
典型工作过程描述		1．准备工作—2．预热发动机—3．连接真空表—4．检测真空度—5．填写检测报告

序　号	实施的具体步骤	注　意　事　项	自　评
1		从参考资料中查看进气真空度检测意义、检测步骤	
2		维修手册、电路图、用户使用手册准备齐全	
3		常用工具和专用工具准备齐全	
4		正确检查车辆的工作状况	
5		正确安装车轮挡块及进行台架固定	

实施说明：
1. 学生要认真收集进气真空度检测步骤的相关知识。
2. 学生要认真准备维修手册、电路图及用户使用手册。
3. 学生要认真准备维修工具及量具，并能够正确使用。
4. 学生要认真检查车辆状况，保证车辆油、电、水正常。
5. 学生要认真完成车内、车外的安全防护及进行台架固定。

实施的评价	班级		第　组		组长签字	
	教师签字		日期			
	评语：					

5. 准备工作的检查单

学习情境十二	检测进气真空度		学　时	0.1学时
典型工作过程描述		1．准备工作—2．预热发动机—3．连接真空表—4．检测真空度—5．填写检测报告

序　号	检查项目（具体步骤的检查）	检查标准	小组自查（检查是否完成以下步骤，完成打√，没完成打×）	小组互查（检查是否完成以下步骤，完成打√，没完成打×）
1	准备基础知识	查阅资料正确		
2	准备维修资料	维修手册、电路图、用户使用手册准备齐全		
3	准备维修工具	常用工具和专用工具准备齐全		
4	准备维修车辆	正确检查车辆状况		
5	实施维修防护	正确进行维修防护		

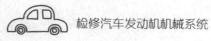

检查的评价	班级		第　　组		组长签字	
	教师签字		日期			
	评语:					

6. 准备工作的评价单

学习情境十二	检测进气真空度		学　　时	0.1 学时
典型工作过程描述	1. 准备工作—2. 预热发动机—3. 连接真空表—4. 检测真空度—5. 填写检测报告			
评价项目	评分维度	组长对每组评分		教师评价
小组 1 准备工作 的阶段性结果	完整性、时效性、准确性			
小组 2 准备工作 的阶段性结果	完整性、时效性、准确性			
小组 3 准备工作 的阶段性结果	完整性、时效性、准确性			
小组 4 准备工作 的阶段性结果	完整性、时效性、准确性			
评价的评价	班级		第　　组		组长签字	
	教师签字		日期			
	评语:					

学习情境十二 检测进气真空度

任务二 预热发动机

1. 预热发动机的资讯单

学习情境十二	检测进气真空度		学　　时	0.2 学时
典型工作过程描述	1．准备工作—**2．预热发动机**—3．连接真空表—4．检测真空度—5．填写检测报告			
收集资讯的方式	1．查看客户需求单。 2．查看教师提供的《学习性工作任务单》。			
资讯描述	1．让学生正确查阅维修手册。 2．让学生将变速器置于 P 挡。 3．让学生启动发动机，预热至工作温度。 4．保证蓄电池电压充足（12V）。 5．保证冷却液温度正常（75～95℃）。			
对学生的要求	1．学会正确查阅维修手册。 2．学会预热发动机。			
参考资料	1．客户需求单。 2．客户提供的故障信息。 3．《汽车发动机构造与检修》网络教学资源。 4．刘宜，石启军，刘勇兰．汽车发动机机械构造与维修一体化教程[M]．北京：机械工业出版社，2021：212-213。			
资讯的评价	班级		第　　组	组长签字	
	教师签字		日期		
	评语：				

2. 预热发动机的计划单

学习情境十二	检测进气真空度	学　　时	0.2 学时
典型工作过程描述	1．准备工作—**2．预热发动机**—3．连接真空表—4．检测真空度—5．填写检测报告		
计划制订的方式	1．查看客户需求单。 2．查看《学习性工作任务单》。 3．请教教师。		

283

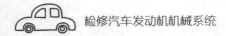

检修汽车发动机机械系统

序 号	具体工作步骤	注意事项	
1	查阅维修手册	_____章_____节	
2	变速器置于 P 挡	正确将变速器置于 P 挡	
3	预热至工作温度	正确预热至工作温度	
4	保证蓄电池电压充足	保证蓄电池电压充足	
5	保证冷却水温度正常	水温达到_____	
计划的评价	班级		第 组	组长签字	
	教师签字		日期		
	评语:				

3. 预热发动机的决策单

学习情境十二	检测进气真空度	学 时	0.2 学时
典型工作过程描述	1．准备工作—2．预热发动机—3．连接真空表—4．检测真空度—5．填写检测报告		
计 划 对 比			
序 号	以下哪个是完成"2．预热发动机"这个典型工作环节正确的具体步骤?	正确与否（正确打√，错误打×）	
1	1．查阅维修手册—2．变速器置于 P 挡—3．预热至工作温度—4．保证蓄电池电压充足—5．保证冷却水温度正常		
2	1．变速器置于 P 挡—2．查阅维修手册—3．预热至工作温度—4．保证蓄电池电压充足—5．保证冷却水温度正常		
3	1．保证冷却水温度正常—2．变速器置于 P 挡—3．预热至工作温度—4．保证蓄电池电压充足—5．查阅维修手册		
4	1．查阅维修手册—2．预热至工作温度—3．变速器置于 P 挡—4．保证蓄电池电压充足—5．保证冷却水温度正常		
决策的评价	班级		第 组	组长签字	
	教师签字		日期		
	评语:				

4. 预热发动机的实施单

学习情境十二	检测进气真空度		学　时	0.4学时
典型工作过程描述	1．准备工作—**2．预热发动机**—3．连接真空表—4．检测真空度—5．填写检测报告			
序　号	实施的具体步骤	注 意 事 项		自　评
1		正确查阅维修手册		
2		正确将变速器置于P挡		
3		正确预热至工作温度		
4		保证蓄电池电压充足		
5		保证水温达到_____		

实施说明：
　　学生在预热发动机时，要预热发动机至工作温度，保证蓄电池电压充足，保证冷却水温度正常。

实施的评价	班级		第　组	组长签字	
	教师签字		日期		
	评语：				

5. 预热发动机的检查单

学习情境十二	检测进气真空度		学　时	0.1学时
典型工作过程描述	1．准备工作—**2．预热发动机**—3．连接真空表—4．检测真空度—5．填写检测报告			
序　号	检查项目（具体步骤的检查）	检 查 标 准	小组自查（检查是否完成以下步骤，完成打√，没完成打×）	小组互查（检查是否完成以下步骤，完成打√，没完成打×）
1	查阅维修手册	查阅维修手册正确		
2	将变速器置于P挡	变速器置于P挡正确		
3	预热至工作温度	预热发动机正常		
4	保证蓄电池电压充足	蓄电池电压正常		
5	保证冷却水温度正常	冷却水温度正常		

检查的评价	班级		第　组	组长签字	
	教师签字		日期		
	评语：				

检修汽车发动机机械系统

6. 预热发动机的评价单

学习情境十二	检测进气真空度		学　时	0.1学时
典型工作过程描述	1．准备工作—**2．预热发动机**—3．连接真空表—4．检测真空度—5．填写检测报告			
评价项目	评分维度	组长对每组评分		教师评价
小组 1 **预热发动机** 的阶段性结果	完整性、时效性、准确性			
小组 2 **预热发动机** 的阶段性结果	完整性、时效性、准确性			
小组 3 **预热发动机** 的阶段性结果	完整性、时效性、准确性			
小组 4 **预热发动机** 的阶段性结果	完整性、时效性、准确性			
评价的评价	班级		第　　组	组长签字	
	教师签字		日期		
	评语：				

任务三　连接真空表

1. 连接真空表的资讯单

学习情境十二	检测进气真空度	学　时	0.2学时
典型工作过程描述	1．准备工作—2．预热发动机—**3．连接真空表**—4．检测真空度—5．填写检测报告		
收集资讯的方式	1．查看客户需求单。 2．查看教师提供的《学习性工作任务单》。		
资讯描述	1．让学生查看客户需求单，明确车辆的故障现象。 2．学习"汽车发动机构造与检修"微课，查阅维修手册，选择合适的工具，拆卸进气软管；选择合适的接头，连接真空表。		

学习情境十二　检测进气真空度

对学生的要求	1．学会正确查阅维修手册。 2．学会选择合适的工具。 3．学会正确拆卸发动机进气歧管上的真空软管接头。 4．学会连接真空表。
参考资料	1．客户需求单。 2．客户提供的故障信息。 3．《汽车发动机构造与检修》网络教学资源。 4．刘宜，石启军，刘勇兰．汽车发动机机械构造与维修一体化教程[M]．北京：机械工业出版社，2021：212-213。
资讯的评价	班级　　　　　　第　组　　组长签字 教师签字　　　　　　日期 评语：

2．连接真空表的计划单

学习情境十二	检测进气真空度	学　　时	0.2 学时
典型工作过程描述	1．准备工作—2．预热发动机—**3．连接真空表**—4．检测真空度—5．填写检测报告			
计划制订的方式	1．查看客户需求单。 2．查看《学习性工作任务单》。 3．请教教师。			

序　号	具体工作步骤	注 意 事 项
1	查阅维修手册	＿＿＿＿章＿＿＿＿节
2	选择合适的工具	学会选用合适的工具
3	拆卸进气软管	拆卸发动机进气歧管上的真空软管接头
4	选择合适的接头	选择合适的接头
5	连接真空表	连接真空表

计划的评价	班级　　　　　　第　组　　组长签字 教师签字　　　　　　日期 评语：

检修汽车发动机机械系统

3. 连接真空表的决策单

学习情境十二	检测进气真空度		学　时	0.2学时
典型工作过程描述	1. 准备工作—2. 预热发动机—**3. 连接真空表**—4. 检测真空度—5. 填写检测报告			

计　划　对　比		
序　号	以下哪个是完成"**3. 连接真空表**"这个典型工作环节 **正确的具体步骤?**	正确与否 （正确打√，错误打×）
1	1. 拆卸进气软管—2. 选择合适的工具—3. 查阅维修手册 —4. 选择合适的接头—5. 连接真空表	
2	1. 查阅维修手册—2. 选择合适的工具—3. 拆卸进气软管 —4. 选择合适的接头—5. 连接真空表	
3	1. 连接真空表—2. 选择合适的工具—3. 拆卸进气软管— 4. 选择合适的接头—5. 查阅维修手册	
4	1. 查阅维修手册—2. 拆卸进气软管—3. 选择合适的工具 —4. 选择合适的接头—5. 连接真空表	

决策的评价	班级		第　　组	组长签字	
	教师签字		日期		
	评语：				

4. 连接真空表的实施单

学习情境十二	检测进气真空度		学　时	0.4学时
典型工作过程描述	1. 准备工作—2. 预热发动机—**3. 连接真空表**—4. 检测真空度—5. 填写检测报告			

序　号	实施的具体步骤	注　意　事　项	自　评
1		正确查阅_____	
2		学会选用合适的工具	
3		拆卸发动机进气歧管上的真空软管接头	
4		选择合适的接头	
5		连接真空表	

实施说明：

1. 学生在连接真空表时，应正确选用工具，组装真空表，拆卸进气歧管上的真空软管接头。

2. 学生要正确、规范地使用拆卸工具，培养良好的职业素养。

实施的评价	班级		第　　组	组长签字	
	教师签字		日期		
	评语：				

学习情境十二 检测进气真空度

5. 连接真空表的检查单

学习情境十二	检测进气真空度		学　　时	0.1 学时
典型工作过程描述	1. 准备工作—2. 预热发动机—**3. 连接真空表**—4. 检测真空度—5. 填写检测报告			
序　　号	检查项目 （具体步骤的检查）	检查标准	小组自查 （检查是否完成以下步骤，完成打√，没完成打×）	小组互查 （检查是否完成以下步骤，完成打√，没完成打×）
1	查阅维修手册	正确查阅维修手册		
2	选择合适的工具	选择工具齐全		
3	拆卸进气软管	拆卸方法正确		
4	选择合适的接头	正确选择接头		
5	连接真空表	真空表组装及连接正确		
检查的评价	班级		第　　组	组长签字
	教师签字		日期	
	评语：			

6. 连接真空表的评价单

学习情境十二	检测进气真空度		学　　时	0.1 学时
典型工作过程描述	1. 准备工作—2. 预热发动机—**3. 连接真空表**—4. 检测真空度—5. 填写检测报告			
评价项目	评 分 维 度	组长对每组评分		教师评价
小组 1 **连接真空表** 的阶段性结果	完整性、时效性、准确性			
小组 2 **连接真空表** 的阶段性结果	完整性、时效性、准确性			
小组 3 **连接真空表** 的阶段性结果	完整性、时效性、准确性			
小组 4 **连接真空表** 的阶段性结果	完整性、时效性、准确性			

检修汽车发动机机械系统

评价的评价	班级		第 组	组长签字	
	教师签字		日期		
	评语：				

任务四　检测真空度

1. 检测真空度的资讯单

学习情境十二	检测进气真空度	学　时	0.2 学时
典型工作过程描述	1．准备工作—2．预热发动机—3．连接真空表—4．检测真空度—5．填写检测报告		
收集资讯的方式	1．查看客户需求单。 2．查看教师提供的《学习性工作任务单》。		
资讯描述	1．让学生正确查阅维修手册。 2．让学生正确查阅并记录真空表的标准值。 3．让学生在不同的工况下检测：在怠速工况下检测，在加速工况下检测。 4．记录检测数据，并进行结果分析，同时提出合理的维修建议。		
对学生的要求	1．学会查阅维修手册，找到进气真空度检测的章节：_____章_____节。 2．学会正确使用进气真空表。 3．掌握在不同的工况下进气真空度检测的方法及流程。		
参考资料	1．客户需求单。 2．客户提供的故障信息。 3．《汽车发动机构造与检修》网络教学资源。 4．刘宜，石启军，刘勇兰．汽车发动机机械构造与维修一体化教程[M]．北京：机械工业出版社，2021：212-213。		
资讯的评价	班级		第 组	组长签字	
	教师签字		日期		
	评语：				

学习情境十二 检测进气真空度

2. 检测真空度的计划单

学习情境十二	检测进气真空度		学　　时	0.2学时
典型工作过程描述	1．准备工作—2．预热发动机—3．连接真空表—4．检测真空度—5．填写检测报告			
计划制订的方式	1．查看客户需求单。 2．查看《学习性工作任务单》。 3．请教教师。			
序　号	具体工作步骤		注 意 事 项	
1	查阅维修手册		正确查看＿＿＿＿＿	
2	拉紧驻车制动		正确拉紧驻车制动	
3	将变速器挂至空挡		正确挂挡	
4	不同工况检测		正确检测不同工况	
5	记录检测数据		正确记录检测数据	
计划的评价	班级		第　　组	组长签字	
	教师签字		日期		
	评语：				

3. 检测真空度的决策单

学习情境十二	检测进气真空度	学　　时	0.2学时
典型工作过程描述	1．准备工作—2．预热发动机—3．连接真空表—4．检测真空度—5．填写检测报告		
计 划 对 比			
序　号	以下哪个是完成"4．检测真空度"这个典型工作环节 正确的具体步骤？		正确与否 （正确打√，错误打×）
1	1．查阅维修手册—2．拉紧驻车制动—3．将变速器挂至空挡—4．加速工况检测—5．记录检测数据		
2	1．拉紧驻车制动—2．将变速器挂至空挡—3．查阅维修手册—4．加速工况检测—5．记录检测数据		
3	1．拉紧驻车制动—2．查阅维修手册—3．将变速器挂至空挡—4．加速工况检测—5．记录检测数据		
4	1．查阅维修手册—2．记录检测数据动—3．将变速器挂至空挡—4．加速工况检测—5．拉紧驻车制		

检修汽车发动机机械系统

	班级		第 组	组长签字	
决策的评价	教师签字		日期		
	评语:				

4. 检测真空度的实施单

学习情境十二	检测进气真空度		学 时	0.4学时
典型工作过程描述	1．准备工作—2．预热发动机—3．连接真空表—**4．检测真空度**—5．填写检测报告			
序 号	实施的具体步骤	注 意 事 项		自 评
1		正确查阅维修手册		
2		正确拉紧驻车制动		
3		正确挂挡		
4		正确检测不同工况		
5		正确记录检测数据		

实施说明:

1．在检测进气真空度时，拉紧驻车制动，将变速器挂空挡，启动发动机怠速运转，并开始检测，然后将发动机转速增加，进行加速工况检测。

2．在检测进气真空度时，要安全操作，正确使用仪器仪表，培养良好的职业操守。

	班级		第 组	组长签字	
实施的评价	教师签字		日期		
	评语:				

5. 检测真空度的检查单

学习情境十二	检测进气真空度		学　　时	0.1学时
典型工作过程描述	1．准备工作—2．预热发动机—3．连接真空表—4．检测真空度—5．填写检测报告			
序　号	检查项目 （具体步骤的检查）	检查标准	小组自查 （检查是否完成以下步骤，完成打√，没完成打×）	小组互查 （检查是否完成以下步骤，完成打√，没完成打×）
1	查阅维修手册	查阅章节、页码正确		
2	拉紧驻车制动	拉紧驻车制动规范		
3	将变速器挂至空挡	将变速器正确挂至空挡		
4	不同工况检测	在不同工况下检测正确		
5	记录检测数据	记录数据准确		
检查的评价	班级		第　组	组长签字	
	教师签字		日期		
	评语：				

6. 检测真空度的评价单

学习情境十二	检测进气真空度		学　　时	0.1学时
典型工作过程描述	1．准备工作—2．预热发动机—3．连接真空表—4．检测真空度—5．填写检测报告			
评价项目	评分维度	组长对每组评分		教师评价
小组1 检测真空度 的阶段性结果	效率性、严谨性、正确性			
小组2 检测真空度 的阶段性结果	效率性、严谨性、正确性			
小组3 检测真空度 的阶段性结果	效率性、严谨性、正确性			
小组4 检测真空度 的阶段性结果	效率性、严谨性、正确性			

检修汽车发动机机械系统

评价的评价	班级		第 组	组长签字	
	教师签字		日期		
	评语：				

任务五　填写检测报告

1. 填写检测报告的资讯单

学习情境十二	检测进气真空度	学　时	0.2 学时
典型工作过程描述	1．准备工作—2．预热发动机—3．连接真空表—4．检测真空度—**5．填写检测报告**		
收集资讯的方式	1．查阅维修手册。 2．查看教师提供的视频资源。		
资讯描述	1．让学生正确拆卸真空表。 2．让学生正确恢复车辆部件。 3．让学生正确分析检测结果。 4．让学生正确提出维修建议。 5．让学生正确整理场地、工具。		
对学生的要求	1．学会正确拆卸进气真空表。 2．学会正确恢复车辆部件。 3．学会正确分析检测结果。 4．学会规范填写作业单，提出维修建议。 5．能够正确启动车辆，检查维修资料和工具设备是否齐全、完好，做好 7S 作业，培养良好的职业操守。		
参考资料	1．客户需求单。 2．客户提供的故障信息。 3．《汽车发动机构造与检修》网络教学资源。 4．刘宜，石启军，刘勇兰．汽车发动机机械构造与维修一体化教程[M]．北京：机械工业出版社，2021：212-213。		
资讯的评价	班级		第 组	组长签字	
	教师签字		日期		
	评语：				

294

学习情境十二 检测进气真空度

2. 填写检测报告的计划单

学习情境十二	检测进气真空度		学 时	0.2 学时
典型工作过程描述	1．准备工作—2．预热发动机—3．连接真空表—4．检测真空度—5．填写检测报告			
计划制订的方式	1．查看客户需求单。 2．查看《学习性工作任务单》。 3．请教教师。			
序 号	具体工作步骤		注 意 事 项	
1	拆卸真空表		正确拆卸并整理真空表	
2	恢复车辆部件		正确恢复车辆，安装所拆卸部件	
3	检测结果分析		将实测值与标准值对比，做出正确判断	
4	提出维修建议		提出合理维修_____	
5	整理场地、工具		整理场地、工具，做好 7S 作业	
计划的评价	班级		第 组	组长签字	
^	教师签字		日期		
^	评语：			

3. 填写检测报告的决策单

学习情境十二	检测进气真空度	学 时	0.2 学时
典型工作过程描述	1．准备工作—2．预热发动机—3．连接真空表—4．检测真空度—5．填写检测报告		
序 号	以下哪个是完成"5．填写检测报告"这个典型工作环节正确的具体步骤？		正确与否 （正确打√，错误打×）
1	1．拆卸真空表—2．检测结果分析—3．恢复车辆部件—4．提出维修建议—5．整理场地、工具		
2	1．整理场地、工具—2．恢复车辆部件—3．检测结果分析—4．提出维修建议—5．拆卸真空表		
3	1．拆卸真空表—2．恢复车辆部件—3．检测结果分析—4．提出维修建议—5．整理场地、工具		
4	1．提出维修建议—2．恢复车辆部件—3．检测结果分析—4．拆卸真空表—5．整理场地、工具		
决策的评价	班级	第 组	组长签字
^	教师签字	日期	
^	评语：		

295

检修汽车发动机机械系统

4. 填写检测报告的实施单

学习情境十二	检测进气真空度		学　时	0.4学时
典型工作过程描述	1．准备工作—2．预热发动机—3．连接真空表—4．检测真空度—5．填写检测报告			
序　号	实施的具体步骤	注　意　事　项		自　评
1		正确拆卸并整理真空表		
2		正确恢复车辆，安装所拆卸部件		
3		将实测结果与标准值对比，做出正确判断		
4		提出合理的维修建议		
5		整理场地、工具，做好7S作业		

实施说明：

1. 学生要认真拆卸并恢复零部件。

2. 学生要认真查阅标准值。

3. 学生要认真对比分析，并判断结果。

4. 学生要按规范填写作业单，提出维修建议。

5. 检测完进气真空度后，检查维修资料和工具设备是否齐全、完好，做好7S作业，培养良好的职业操守。

	班级		第　　组	组长签字	
	教师签字		日期		
实施的评价	评语：				

5. 填写检测报告的检查单

学习情境十二	检测进气真空度		学　时	0.1学时
典型工作过程描述	1．准备工作—2．预热发动机—3．连接真空表—4．检测真空度—5．填写检测报告			

序　号	检查项目 （具体步骤的检查）	检　查　标　准	小组自查 （检查是否完成以下步骤，完成打√，没完成打×）	小组互查 （检查是否完成以下步骤，完成打√，没完成打×）
1	拆卸真空表	拆卸真空表正确		
2	恢复车辆部件	恢复车辆部件正确		
3	检测结果分析	将实测结果与标准值对比，做出正确判断		
4	提出维修建议	提出合理的维修建议		
5	整理场地、工具	整理场地、工具，做好7S作业		

学习情境十二 检测进气真空度

检查的评价	班级		第 组	组长签字	
	教师签字		日期		
	评语:				

6. 填写检测报告的评价单

学习情境十二	检测进气真空度		学　时	0.1 学时
典型工作过程描述	1. 准备工作—2. 预热发动机—3. 连接真空表—4. 检测真空度—5. 填写检测报告			
评价项目	评分维度	组长对每组评分		教师评价
小组 1 填写检测报告 的阶段性结果	完整性、时效性、正确性			
小组 2 填写检测报告 的阶段性结果	完整性、时效性、正确性			
小组 3 填写检测报告 的阶段性结果	完整性、时效性、正确性			
小组 4 填写检测报告 的阶段性结果	完整性、时效性、正确性			
评价的评价	班级		第 组	组长签字	
	教师签字		日期		
	评语:				

学习情境十三　检测汽缸压力

客户需求单

学习背景
1. 有一辆故障车，车主反映在行驶过程中出现动力不足、燃油消耗过高且仪表盘故障灯亮的情况。现送厂进行维修，并委托维修人员排除故障，恢复车辆。 　2. 经维修人员初步检查，发现可能是汽缸压力不足，需要检测汽缸压力。
素材

学习情境十三 检测汽缸压力

学习性工作任务单

学习情境十三	检测汽缸压力		学　时	10学时
典型工作过程描述	1．准备工作—2．保证检测条件—3．拆下点火线圈—4．拆除火花塞—5．检测汽缸压力			
学习目标	1．准备工作 　　1.1　准备基础知识 　　1.2　准备维修资料 　　1.3　准备维修工具 　　1.4　准备维修车辆 　　1.5　实施维修防护 2．保证检测条件 　　2.1　查阅维修手册 　　2.2　断开油泵供电 　　2.3　将车辆预热后熄火 　　2.4　断开油泵供电 　　2.5　关闭点火开关 3．拆下点火线圈 　　3.1　预热发动机 　　3.2　检查电量是否充足 　　3.3　保证冷却液温度正常 　　3.4　拆下发动机罩盖 　　3.5　拆下点火线圈 4．拆除火花塞 　　4.1　查阅维修手册 　　4.2　记录标准值 　　4.3　选择拆卸工具 　　4.4　拆除火花塞 　　4.5　用气枪吹去尘土 5．检测汽缸压力 　　5.1　安装压力表 　　5.2　带动曲轴转动 　　5.3　记下检测读数 　　5.4　压力表指针回零 　　5.5　依次检测并记录			
任务描述	1．**准备工作**：第一，收集检测汽缸压力的目的及步骤的相关资料；第二，准备维修资料，包括维修手册、电路图、用户使用手册等；第三，准备维修设备、工具（通用和专用），包括万用表、常用工具、火花塞套筒、气枪、汽缸压力表等；第四，准备维修车辆，登记车辆基本信息，检查车辆基本状况，包括车辆油、水、电的基本检查；第五，对车辆进行防护，包括安装车轮挡块，铺设车内、车外三件套。			

	2．保证检测条件：第一，启动发动机，应运转至正常工作温度，检查机油温度；第二，正确使用工具拆下空气滤清器；第三，查阅维修手册；第四，断开油泵供电；第五，关闭点火开关。 **3．拆下点火线圈**：第一，检查蓄电池电量；第二，检查发动机水温（75～95℃）；第三，选用合适的工具；第四，拆下发动机罩盖；第五，拆下点火线圈。 **4．拆除火花塞**：第一，正确查阅维修手册；第二，正确记录火花塞拧紧力矩；第三，选择火花塞专用套筒；第四，拆除火花塞；第五，使用气枪清洁。 **5．检测汽缸压力**：第一，安装压力表，把汽缸压力表的锥形橡胶接头压紧在被测缸的火花塞孔内；第二，用起动机带动曲轴转动3～5s；第三，指针稳定后读取读数；第四，按下单向阀使指针回零，每个汽缸的测量次数不少于两次，实测值为两次检测的平均值；第五，按上述步骤依次检测并记录。					
学时安排	资讯 1学时	计划 1学时	决策 1学时	实施 5学时	检查 1学时	评价 1学时
对学生的要求	**1．准备工作**：第一，学会收集检测汽缸压力的目的及步骤的相关资料；第二，准备维修资料，包括维修手册、电路图、用户使用手册等；第三，准备维修设备、工具（通用和专用），包括汽缸压力表、火花塞套筒、蓄电池电量测试仪、常用工具等；第四，准备维修车辆，登记车辆基本信息，检查车辆基本状况，包括车辆油、水、电的基本检查；第五，对车辆进行防护，包括安装车轮挡块，铺设车内、车外三件套。 **2．保证检测条件**：第一，学会启动发动机，应运转至正常工作温度，检查机油温度正常；第二，学会正确使用工具拆下空气滤清器；第三，查阅维修手册；第四，断开油泵供电；第五，关闭点火开关。 **3．拆下点火线圈**：第一，学会检查蓄电池电量；第二，检查发动机水温（75～95℃）；第三，学会选用合适的工具；第四，拆下发动机罩盖；第五，拆下点火线圈。 **4．拆除火花塞**：第一，学会正确查阅维修手册；第二，学会正确记录火花塞拧紧力矩；第三，选择火花塞专用套筒；第四，拆除火花塞；第五，使用气枪清洁汽缸。 **5．检测汽缸压力**：第一，学会安装压力表，把汽缸压力表的锥形橡胶接头压紧在被测缸的火花塞孔内；第二，学会用起动机带动曲轴转动3～5s；第三，指针稳定后读取读数；第四，学会按下单向阀使指针回零，每个汽缸的测量次数不少于两次，实测值为两次检测的平均值；第五，按上述步骤依次检测并记录。					
参考资料	1．客户需求单。 2．客户提供的故障信息。 3．《汽车发动机构造与检修》网络教学资源。 4．刘宜，石启军，刘勇兰．汽车发动机机械构造与维修一体化教程[M]．北京：机械工业出版社，2021：57-69。					
教学和学习方式与流程	典型工作环节	教学和学习的方式				
	1．准备工作	资讯	计划	决策	实施	检查	评价
	2．保证检测条件	资讯	计划	决策	实施	检查	评价
	3．拆下点火线圈	资讯	计划	决策	实施	检查	评价
	4．拆除火花塞	资讯	计划	决策	实施	检查	评价
	5．检测汽缸压力	资讯	计划	决策	实施	检查	评价

学习情境十三 检测汽缸压力

材料工具清单

学习情境十三		检测汽缸压力				学　时	10学时
典型工作过程描述		1.准备工作—2.保证检测条件—3.拆下点火线圈—4.拆除火花塞—5.检测汽缸压力					
典型工作过程	序号	名称	作用	数量	型号	使用量	使用者
1.准备工作	1	维修手册、维修电路图	参考	各4本	Golf A72014（1.6L）	各4本	学生
	2	钢笔	填表	4支		4支	学生
	3	车辆	检查	4辆	高尔夫	4辆	学生
	4	车内三件套	防护	4套		4套	车辆
	5	车外三件套	防护	4套		4套	车辆
	6	车轮挡块	防护	4套		4套	车辆
2.保证检测条件	7	万用表	检测	4套		4套	车辆
3.拆下点火线圈	8	常用工具	拆卸	4套		4套	车辆
4.拆除火花塞	9	火花塞套筒	拆卸	4套		4套	车辆
	10	气枪	清洁	4套		4套	车辆
5.检测汽缸压力	11	缸压表	检测	4套		4套	车辆
	12	工单	存档	每人1份		每人1份	学生
班级			第　　组		组长签字		
教师签字			日期				

任务一　准　备　工　作

1. 准备工作的资讯单

学习情境十三	检测汽缸压力	学　时	0.2学时
典型工作过程描述	1.准备工作—2.保证检测条件—3.拆下点火线圈—4.拆除火花塞—5.检测汽缸压力		
收集资讯的方式	1. 查看客户需求单。 2. 查看教师提供的《学习性工作任务单》。		
资讯描述	1. 让学生查看客户需求单，明确车辆的故障现象。 2. 通过观察故障现象及客户提供的故障信息，让学生准备维修资料、维修工具及维修车辆，并进行车辆防护。		
对学生的要求	1. 掌握汽缸压力检测的意义及检测步骤的相关资料。 2. 能够准备维修手册、维修工具、维修车辆，按规范进行维修防护。 3. 能够正确检查车辆油、电、水及固定发动机台架。		
参考资料	1. 客户需求单。 2. 客户提供的故障信息。 3.《汽车发动机构造与检修》网络教学资源。 4. 刘宜，石启军，刘勇兰.汽车发动机机械构造与维修一体化教程[M].北京：机械工业出版社，2021：213-214。		

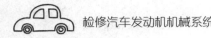

	班级		第 组	组长签字	
资讯的评价	教师签字		日期		
	评语：				

2. 准备工作的计划单

学习情境十三	检测汽缸压力		学 时	0.2学时
典型工作过程描述	1．准备工作—2．保证检测条件—3．拆下点火线圈—4．拆除火花塞—5．检测汽缸压力			
计划制订的方式	1．查看客户需求单。 2．查看《学习性工作任务单》。 3．请教教师。			
序 号	具体工作步骤	注 意 事 项		
1	准备基础知识	从参考资料中查看_____、_____的相关资料		
2	准备维修资料	_____、_____、_____准备齐全		
3	准备维修工具	_____和_____准备齐全		
4	准备维修车辆	正确检查车辆的_____状况		
5	实施维修防护	正确安装_____及进行台架固定		

	班级		第 组	组长签字	
计划的评价	教师签字		日期		
	评语：				

学习情境十三 检测汽缸压力

3. 准备工作的决策单

学习情境十三	检测汽缸压力		学　时	0.2学时
典型工作过程描述	1. 准备工作—2. 保证检测条件—3. 拆下点火线圈—4. 拆除火花塞—5. 检测汽缸压力			
序　号	以下哪个是完成"1. 准备工作"这个典型工作环节正确的具体步骤？		正确与否（正确打√，错误打×）	
1	1. 准备基础知识—2. 准备维修资料—3. 准备维修工具—4. 准备维修车辆—5. 实施维修防护			
2	1. 实施维修防护—2. 准备维修资料—3. 准备维修工具—4. 准备维修车辆—5. 准备基础知识			
3	1. 实施维修防护—2. 准备维修资料—3. 准备维修工具—4. 准备基础知识—5. 准备维修车辆			
4	1. 实施维修防护—2. 准备维修工具—3. 准备维修资料—4. 准备基础知识—5. 准备维修车辆			
决策的评价	班级		第　组	组长签字	
^	教师签字		日期		
^	评语：				

4. 准备工作的实施单

学习情境十三	检测汽缸压力		学　时	1学时
典型工作过程描述	1. 准备工作—2. 保证检测条件—3. 拆下点火线圈—4. 拆除火花塞—5. 检测汽缸压力			
序　号	实施的具体步骤	注　意　事　项		自　评
1		从参考资料中查看汽缸压力异常原因的相关资料		
2		维修手册、电路图、用户使用手册准备齐全		
3		常用工具和专用工具准备齐全		
4		正确检查车辆的工作状况		
5		正确安装车轮挡块及进行台架固定		

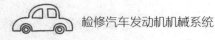

实施说明:
1. 学生要认真查找汽缸压力异常原因。
2. 学生要认真准备维修手册、电路图及用户使用手册。
3. 学生要认真准备维修工具及量具,并能够正确使用。
4. 学生要认真检查车辆状况,保证车辆或台架油、电、水正常。
5. 学生要认真完成车内、车外的安全防护,并进行台架固定。

实施的评价	班级		第 组		组长签字	
	教师签字		日期			
	评语:					

5. 准备工作的检查单

学习情境十三	检测汽缸压力		学 时	0.2学时
典型工作过程描述	1. 准备工作—2. 保证检测条件—3. 拆下点火线圈—4. 拆除火花塞—5. 检测汽缸压力			
序 号	检查项目 (具体步骤的检查)	检查标准	小组自查 (检查是否完成以下步骤,完成打√,没完成打×)	小组互查 (检查是否完成以下步骤,完成打√,没完成打×)
1	准备基础知识	查阅资料准确		
2	准备维修资料	维修手册、电路图、用户使用手册是备齐全		
3	准备维修工具	常用工具和专用工具准备齐全		
4	准备维修车辆	正确检查车辆状况		
5	实施维修防护	正确进行维修防护		

检查的评价	班级		第 组		组长签字	
	教师签字		日期			
	评语:					

学习情境十三 检测汽缸压力

6. 准备工作的评价单

学习情境十三	检测汽缸压力		学　　时	0.2 学时
典型工作过程描述	1．准备工作—2．保证检测条件—3．拆下点火线圈—4．拆除火花塞—5．检测汽缸压力			
评价项目	评分维度	组长对每组评分		教师评价
小组 1 **准备工作** 的阶段性结果	完整性、时效性、准确性			
小组 2 **准备工作** 的阶段性结果	完整性、时效性、准确性			
小组 3 **准备工作** 的阶段性结果	完整性、时效性、准确性			
小组 4 **准备工作** 的阶段性结果	完整性、时效性、准确性			
评价的评价	班级		第　　组	组长签字	
^	教师签字		日期		
^	评语：			

任务二　保证检测条件

1. 保证检测条件的资讯单

学习情境十三	检测汽缸压力	学　　时	0.2 学时
典型工作过程描述	1．准备工作—**2．保证检测条件**—3．拆下点火线圈—4．拆除火花塞—5．检测汽缸压力		
收集资讯的方式	1．查看客户需求单。 2．查看教师提供的《学习性工作任务单》。		
资讯描述	1．让学生查看客户需求单，明确车辆的故障现象。 2．通过观察故障现象及客户提供的故障信息，让学生正确启动车辆，检查机油温度，正确拆下空气滤清器，将车辆至熄火，断开油泵供电，关闭点火开关。		
对学生的要求	1．学会正确预热发动机。 2．学会正确检查机油温度，拆下空气滤清器。 3．学会正确断开油泵供电。		

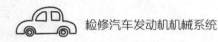

参考资料	1. 客户需求单。 2. 客户提供的故障信息。 3. 《汽车发动机构造与检修》网络教学资源。 4. 刘宜，石启军，刘勇兰. 汽车发动机机械构造与维修一体化教程[M]. 北京：机械工业出版社，2021：213-214。			
资讯的评价	班级		第 组	组长签字
	教师签字		日期	
	评语：			

2. 保证检测条件的计划单

学习情境十三	检测汽缸压力		学 时	0.2 学时
典型工作过程描述	1. 准备工作—2. 保证检测条件—3. 拆下点火线圈—4. 拆除火花塞—5. 检测汽缸压力			
计划制订的方式	1. 查看客户需求单。 2. 查看《学习性工作任务单》。 3. 请教教师。			
序 号	具体工作步骤		注 意 事 项	
1	检查机油温度		正确检查_____	
2	拆下空气滤清器		使用常用工具拆下空气滤清器	
3	将车辆预热后熄火		正确预热至工作温度并熄火	
4	断开油泵供电		查询维修电路，找到_____	
5	关闭点火开关		点火开关处于 OFF 挡	
计划的评价	班级		第 组	组长签字
	教师签字		日期	
	评语：			

3. 保证检测条件的决策单

学习情境十三	检测汽缸压力		学　时	0.2 学时
典型工作过程描述	1．准备工作—**2．保证检测条件**—3．拆下点火线圈—4．拆除火花塞—5．检测汽缸压力			
计 划 对 比				
序　号	以下哪个是完成"2．保证检测条件"这个典型工作环节正确的具体步骤？		正确与否（正确打√，错误打×）	
1	1．检查机油温度—2．拆下空气滤清器—3．将车辆预热后熄火—4．断开油泵供电—5．关闭点火开关			
2	1．检查机油温度—2．关闭点火开关—3．将车辆预热后熄火—4．断开油泵供电—5．拆下空气滤清器			
3	1．断开油泵供电—2．拆下空气滤清器—3．将车辆预热后熄火—4．检查机油温度—5．关闭点火开关			
4	1．检查机油温度—2．拆下空气滤清器—3．关闭点火开关—4．断开油泵供电—5．将车辆预热后熄火			
决策的评价	班级		第　　组	组长签字	
^	教师签字		日期		
^	评语：				

4. 保证检测条件的实施单

学习情境十三	检测汽缸压力		学　时	1 学时
典型工作过程描述	1．准备工作—**2．保证检测条件**—3．拆下点火线圈—4．拆除火花塞—5．检测汽缸压力			
序　号	实施的具体步骤	注 意 事 项	自　评	
1		正确检查机油温度		
2		使用常用工具拆下空气滤清器		
3		正确预热至工作温度后熄火		
4		查阅维修电路，找到油泵继电器		
5		点火开关处于 OFF 挡		

检修汽车发动机机械系统

实施说明:					
学生在预热发动机时,要预热发动机至工作温度,保证蓄电池电压充足,冷却液温度正常。					
实施的评价	班级		第　　组	组长签字	
	教师签字		日期		
	评语:				

5. 保证检测条件的检查单

学习情境十三	检测汽缸压力		学　　时	0.2学时
典型工作过程描述	1. 准备工作—2. 保证检测条件—3. 拆下点火线圈—4. 拆除火花塞—5. 检测汽缸压力			

序　　号	检查项目 (具体步骤的检查)	检查标准	小组自查 (检查是否完成以下步骤,完成打√,没完成打×)	小组互查 (检查是否完成以下步骤,完成打√,没完成打×)
1	检查机油温度	机油温度正常		
2	拆下空气滤清器	拆下正确		
3	将车辆预热后熄火	预热发动机正常		
4	断开油泵供电	断开油泵供电正常		
5	关闭点火开关	正确关闭点火开关		

检查的评价	班级		第　　组	组长签字	
	教师签字		日期		
	评语:				

6. 保证检测条件的评价单

学习情境十三	检测汽缸压力		学　　时	0.2 学时
典型工作过程描述	1．准备工作—2．保证检测条件—3．拆下点火线圈—4．拆除火花塞—5．检测汽缸压力			
评价项目	评分维度	组长对每组评分		教师评价
小组 1 保证检测条件 的阶段性结果	规范性、时效性、准确性			
小组 2 保证检测条件 的阶段性结果	完整性、时效性、准确性			
小组 3 保证检测条件 的阶段性结果	完整性、时效性、准确性			
小组 4 保证检测条件 的阶段性结果	完整性、时效性、准确性			
评价的评价	班级		第　　组	组长签字
^	教师签字		日期	
^	评语：			

任务三　拆下点火线圈

1. 拆下点火线圈的资讯单

学习情境十三	检测汽缸压力	学　　时	0.2 学时
典型工作过程描述	1．准备工作—2．保证检测条件—3．拆下点火线圈—4．拆除火花塞—5．检测汽缸压力		
收集资讯的方式	1．查看客户需求单。 2．查看教师提供的《学习性工作任务单》。		
资讯描述	1．让学生查看客户需求单，明确车辆的故障现象。 2．通过观察故障现象及客户提供的故障信息，让学生正确预热发动机，检查电量和冷却液温度。 3．让学生正确拆下发动机罩盖并拆下点火线圈。		

检修汽车发动机机械系统

对学生的要求	1. 学会正确预热发动机，检查电量和冷却液温度。 2. 学会选择合适的工具。 3. 学会正确拆下发动机罩盖并拆下点火线圈。				
参考资料	1. 客户需求单。 2. 客户提供的故障信息。 3. 《汽车发动机构造与检修》网络教学资源。 4. 刘宜，石启军，刘勇兰. 汽车发动机机械构造与维修一体化教程[M]. 北京：机械工业出版社，2021：213-214。				
资讯的评价	班级		第　　组	组长签字	
^^	教师签字		日期		
^^	评语：				

2. 拆下点火线圈的计划单

学习情境十三	检测汽缸压力		学　时	0.2 学时
典型工作过程描述	1. 准备工作—2. 保证检测条件—3. 拆下点火线圈—4. 拆除火花塞—5. 检测汽缸压力			
计划制订的方式	1. 查看客户需求单。 2. 查看《学习性工作任务单》。 3. 请教教师。			
序　号	具体工作步骤		注 意 事 项	
1	预热发动机		正确预热发动机	
2	检查电量是否充足		用＿＿＿＿＿＿检查	
3	检查冷却液温度		观察仪表盘水温表，水温：＿＿＿＿＿＿	
4	拆下发动机罩盖		正确拆下发动机罩盖	
5	拆下点火线圈		使用常用工具拆下点火线圈	
计划的评价	班级		第　　组	组长签字
^^	教师签字		日期	
^^	评语：			

学习情境十三 检测汽缸压力

3. 拆下点火线圈的决策单

学习情境十三	检测汽缸压力		学　时	0.2学时
典型工作过程描述	1．准备工作—2．保证检测条件—3．拆下点火线圈—4．拆除火花塞—5．检测汽缸压力			
计 划 对 比				
序　号	以下哪个是完成"3．拆下点火线圈"这个典型工作环节正确的具体步骤？			正确与否（正确打√，错误打×）	
1	1．预热发动机—2．检查电量是否充足—3．检查冷却液温度—4．拆下发动机罩盖—5．拆下点火线圈			
2	1．拆下点火线圈——2．检查电量是否充足—3．检查冷却液温度—4．拆下发动机罩盖—5．预热发动机			
3	1．预热发动机—2．检查电量是否充足—3．拆下点火线圈—4．拆下发动机罩盖—5．检查冷却液温度			
4	1．预热发动机—2．拆下点火线圈—3．检查冷却液温度—4．拆下发动机罩盖—5．检查电量是否充足			
决策的评价	班级		第　组	组长签字	
^	教师签字		日期		
^	评语：			

4. 拆下点火线圈的实施单

学习情境十三	检测汽缸压力		学　时	1学时
典型工作过程描述	1．准备工作—2．保证检测条件—3．拆下点火线圈—4．拆除火花塞—5．检测汽缸压力			
序　号	实施的具体步骤	注意事项		自　评
1		正确预热发动机		
2		用万用表检查蓄电池电压		
3		观察仪表盘水温表，水温：80~90℃		
4		拆下发动机罩盖		
5		使用常用工具拆下点火线圈		

311

检修汽车发动机机械系统

实施的评价	实施说明: 1. 学生在拆下点火线圈时,应正确选用工具,用万用表检查蓄电池电压,保证蓄电池电压充足。 2. 学生要正确、规范地使用拆卸工具,培养良好的职业素养。				
	班级		第 组	组长签字	
	教师签字		日期		
	评语:				

5. 拆下点火线圈的检查单

学习情境十三	检测汽缸压力		学 时	0.2学时
典型工作过程描述	1．准备工作—2．保证检测条件—3．拆下点火线圈—4．拆除火花塞—5．检测汽缸压力			
序 号	检查项目 (具体步骤的检查)	检查标准	小组自查 (检查是否完成以下步骤,完成打√,没完成打×)	小组互查 (检查是否完成以下步骤,完成打√,没完成打×)
1	预热发动机	预热正确		
2	检查电量是否充足	电量充足		
3	检查冷却液温度	检查温度准确		
4	拆下发动机罩盖	操作规范		
5	拆下点火线圈	操作规范		
检查的评价	班级		第 组	组长签字	
	教师签字		日期		
	评语:				

6. 拆下点火线圈的评价单

学习情境十三	检测汽缸压力		学　　时	0.2 学时
典型工作过程描述	1．准备工作—2．保证检测条件—**3．拆下点火线圈**—4．拆除火花塞—5．检测汽缸压力			
评价项目	评分维度	组长对每组评分		教师评价
小组 1 拆下点火线圈 的阶段性结果	完整性、时效性、准确性				
小组 2 拆下点火线圈 的阶段性结果	完整性、时效性、准确性				
小组 3 拆下点火线圈 的阶段性结果	完整性、时效性、准确性				
小组 4 拆下点火线圈 的阶段性结果	完整性、时效性、准确性				
评价的评价	班级		第　　组	组长签字	
^	教师签字		日期		
^	评语：				

任务四　拆除火花塞

1. 拆除火花塞的资讯单

学习情境十三	检测汽缸压力	学　　时	0.2 学时
典型工作过程描述	1．准备工作—2．保证检测条件—3．拆下点火线圈—**4．拆除火花塞**—5．检测汽缸压力		
收集资讯的方式	1．查看客户需求单。 2．查看教师提供的《学习性工作任务单》。		
资讯描述	1．让学生查看客户需求单，明确车辆的故障现象。 2．通过观察故障现象及客户提供的故障信息，让学生查阅维修手册，记录火花塞标准力矩。 3．让学生正确选用火花塞套筒及常用扳手拆卸火花塞，并用气枪清洁汽缸。		

检修汽车发动机机械系统

对学生的要求	1. 学会查阅_____，找到拆除火花塞的章节：_____章_____节。 2. 学会正确使用火花塞套筒及常用扳手。 3. 学会拆除火花塞后正确清洁汽缸。			
参考资料	1. 客户需求单。 2. 客户提供的故障信息。 3.《汽车发动机构造与检修》网络教学资源。 4. 刘宜，石启军，刘勇兰. 汽车发动机机械构造与维修一体化教程[M]. 北京：机械工业出版社，2021：213-214。			
资讯的评价	班级		第　组	组长签字	
	教师签字		日期		
	评语：				

2. 拆除火花塞的计划单

学习情境十三	检测汽缸压力		学　时	0.2 学时
典型工作过程描述	1. 准备工作—2. 保证检测条件—3. 拆下点火线圈—**4. 拆除火花塞**—5. 检测汽缸压力			
计划制订的方式	1. 查看客户需求单。 2. 查看《学习性工作任务单》。 3. 请教教师。			
序　号	具体工作步骤	注　意　事　项		
1	查阅维修手册	_____章_____节		
2	记录标准值	记录火花塞标准力矩：_____		
3	选择拆卸工具	选用_____和扳手		
4	拆除火花塞	正确拆卸		
5	使用气枪清洁	正确清洁		
计划的评价	班级		第　组	组长签字	
	教师签字		日期		
	评语：				

314

3. 拆除火花塞的决策单

学习情境十三	检测汽缸压力		学　时	0.2 学时
典型工作过程描述	1．准备工作—2．保证检测条件—3．拆下点火线圈—4．拆除火花塞—5．检测汽缸压力			
计 划 对 比				
序　号	以下哪个是完成"4．拆除火花塞"这个典型工作环节 正确的具体步骤？		正确与否 （正确打√，错误打×）	
1	1．查阅维修手册—2．记录标准值—3．选择拆卸工具—4．拆除火花塞—5．使用气枪清洁			
2	1．查阅维修手册—2．记录标准值—3．拆除火花塞—4．选择拆卸工具—5．使用气枪清洁			
3	1．拆除火花塞—2．记录标准值—3．选择拆卸工具—4．查阅维修手册—5．使用气枪清洁			
4	1．使用气枪清洁—2．记录标准值—3．选择拆卸工具—4．拆除火花塞—5．查阅维修手册			
决策的评价	班级		第　　组	组长签字	
^	教师签字		日期		
^	评语：				

4. 拆除火花塞的实施单

学习情境十三	检测汽缸压力		学　时	1 学时
典型工作过程描述	1．准备工作—2．保证检测条件—3．拆下点火线圈—4．拆除火花塞—5．检测汽缸压力			
序　号	实施的具体步骤	注 意 事 项		自　　评
1		正确查阅维修手册		
2		记录火花塞标准力矩		
3		选用火花塞套筒和扳		
4		正确拆卸火花塞		
5		正确清洁汽缸		

315

检修汽车发动机机械系统

实施的评价	实施说明： 　　学生在拆除火花塞时，要注意正确使用扳手和火花塞套筒，注意按规范操作，培养良好的职业操守和职业素养。			
	班级		第　组	组长签字
	教师签字		日期	
	评语：			

5. 拆除火花塞的检查单

学习情境十三	检测汽缸压力		学　时	0.2学时
典型工作过程描述	1. 准备工作—2. 保证检测条件—3. 拆下点火线圈—4. 拆除火花塞—5. 检测汽缸压力			

序　号	检查项目 （具体步骤的检查）	检查标准	小组自查 （检查是否完成以下步骤，完成打√，没完成打×）	小组互查 （检查是否完成以下步骤，完成打√，没完成打×）
1	查阅维修手册	查阅正确		
2	记录标准值	记录规范		
3	选择拆卸工具	选择正确		
4	拆除火花塞	拆除规范		
5	使用气枪清洁	清洁干净		

检查的评价	班级		第　组	组长签字
	教师签字		日期	
	评语：			

6. 拆除火花塞的评价单

学习情境十三	检测汽缸压力		学　时	0.2 学时
典型工作过程描述	\multicolumn{4}{l	}{1．准备工作—2．保证检测条件—3．拆下点火线圈—4．拆除火花塞—5．检测汽缸压力}
评价项目	评分维度	组长对每组评分		教师评价
小组 1 拆除火花塞 的阶段性结果	速度性、严谨性、正确性			
小组 2 拆除火花塞 的阶段性结果	速度性、严谨性、正确性			
小组 3 拆除火花塞 的阶段性结果	速度性、严谨性、正确性			
小组 4 拆除火花塞 的阶段性结果	速度性、严谨性、正确性			
评价的评价	班级		第　　组	组长签字
	教师签字		日期	
	评语：			

任务五　检测汽缸压力

1. 检测汽缸压力的资讯单

学习情境十三	检测汽缸压力	学　时	0.2 学时
典型工作过程描述	\multicolumn{3}{l	}{1．准备工作—2．保证检测条件—3．拆下点火线圈—4．拆除火花塞—5．检测汽缸压力}
收集资讯的方式	1．查看客户需求单。 2．查看教师提供的《学习性工作任务单》。		
资讯描述	1．让学生查看客户需求单，明确车辆的故障现象。 2．通过观察故障现象及客户提供的故障信息，让学生正确安装压力表，正确带动曲轴转动 2~3s，正确记下检测读数据。 3．让学生正确按压压力表单向阀使指针回零。 4．让学生依次检测其他汽缸的压力并分析。		

对学生的要求	1. 学会正确安装压力表，并用起动机带动曲轴转动 2～3s，记下检测数据。 2. 学会正确按压压力表单向阀使指针回零。 3. 学会依次检测并分析检测结果，按规范填写作业单，提出维修建议。 4. 检测完后，能够正确启动车辆，检查维修资料和工具设备是否齐全、完好，做好 7S 作业，培养良好的职业操守。			
参考资料	1. 客户需求单。 2. 客户提供的故障信息。 3. 《汽车发动机构造与检修》网络教学资源。 4. 刘宜，石启军，刘勇兰. 汽车发动机机械构造与维修一体化教程[M]. 北京：机械工业出版社，2021：213-214。			
资讯的评价	班级 || 第　　组	组长签字	
^	教师签字 || 日期		
^	评语：			

2. 检测汽缸压力的计划单

学习情境十三	检测汽缸压力		学　　时	0.2 学时
典型工作过程描述	1. 准备工作—2. 保证检测条件—3. 拆下点火线圈—4. 拆除火花塞—5. 检测汽缸压力			
计划制订的方式	1. 查看客户需求单。 2. 查看《学习性工作任务单》。 3. 请教教师。			
序　　号	具体工作步骤		注 意 事 项	
1	安装压力表		正确安装压力表	
2	带动曲轴转动		正确使用_____带动曲轴转动	
3	记下检测读数		正确记录数据	
4	压力表指针回零		按下_____使指针回零	
5	依次检测并分析		整理工具、设备，做好 7S 作业	
计划的评价	班级 || 第　　组	组长签字	
^	教师签字 || 日期		
^	评语：			

学习情境十三 检测汽缸压力

3. 检测汽缸压力的决策单

学习情境十三	检测汽缸压力		学　时	0.2学时
典型工作过程描述	1．准备工作—2．保证检测条件—3．拆下点火线圈—4．拆除火花塞—5．检测汽缸压力			
序　号	以下哪个是完成"5．检测汽缸压力"这个典型工作环节正确的具体步骤？			正确与否（正确打√，错误打×）
1	1．安装压力表—2．带动曲轴转动—3．记下检测读数—4．压力表指针回零—5．依次检测并分析			
2	1．安装压力表—2．压力表指针回零—3．记下检测读数—4．带动曲轴转动—5．依次检测并分析			
3	1．压力表指针回零—2．带动曲轴转动—3．记下检测读数—4．安装压力表—5．依次检测并分析			
4	1．安装压力表—2．记下检测读数—3．带动曲轴转动—4．压力表指针回零—5．依次检测并分析			
决策的评价	班级		第　组	组长签字	
^	教师签字		日期	
^	评语：			

4. 检测汽缸压力的实施单

学习情境十三	检测汽缸压力		学　时	1学时
典型工作过程描述	1．准备工作—2．保证检测条件—3．拆下点火线圈—4．拆除火花塞—5．检测汽缸压力			
序　号	实施的具体步骤	注　意　事　项		自　评
1		正确安装压力表		
2		正确使用起动机带动曲轴转动		
3		正确记录数据		
4		按下单向阀使指针回零		
5		整理工具、设备，做好7S作业		

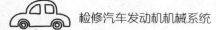

实施说明：

  1. 在检测汽缸压力时，拉紧驻车制动，变速器挂空挡，启动发动机怠速运转开始检测，然后将发动机转速增加，进行加速工况检测；

  2. 在检测汽缸压力时要安全操作，正确使用仪器、仪表，培养良好的职业操守。

  3. 学生要认真对比分析，判断结果。

  4. 学生要按规范填写作业单，提出维修建议。

  5. 检测完汽缸压力后，检查维修资料和工具设备是否齐全、完好，做好 7S 作业，培养良好的职业操守。

实施的评价	班级		第 组		组长签字	
	教师签字		日期			
	评语：					

  5. 检测汽缸压力的检查单

学习情境十三	检测汽缸压力		学　时	0.2 学时
典型工作过程描述	1. 准备工作—2. 保证检测条件—3. 拆下点火线圈—4. 拆除火花塞—5. 检测汽缸压力			
序　号	检查项目（具体步骤的检查）	检查标准	小组自查（检查是否完成以下步骤，完成打√，没完成打×）	小组互查（检查是否完成以下步骤，完成打√，没完成打×）
1	安装压力表	安装压力表正确		
2	带动曲轴转动	带动曲轴旋转正确		
3	记下检测读数	记录数据正确		
4	压力表指针回零	指针回零操作规范		
5	依次检测并分析	检测、分析正确		
检查的评价	班级		第 组	组长签字	
	教师签字		日期		
	评语：				

学习情境十三 检测汽缸压力

6. 检测汽缸压力的评价单

学习情境十三	检测汽缸压力		学　时	0.2学时
典型工作过程描述	1．准备工作—2．保证检测条件—3．拆下点火线圈—4．拆除火花塞—5．检测汽缸压力			
评 价 项 目	评 分 维 度	组长对每组评分		教 师 评 价
小组1 检测汽缸压力 的阶段性结果	完整性、时效性、正确性			
小组2 检测汽缸压力 的阶段性结果	完整性、时效性、正确性			
小组3 检测汽缸压力 的阶段性结果	完整性、时效性、正确性			
小组4 检测汽缸压力 的阶段性结果	完整性、时效性、正确性			
评价的评价	班级		第　　组	组长签字
^	教师签字		日期	
^	评语：			

岗位实践与职业素养

学习情境一　拆检凸轮轴

岗位实践

一车主反映，他的迈腾轿车起动时，发动机声音沉闷，怠速时发动机抖动，加速有明显的顿挫感。维修技师对车辆进行初步检查，没有发现问题，然后使用诊断仪读取故障码，未读取到故障码提示，再次读取数据流发现发动机凸轮轴存在异常。之后维修技师解体发动机，对发动机凸轮轴进行拆卸及检查，最后发现凸轮轴磨损严重。

职业素养（逻辑思维能力）

在维修汽车时，深刻理解敬业精神的重要性，即在工作中要尽心尽力、尽职尽责，不断加强工匠精神的养成，以问题为导向，分析凸轮轴故障产生的原因和解决方案，培养学生的逻辑思维和问题解决能力。

学习情境二　拆检汽缸盖和汽缸体

岗位实践

一辆 2019 款奔驰 GLC260L 车，搭载 M264920 发动机，因发动机故障灯异常点亮而进店检修。维修人员使用故障检测仪进行检测，发现气缸 4 存在混合气形成不规则的问题，进一步拆检气缸盖后，发现第 4 缸的一个排气门座密封面附着有积炭，导致排气门关闭不严，造成第 4 缸工作不良。针对此问题，维修人员清洁了排气门座密封面上的积炭，并鉴于该车还在保修期内，与厂家技术工程师沟通后，更换了气缸盖。更换后，发动机故障灯不再点亮，问题得到解决。

职业素养（诚实守信）

在拆检气缸盖和气缸体的过程中，强调诚实守信、友善待人、敬业奉献等社会主义核心价值观，保持严谨细致的工作态度，对待每一个细节都要认真负责，不能有任何马虎和疏忽，遵守安全规程，正确使用工具和设备，避免发生安全事故。建议车主加强车辆保养，定期清理燃烧室积碳。

学习情境三　拆检气门组

岗位实践

有一辆迈腾轿车，车主反映，最近他的车辆在行驶过程中，感到动力不足。于是维修技师初步检查后使用诊断仪读取故障码，发现没有故障码，读取数据流，也没有异常数据。然后维修技师再次检查，发现配气机构有异响，怀疑可能是配气机构气门组零件有磨损，需要解体发动机。拆卸后发现发动机气门组气门杆有变形,建议车主更换气门组。

职业素养(创新思维能力)

在处理故障时要遵循科学规律,不盲目操作,鼓励尝试新的维修方法和工具,提高维修效率和质量,培养学生的创新思维和实践能力,充分发挥主观能动性,全面分析问题,培养敢于探索创新的职业素养。

学习情境四 拆装油底壳

岗位实践

一辆行驶里程超过16万公里的迈腾汽车,近期出现机油消耗异常的情况。经维修技师仔细检查,发现油底壳上有许多油泥,且油底壳边缘存在变形和轻微漏油的现象。进一步检查发现,放油螺丝上面有很多密封胶,但螺丝已经滑丝,密封效果不佳。故拆卸油底壳,发现油底壳材质为铁,已变形并渗油,油泥主要从油底壳边缘渗漏出去。于是维修技师更换新的油底壳,并在油底壳上涂抹一层密封胶。同时,将发动机上面与油底壳接触的位置清理干净。然后,添加新的机油,启动发动机检查油底壳边缘和传感器位置是否漏机油。经过维修后,机油渗漏问题得到解决。车辆行驶一段时间后,未发现机油再次渗漏,机油消耗恢复正常。

职业素养(科学探索精神)

在拆检过程中,引导学生思考如何改进维修工艺,减少废弃物的产生,避免对环境造成污染。另外,鼓励学生培养科学探索精神,及时学习最新维修技术,勇于探索和创新,积极寻找解决方案,尝试新的方法和工具,提高维修效率。

学习情境五 拆检活塞连杆组

岗位实践

有一位车主的车辆,在急加速行驶过程中出现发动机内部有金属敲击声,进厂维修,车主告知车辆曾大修过发动机,经维修人员仔细检查后发现上次大修时没有按装配工艺要求装配活塞连杆组,导致活塞偏缸,出现异响的声音。

职业素养(责任担当)

在汽车维修时,应按专业技术要求、职业规范维修车辆,让学生认识到维修工作责任重大,每一个细节都关系到车辆的安全和性能,培养学生的责任感和使命感。

学习情境六 拆检曲轴

岗位实践

有一辆轿车,车主反映,在发动机稳定运转时不响,转速突然变化时,发出低沉连续"镗、镗"的金属敲击声,严重时发动机振动。维修技师检查发现是曲轴飞轮组部分有故障,然后解体发动机检查曲轴飞轮组。检查曲轴,需要吊出发动机,因此维修技师召集车间的维修技师，团队协作，很快拆卸发动机曲轴飞轮组，并进行检查，发现曲轴有严重的裂纹，更换部件后车辆恢复正常。

职业素养（团队协作）

在汽车维修时，在拆卸发动机曲轴飞轮组机构时，培养学生的沟通能力，让他们学会如何与团队成员有效沟通，共同制订维修方案并实施，鼓励进行团队协作，共同解决问题。通过分工合作，提高维修效率和质量，培养团队协作的职业精神。

学习情境七　更换正时皮带

岗位实践

一辆轿车在行驶约 6 万公里后，出现起动困难的情况。车主随即到 4S 店进行检查，经维修人员检查发现配气不正时。进一步检查后发现，正时皮带齿条磨损严重，需立即更换正时皮带。在更换过程中，维修人员先拆除了相关部件，然后按照维修手册的指导，正确安装了新的正时皮带，并调整了张紧器，确保皮带的张紧度适当。经过更换正时皮带，车辆恢复正常启动，问题解决。

职业素养（理实结合意识）

在汽车维修时，不仅要具备专业技能，还要具备高度的责任心和职业道德。在更换正时皮带的实操过程中，需掌握扎实的专业知识，鼓励学生通过反复练习和总结经验，逐渐提高自己的技能水平。要求学生养成追求卓越、精益求精，注重细节的职业精神。

学习情境八　更换机油

岗位实践

一辆帕萨特轿车车主反映，发动机运转正常，行驶中加速时机油压力报警灯闪亮，于是维修技师初步检查怀疑是润滑系统有故障，需要对发动机润滑系统进行检查。检查润滑系统管路，抽出机油标尺进行检查，发现机油液位偏低，因此进行了机油的更换。更换期间举升车辆时没有按举升机使用规范进行举升车辆，另外在更换后机油后，发现机油洒落到地面上。

职业素养（环保意识）

在汽车维修时，在举升车辆时要按举升机使用规范操作使用举升机，在更换机油时要有环境保护意识，不要洒落机油。培养合理处理废旧零件和油污的职业操守，避免对环境造成污染。让学生认识到环保的重要性，培养学生的环保意识和社会责任感。

学习情境九　更换冷却液

岗位实践

一辆切诺基吉普车车主反映，发动机出现少数缸不工作的现象，对汽车电路进行检查，未发现异常。检查配气机构，发现有一推力杆始终不动，原来是液力挺柱不工作所致。拆

岗位实践与职业素养

下挺柱，发现机油内有乳化物将挺柱的油孔堵塞。进一步检查，原来由于缸垫使用时间过长，而车主又一直未对缸盖螺栓进行紧固，导致冷却液渗入到曲轴箱内，冷却液进入到曲轴箱内会使机油产生沉淀，堵塞液压挺柱，因及时发现没有造成大的损失。清洗油道，更换机油、缸垫，重新加满冷却液，启动汽车后，一切正常。

职业素养（辩证思维能力）

在汽车维修时，从事物的联系与发展的辩证角度分析冷却液变质的原因，因此在进行更换冷却液时，要养成严谨认真和爱岗敬业的职业精神。

学习情境十　更换燃油滤清器

岗位实践

一辆本田飞度轿车，行驶里程100023km，车主到店进行维修。车主反映，车辆存在抖动，怠速时非常明显。维修人员检查后发现，确实存在抖动，同时车主还反映一个月前，进行了喷油器检修作业。维修人员进一步检测后发现，是更换的喷油器质量不合格导致的抖动。

职业素养（社会责任感）

在汽车维修时，要严格遵守职业道德规范，不偷工减料，不哄骗顾客，确保维修质量，养成良好的职业操守。树立爱岗敬业、诚实守信的职业精神。

学习情境十一　清洗喷油器

岗位实践

一辆大众轿车，车主反映，曾经由于喷油器过脏清洗过喷油器，启动比较困难，且一旦着火，排气管就会冒黑烟。送厂维修，维修技师确认故障现象后，分析可能是燃油系统喷油器清洗不干净导致燃油雾化效果变差，出现起动困难的现象。因此经维修技师再次拆卸喷油器，清洗喷油器后，装回喷油器，试车，车辆故障现象消失。后来发现车底发现大量的油液，怀疑是拆卸喷油器部件时没有按操作规范进行导致有泄漏的现象。

职业素养（安全意识）

在拆检过程中，要严格遵守安全操作规程，按要求执行，确保维修质量和安全性，确保人身和设备的安全，让学生认识到违反安全规程的严重后果，培养学生的安全意识。

学习情境十二　检测进气真空度

岗位实践

有一辆车，车主反映，该车曾送厂检修过一次，目前在行驶过程中出现动力不足的现象。经维修技师初步检查后，没有找到故障原因，便利用检测仪诊断，没有读取到故障代码及数据流信息，分析故障原因怀疑是进气系统存在泄漏故障，然后对进气软管进行仔细排查，发现进气软管有一处存在泄漏，更换进气软管后，试车，故障现象排除。

325

检修汽车发动机机械系统

职业素养（工程伦理教育）

在汽车维修时，要培养科学思维方法，增强正确分析问题和解决问题的能力。引导学生发挥创新思维，探索更高效、更准确的检测方法和维修手段。强调热爱劳动，树立主体责任意识，培养干一行爱一行的职业精神，引导学生将理论知识和实践相结合，更好地理解汽车运行的工作原理和故障检测方法，增强学生的实践能力和解决问题的能力。

学习情境十三　检测汽缸压力

岗位实践

有一辆车，车主反映，在行驶过程中出现发动机功率下降的现象。进厂维修，维修人员初步检查，怀疑是燃油不足引起的，于是检测燃油压力，发现油压正常，然后继续读取进气量，发现数据流正常，最后怀疑是气缸压力不足引起的。之后检测气缸压力，发现有一缸的气缸压力偏低，由此可知是气缸压力不足导致发动机功率下降。维修技师再次分析缸压偏低的原因，可能是气门关闭不严，汽缸垫损坏，配气机构有泄漏等原因，逐一排查后发现有一个气门变形导致关闭不严产生漏气，从而导致气缸压力不足，发动机功率下降。更换气门后，试车，故障现象消失，车辆恢复正常运行。

职业素养（辩证思维能力）

在汽车维修时，要正确看待内因和外因的辩证关系。由于机械磨损与撞击、高温与氧化、材料与制造问题、使用与维护不当、内部相互作用和外部环境都是影响气门变形和损坏的内在因素和外在因素。因此，在汽车维修和保养中，需要综合考虑这些内部和外部的因素，采取相应的措施来预防气门变形和损坏。

参 考 文 献

[1] 谭克诚. 汽车发动机机械系统的检测与维修[M]. 北京：机械工业出版社，2010.

[2] 黄伟. 汽车发动机机械系统检修[M]. 2版. 北京：北京理工大学出版社，2011.

[3] 苟春梅. 汽车发动机机械系统构造与维修[M]. 北京：人民交通出版社，2018.

[4] 闫智勇，吴全全. 现代职业教育体系建设目标研究[M]. 重庆：重庆大学出版社，2017.

[5] 姜大源. 职业教育要义[M]. 北京：北京师范大学出版社，2017.